电子商务背景下的网络营销理论与实务

冯静 姜阅 周颖 著

中国国际广播出版社

图书在版编目（CIP）数据

电子商务背景下的网络营销理论与实务 / 冯静, 姜阅, 周颖著. -- 北京 : 中国国际广播出版社, 2023.12

ISBN 978-7-5078-5492-3

Ⅰ. ①电… Ⅱ. ①冯… ②姜… ③周… Ⅲ. ①电子商务—网络营销—研究 Ⅳ. ①F713.365.2

中国国家版本馆CIP数据核字(2023)第246667号

电子商务背景下的网络营销理论与实务

著　者	冯静 姜阅 周颖
责任编辑	张娟平
校　对	张娜
封面设计	万典文化

出版发行	中国国际广播出版社有限公司
电　话	010-86093580　010-86093583
地　址	北京市丰台区榴乡路88号石榴中心2号楼1701
邮　编	100079
印　刷	天津市新科印刷有限公司

开　本	787毫米 × 1092毫米　1/16
字　数	280千字
印　张	13.5
版　次	2024年 3 月第 1 版
印　次	2024年 3 月第 1 次印刷
定　价	80.00元

Foreword 前 言

随着信息技术、网络技术、通信技术的飞速发展，网络经济日益兴起，电子商务逐渐成为网络经济的主要内容。它预示着一场贸易革命甚至经济革命的开始，正改变着经济和社会的运作方式，极大地影响国际经贸关系的发展。

在市场营销研究领域中，面对新的环境，营销的理论和方法又进入了一个全新的变革时期。对于企业界来说，网络经济环境下全新的交易模式，改变了企业与企业、企业与消费者之间的关系，对消费者的购买行为也产生了极大的影响。近年来，随着支付与物流环节越来越流畅，互联网逐渐成为网购的重要渠道。消费者通过网络购物平台购买的产品范围不断扩大，种类从手机、电脑等高端产品延伸到低端的服装、化妆品、居家用品等，销售规模迅速扩大。可以说，目前我国网络购物已经进入高速增长期，中国的互联网经济发展空间巨大，电子商务、网络营销必将成为企业、个人进军网络经济的重要工具。

本书是电子商务方向的著作，主要研究电子商务网络营销模式与实践应用，本书从电子商务基础介绍入手，针对电子商务交易模式、电子商务技术、安全与支付进行了分析研究；另外对网络营销基础、网络营销方法、网络营销工具做了一定的介绍；还对网络营销策略、新媒体营销、电子商务的其他应用做了研究。本书重视知识结构的系统性和先进性；本书论述严谨，结构合理，条理清晰，重点突出，通俗易懂，内容丰富新颖，具有前瞻性、科学性、系统性和指导性。

本书由承德应用技术职业学院冯静、姜阅、周颖共同完成。具体分工如下：冯静负责撰写了第一章至第四章的内容(约12万字)，姜阅负责撰写了第五章、第六章、第九章的内容(约8.5万字)，周颖负责撰写了第七章、第八章的内容(约8.5万字)，全书由冯静负责修改。

本书参考了大量的相关文献资料，借鉴、引用了诸多专家、学者和教师的研究成果，并得到很多领导与同事的支持和帮助，在此深表谢意。由于能力有限，时间仓促，虽经多次修改，仍难免有不妥与遗漏之处，恳请专家和读者指正。

Contents

目 录

第一章　电子商务

第一节　电子商务基础知识

一、电子商务的含义及特点

(一) 电子商务的含义

电子商务是利用微电脑技术和网络通信技术进行的商务活动。各国政府、学者、企业界人士根据自己所处的地位和对电子商务参与的角度与程度的不同，给出了许多不同的定义。

电子商务即使在各国或不同的领域有不同的定义，但其关键依然是依靠着电子设备和网络技术进行的商业模式，随着电子商务的高速发展，它不仅仅包括购物，还包括了物流配送等附带服务。电子商务包括电子货币交换、供应链管理、电子交易市场、网络营销、在线事务处理、电子数据交换（EDI）、存货管理和自动数据收集系统。

电子商务分为广义的电子商务和狭义的电子商务。广义的电子商务定义为，使用各种电子工具从事商务活动；狭义电子商务定义为，主要利用互联网从事商务活动。无论是广义的还是狭义的电子商务的概念，电子商务都涵盖了两个方面：一是离不开互联网这个平台；二是通过互联网完成的是一种商务活动。

狭义上讲，电子商务（Electronic Commerce，简称EC）是指：通过使用互联网等电子工具（这些工具包括电报、电话、广播、电视、传真、计算机、计算机网络、移动通信等）在全球范围内进行的商务贸易活动。是以计算机网络为基础所进行的各种商务活动，包括商品和服务的提供者、广告商、消费者、中介商等有关各方行为的总和。人们一般理解的电子商务是狭义上的电子商务。

广义上讲，电子商务一词源自 Electronic Business，就是通过电子手段进行的商业事务活动。通过使用互联网等电子工具，使公司内部、供应商、客户和合作伙伴之间，利用电子业务共享信息，实现企业间业务流程的电子化，配合企业内部的电子化生产管理系统，提高企业的生产、库存、流通和资金等各个环节的效率。

1. IT 行业对电子商务的理解

IT（信息技术）行业是电子商务的直接设计者和设备的直接制造者，许多公司根据自己的技术特点给出了电子商务的定义。

IBM 提出了一个电子商务的定义公式，即电子商务 = Web+IT。它所强调的是在网络计算环境下的商业化应用，是把买方、卖方、厂商及其合作伙伴在互联网、企业内部网和企业外部网上结合起来的应用。它不仅仅是硬件和软件的结合，也不仅仅是强调交易中狭义的电子商务（E-Commerce），而是把买方、卖方、厂商及其合作伙伴在互联网、内联网和外联网结合起来的应用，同时强调这三部分是有层次的。只有先建立良好的内联网，建立完善的标准和各种信息基础设施，才能顺利地扩展到外联网，最后扩展到电子商务。

通用电气公司（GE）认为：电子商务是通过电子方式进行的商业交易，分为企业与企业之间的电子商务和企业与消费者之间的电子商务。企业与企业之间的电子商务以电子数据交换（EDI）为核心技术，以增值网（VAN）和互联网为主要手段，实现企业间业务流程的电子化，配合企业内部的电子化生产管理系统，提高企业从生产、库存到流通（包括物资和资金）各个环节的效率。企业与消费者之间的电子商务以互联网为主要服务提供手段，实现公众消费和服务提供方式，以及相关的付款方式的电子化。

2. 经济合作与发展组织（OECD）对电子商务概念的理解

经济合作与发展组织曾对电子商务的定义做过深入研究，其研究报告《电子商务的定义与统计》指出，狭义的电子商务定义主要包括利用计算机网络技术进行的商品交易，而广义的电子商务将定义的范围扩大到服务领域。公共统计部门为了数据收集的需要和便利，常常将电子商务局限于某一领域，例如，互联网商务。而国家政策部门为了扩大影响，其电子商务的定义几乎涵盖了经济生活的各个方面，将电子政务归于电子商务之中就是一个典型。

经济合作发展组织认为，类似于其他横向活动一样，很难对电子商务给出一个精确的定义。作为一个通用的定义，电子商务应当包括两个方面：一是交易活动或形式；二是能够使交易活动进行的通信设施。交易活动或形式所涵盖的范围可以是广义的，也可以是狭义的：前者包括大部分不同层次的商务活动，如工程设计、商务、交通、市场、广告、信息服务、结算、政府采购、保健、教育等；后者仅仅包括通过电子化实现的零售或配送等。通信设施可以再分为两个部分：应用软件与网络。所有软件（如网络软件、EDI 软件等）应可以在所有可能的通信网络（如开放的、封闭的、私人的或非私人的网络）上运行。

理解技术与商务过程的相互关系是理解电子商务定义的关键。电子商务的定义应当反映现代经济活动转变的状态，反映信息技术在商务活动中的应用，否则就不能区别存在多年的利用传真或电话进行的电子交易；电子商务的定义也不能局限于使用信息软件和通信技术的商务活动，它应当反映信息软件和通信技术在全部商业过程价值链中的应用。

（二）电子商务的特点

1. 全球化

由于电子商务是基于互联网进行的，而互联网跨越国界，穿越时空，无论你身处何地，无论白天与黑夜，只要你利用浏览器轻点鼠标，就可以随心所欲地登录任何国家、地域的网站，与你想交流的人面对面地直接沟通。因此，电子商务突破了地理界线，使企业可以将产品、服务通过互联网送到任何一个拥有互联网的地方。在国际互联网络环境下，电子商务的兴起塑造了一个真正意义上的全球市场。

2. 低成本

由于电子商务是通过互联网进行信息交互的，一方面可以减少各种票据的印刷成本和快递成本，可以通过无店面经营节约店面租金、水电及人工成本，可以减少多次商业谈判的差旅费用；另一方面还可以减少由于库存积压、商品来回运输所带来的损耗。

3. 高效率

电子商务将传统的商务流程电子化、数字化，一方面以电子流代替了实物流，可以大量减少人力、物力，降低成本；另一方面突破了时间和空间的限制，通过互联网，任何人可以在任何时间访问企业门户网站，查询企业信息，并通过电子邮件进行商品询价。这对于跨国界的国际贸易来说，大大降低了其因时差而造成的不便和低效率。

4. 交互性

在电子商务环境下，企业之间可以通过互联网进行交流、谈判、签订合同，消费者也可以通过论坛、邮件、及时聊天工具等方式将自己的意见反馈给企业或商家，这样能够有助于企业或商家根据消费者的意见及时对产品和服务进行调整，从而做到良性互动。

5. 整体性

电子商务能够规范事务处理的工作流程，将人工操作和电子信息处理集成为一个不可分割的整体，这样不仅能提高人力和物力的利用率，也可以提高系统运行的严密性。

6. 协调性

商务活动本身是一种协调过程，它需要客户与公司内部、生产商、批发商、零售商间的协调，在电子商务环境中，它更要求银行、配送中心、通信部门、技术服务等多个部门的通力协作，电子商务的全过程往往是一气呵成的。

7. 安全性

在电子商务中，安全性是一个至关重要的核心问题，它要求网络能提供一种端到端的安全解决方案，如加密机制、签名机制、安全管理、存取控制、防火墙、防病毒保护等。这与传统的商务活动有着很大的不同。

8. 集成性

电子商务以计算机网络为主线，对商务活动的各种功能进行了高度的集成，同时也对参加商务活动的商务主体各方进行了高度的集成。高度的集成性使电子商务进一步提高了效率。

二、电子商务的功能

（一）广告宣传

电子商务可凭借企业的 Web 服务器和客户的浏览，在互联网上发播各类商业信息。客户可借助网上的检索工具（Search）迅速地找到所需商品信息，而商家可利用网上主页（Home Page）和电子邮件（E-mail）在全球范围内做广告宣传。广告形式的丰富多彩，已经远远超过传统的广告，并且网络广告作为第四类媒体发布的广告，具有传统的报纸、杂志、无线广播和电视等传统媒体发布广告无法比拟的优势，因为它具有交互性和直接性。

（二）咨询洽谈

电子商务可借助非实时的电子邮件（E-mail）、新闻组（News Group）和实时的讨论组（Chat）来了解市场和商品信息、洽谈交易事务，如有进一步的需求，可用网上的白板会议（Whiteboard Conference）来交流即时的图形信息。网上的咨询和洽谈能超越人们面对面洽谈的限制，提供多种便捷的异地交谈形式。

（三）网上订购

电子商务可借助 Web 中的邮件交互传送实现网上的订购。网上的订购通常都是在产品介绍的页面上提供十分友好的订购提示信息和订购交互格式框。当客户填完订购单后，通常系统会回复确认信息单来保证订购信息的收悉。订购信息也可采用加密的方式，保障客户和商家的商业信息不会泄漏。

（四）网上支付

电子商务要成为一个完整的过程，网上支付是重要的环节。客户和商家之间可采用信用卡账号进行支付。网上支付将需要更为可靠的信息传输安全性控制，以防欺骗、窃听、冒用等非法行为。

（五）电子账户

网上的支付必须要有电子金融来支持，即银行、信用卡公司和保险公司等金融单位提供网上金融服务。而电子账户管理是其基本的组成部分，信用卡号和银行账号都是电子账户的一种标志。而其可信度需配以必要的技术措施来保证，如数字证书、数字签名、加密等手段的应用提高了电子账户操作的安全性。

（六）服务传递

对于已付款的客户应将其订购的货物尽快地传递到客户手中。而有些货物在本地，有些货物在异地，电子邮件将能在网络中进行物流的调配。最适合在网上直接传递的货物是信息产品，如软件、电子读物、信息服务等，它能直接从电子仓库中将货物发到用户端。

（七）意见征询

电子商务能十分方便地采用网页上的"选择""填空"等格式文件来收集用户对销售服务的反馈意见。这样能使企业的市场运营形成一个封闭的回路。客户的反馈意见不仅能提高售后服务的水平，而且更能使企业获得改进产品、发现市场的商业机会。

（八）交易管理

整个交易的管理将涉及人、财、物多个方面，包括企业和企业、企业和客户，以及企业内部等各方面的协调和管理，因此，交易管理是涉及商务活动全过程的管理。随着电子商务的发展，良好的交易管理的网络环境及多种多样的应用服务系统将被建立。

第二节　电子商务的框架与分类

一、电子商务的组成框架

（一）电子商务的概念模型

电子商务的概念模型是对现实世界中电子商务活动的一般抽象描述，它由交易主体（也称"实体"）、电子市场、交易事务和信息流、资金流、物资流等基本要素构成。交易主体是指能够从事电子商务活动的客观对象，如企业、银行、商店、政府机关等；电子市场是指电子商务交易主体从事商品和服务交换的场所，它由各种各样的商务活动参与者，利用各种通信装置，通过网络连接成一个统一的经济整体；交易事务是指电子商务交易主体之间所从事的具体的商务活动的内容，如询价、报价、转账支付、广告宣传、商品运输等。

而电子商务的任何一笔交易，都包含着四种基本的"流"，即物流、商流、资金流、信息流。其中物流主要是指商品和服务的配送及传输渠道。商流是指物品在流通中发生形态变化的过程，即由货币形态转化为商品形态，以及由商品形态转化为货币形态的过程，随着买卖关系的发生，商品所有权发生转移。资金流主要指资金的转移过程，包括付款、转账、兑换等过程。信息流既包括商品信息地提供、促销、营销、技术支持、售后服务等内容，也包括诸如询价单、报价单、付款通知单、转账通知单等商业贸易单证，还包括交易方的支付能力、支付信誉、中介信誉等。

（二）电子商务的组成要素

电子商务的贸易、事务活动主要涉及三大要素：即以信息网为载体的信息流、以金融网为载体的资金流和以配送网络为载体的物流。

1. 信息流

在企业中，信息流分为两种，一种是纵向信息流，发生在企业内部；另一种是横向信息流，发生在企业与其上下游的相关企业、政府管理机构之间。

2. 资金流

资金流是指资金的转移过程，包括支付、转账、结算等，它始于消费者，终于商家账户，中间可能经过银行等金融部门。依靠金融网来实现电子商务活动中资金流的方式主要有：电子现金、电子支票、信用卡等。

3. 物流

物流是因人们的商品交易行为而形成的物质实体的物理性移动过程，它由一系列具有时间和空间效用的经济活动组成，包括包装、装卸、存储、运输、配送等多项活动。

广义的物流包括流通领域，又包括生产领域，是指物质资料在生产环节之间和产成品从生产场所到消费场所之间的物理移动；狭义的物流只包括流通领域，指作为商品的物资在生产者与消费者之间发生的空间位移。

4. 三流的关系

在商品价值形态的转移过程中，物流是基础、信息流是桥梁、资金流是目的。信息流处于中心地位，信息流是其他流运转的介质，直接影响控制着商品流通中各个环节的运作效率。具体三流的关系可以表述为：以信息流为依据，通过资金流实现商品的价值，通过物流实现商品的使用价值。物流应是资金流的前提与条件，资金流应是物流依托的价值担保，并为适应物流的变化而不断进行调整，信息流对资金流和物流运动起着指导和控制作用，并为资金流和物流活动提供决策的依据。

（三）电子商务的基本框架

1. 电子商务的框架层次

（1）网络基础设施

信息高速公路实际上是网络基础设施的一个较为形象的说法，它是实现电子商务最底层的基础设施，是信息传输系统。正像公路系统由国道、城市干道、辅道共同组成一样，信息高速公路是由骨干网、城域网、局域网层层搭建，才使得任何一台联网的计算机都能够随时同这个世界连为一体。信息可能是通过电话线传播，也可能是通过光纤、无线电波的方式传递。

（2）多媒体内容和网络宣传

有了信息高速公路，只是使得通过网络传递信息成为可能，至于究竟在信息高速公路上跑怎样的"车"，要看用户的具体做法。目前，网上最流行的发布信息的方式是 HTMl（超文本标记语言）的形式，它是将信息发布在万维网上。网络上传播的内容有文本、图像、声音等。HTMl 将这些多媒体内容组织得易于检索且富有表现力。但网络本身并不知道传递的是声音还是文字，它把这些信息看作是 0 或 1 的数字串。对于这些数字串的解释、格式编码及还原，是由一些用于消息传播的硬件和软件共同实现的，它们位于网络设施的上一层。

（3）报文和信息传播的基础设施

互联网上的信息传播工具提供两种交流方式：一种是非格式化的数据交流，如用 fax 和 E-mail 传递的消息，它主要是面向人的；另一种是格式化的数据交流，如电子数据交换系统就是典型代表，其传递和处理信息可以是自动化的，无须人为干涉，它主要用于面向机器。商务贸易中的订单、发票、装运单等，也都比较适合格式化的数据交流。HTTP（超文本传输协议）是互联网上通用的消息传播工具，它以统一的显示方式，在多种环境下显示非格式化的多媒体信息。

（4）贸易服务的基础设施

它是开展通用交易业务的基础服务，是所有参加交易的企业、个人都能体验到的服务，通常把这类服务称为基础设施。主要包括安全和认证、电子支付、商品目录和价目表服务等。

消息传播工具要想适合电子商务的业务，需要确保安全和提供认证，确保传递的消息是可靠的、不可篡改的、不可否认的，在有争议时能够提供适当的证据。电子商务服务的关键是安全的电子支付。在进行网上交易时，购买者发出电子付款，可采用电子信用卡、电子钱包、电子支票和电子现金等多种电子支付方式进行网上支付，并随之发出一个付款通知给卖方，卖方通过中介机构对这笔付款进行认证并最终接收。当卖方发出货物后，这笔交易才算完成。为了确保网上支付是安全的，所以必须保证交易是保密的、真实的、完整的和不可抵赖的。目前确保网上支付安全的做法是用交易各方的数字证书，即电子身份证来提供端到端的安全保障。贸易服务包括三个基本部分，即电子销售支付系统、供货体系服务、客户关系解决方案。目录服务将信息妥善组织，为增、删、改提供便利。目录服务是提供这些贸易服务的基础。目录服务支持市场调研、咨询服务、商品购买指南等，是客户关系解决方案的一部分；目录服务加速收缩供货链，是供货体系服务的目标。

（5）电子商务应用

在上述基础上，可以一步一步地建设实际的电子商务应用，如供应链管理、视频点播（VOD）、网络银行、电子市场、电子广告、网上娱乐、有偿信息服务、家庭购物等。

2. 电子商务框架支柱

（1）社会人文性的政策法规

电子商务的税收制度、信息的定价、信息访问的收费、信息传输成本、隐私保护问题等，都需要政府制定相应的政策法规。法律法规维系着商务活动的正常运作，违规活动就必须受到法律制裁。网上商务活动有其独特性，买卖双方很可能存在地域的差异，他们之间的纠纷如何解决？如果没有一个成熟的、统一的法律系统进行仲裁，纠纷就不能解决。

知识产权问题在电子商务活动中尤显突出，如何保证授权商品交易的顺利进行，如何有效遏制侵权商品和仿冒商品的销售，如何打击侵权行为，这些都是制定电子商务法律时应该考虑的问题。法律制定的成功与否关系到电子商务活动能否顺利开展。

税收制度的制定也是一个重要的问题。例如，对咨询信息、电子书籍、软件等无形商品是否征税及如何征税；对汽车、服装等有形商品如何通过海关，如何征税；税收调度是否应与国际接轨及如何接轨等。这些问题若处理不好，会严重制约电子商务的发展。

（2）自然科技性的技术标准

技术标准定义了用户接口、传输协议、信息发布标准等技术细节。就整个网络环境来说，标准对于保证兼容性和通用性是十分重要的。正如有的国家是左行制，而有的国家是右行制，会给交通运输带来一些不便；再如不同国家 110V 和 220V 的民用电压标准会给电器使用带来麻烦。今天在电子商务中也遇到了类似的问题，因此目前许多厂商、机构都意识到标准的重要性，正致力于联合起来开发统一的标准，如 EDI 标准、TCP/IP 协议、HTTP 协议、SSL 协议、SET 协议等。

二、电子商务的分类

（一）按参与交易的对象分类

1. 企业与消费者之间的电子商务

企业与消费者之间的电子商务（Business to Customer，可以缩写为 B to C 或 B2C）可以说就是通过网上商店（电子商店）实现网上在线商品零售和为消费者提供所需服务的商务活动。企业与消费者之间的电子商务引发了商品营销方式的重大变革，无论企业还是消费者都从中获益匪浅。商业机构对消费者的电子商务基本等同于电子零售商业。目前，网上有各种类型的虚拟商店和虚拟企业，他们提供各种与商品销售有关的服务。通过网上商店买卖的商品可以是实体化的，如书籍、鲜花、服装、食品、汽车、电视等；也可以是数字化的，如新闻、音乐、电影、数据库、软件及各类基于知识的商品。网上商店还能提供各类其他服务，如安排旅游、在线医疗诊断和远程教育等服务。

2. 企业与企业之间的电子商务

企业与企业之间的电子商务（Business to Business，可以缩写为 B to B 或 B2B）是电子商务应用中最重要和最受企业重视的形式，企业可以使用互联网或其他网络针对每笔交易寻找最佳合作伙伴，完成从订购到结算的全部交易行为，包括向供应商订货、签约、接受发票和使用电子资金转移、信用证、银行托收等方式进行付款，以及在商贸过程中发生的其他问题，如索赔、商品发送管理和运输跟踪等。企业对企业的电子商务经营额大，所需的各种硬软件环境较复杂，但在 EDI 商务成功的基础上发展得最快。

3. 企业对政府方面的电子商务

企业对政府方面的电子商务（Business to Government，可以缩写为 B to G 或 B2G）覆盖了企业与政府组织间的各项事务。例如，企业与政府之间进行的各种手续的报批、政府通过互联网向企业发布采购清单、企业以电子化方式向政府做出的响应、政府在网上以电子交换方式来完成对企业的征税等。这种电子商务经营模式成为政府机关政务公开的手段和方法。

4. 消费者对政府机构的电子商务

消费者对政府机构的电子商务（Customer to Government，可以缩写为 C to G 或 C2G）是指政府可以把电子商务扩展到福利费用发放、自我估税，以及个人税收的征收等方面，通过网络实现个人身份的核实、报税、收税等政府对个人之间的行为。

5. 消费者对消费者的电子商务

消费者对消费者的电子商务（Customer to Customer，可以缩写为 C to C 或 C2C）就是消费者个人间的电子商务行为。比如一个消费者有一台电脑，通过网络进行交易，把它出售给另外一个消费者，此种交易类型就称为 C2C 电子商务。例如，淘宝在 C2C 领域的领先地位暂时还没有人能够撼动，在中国 C2C 市场，淘宝的市场份额超过 60%。

（二）按交易涉及的商品内容分类

1. 间接电子商务

间接电子商务涉及的商品是有形的实物商品，如鲜花、书籍、食品、汽车等，交易的商品需要通过传统的渠道，如邮政和商业快递来完成送货，因此，间接电子商务要依靠送货的运输系统等外部要素完成。

2. 直接电子商务

直接电子商务涉及的商品是无形的货物和服务，如计算机软件、电子书、娱乐内容的联机订购、付款和交付，或者是全球规模的信息服务。直接电子商务能使双方越过地理界线直接进行交易，充分挖掘全球市场的潜力。

（三）按开展电子交易的信息网络范围分类

根据开展电子交易的范围不同，电子商务可以分为区域电子商务、全国电子商务和全球电子商务。

区域电子商务是指在一定地理区域内，通过利用本城市或区域内的信息资源实现电子商务活动。区域电子商务利用互联网、局域网将区域范围内的商业系统、金融系统、物流系统和政务系统连接起来，它是开展全国电子商务和全球电子商务的基础。

全国电子商务是指在本国范围内进行的网上交易活动。与区域电子商务相比，全国电子商务的交易范围比较广，对网络软硬件的要求也相对较高，需要在全国范围内实现交易、支付、物流等方面的电子化和自动化，且要求从事电子商务活动的从业者具备相应的专业知识和技术能力。

全球电子商务是指在世界范围内进行的电子商务活动。由于全球电子商务横跨了多个国家，因此其涉及的交易系统更为复杂，如交易双方的信息系统、海关系统、检疫信息系统、银行系统、保险信息系统、税务信息系统和国际物流组织信息系统等。

（四）按使用网络的类型分类

根据电子商务所使用的网络类型的不同，电子商务可以分为基于企业内部网络（Intranet）的电子商务、基于企业外部网络（Extranet）的电子商务，以及基于互联网（Internet）的电子商务。

基于企业内部网络的电子商务，主要通过 Intranet 对企业内部的生产、人力资源分配、资金调度等活动进行网络集成管理，从而达到降低企业内部管理成本、加速企业内部资金周转和提高企业内部工作效率等目的。

基于企业外部网络的电子商务是通过与企业联盟或合作伙伴的计算机网络系统之间进行点对点的贸易、商务数据交换和自动处理来完成的。

基于互联网的电子商务就是利用互联网开展电子商务活动。它是一个基于 TCP/IP 协议组织起来的松散的、独立的、具有国际合作性质的国际互联网络。由于在互联网上可以开展各种形式的电子商务业务，而且发展迅速，因此，基于互联网的电子商务成为当前电子商务的主要形式。

第三节 电子商务带来的社会变革

电子商务作为一种商务活动，它不是孤立存在的，它对人类生活、政府决策、企业管理，以及社会经济等方面都会产生深远的影响。

一、电子商务对个人生活的影响

随着互联网的普及和电子商务的兴起，人们的生活、工作、学习、娱乐方式等各个方面都在发生着翻天覆地的变化。

（一）信息传播方式的改变

随着通信技术的不断发展，互联网不仅是人们在生活、工作、学习、娱乐等方面的通信工具，也是一种新的传播媒介。作为通信工具，互联网不仅能够通过电子邮件、网上电话、网上传真、网上寻呼等功能实现私人需求，还能满足电子商务的通信需求。作为传播媒介，互联网具有访问成本低、可随时随地访问、传播便捷及时空上的独立性等优点。因此，通过互联网，客户可以根据自己的需求随时随地获取信息、提出疑问。

（二）生活方式的改变

尽管有人对逛商店直接面对营业员讨价还价的传统购物方式乐此不疲，但随着生活节奏的加快，很多人视逛商店购物为一种负担。例如，有些人认为购物逛商店太费时间；有些人出于不愿面对营业员冷淡或过于热情的态度；有些人不善于讨价还价；有些人不想公开自己购物的隐私。随着互联网逐渐融入人们的日常生活，消费者在互联网上浏览商品，直接在网上完成购物、支付，由商家将商品送到消费者手中，已经成为一种时尚，并正在被越来越多的人所接受和使用。与传统购物相比，网购呈现出了许多优越性。

1. 多选择性

电子商务中电子商店的容量是无限大的，可以陈列比大型超级市场更多的商品。人们可以更广泛地交流，获得更多、更具体的信息，不受时间、地点的限制。

2. 节约社会劳动和经济资源

电子商务使以销定产更为简便易行，可以密切地衔接商品生产和消费，减少盲目生产和库存积压，从而节约社会劳动和经济资源。

3. 节省时间，享受低价

通过网上购物，消费者能够得到价格上的实惠，能够享受到价格相对低一些的商品和服务。因为电子商务相对于实体商店来说减少了中间采购、库存、交易等环节的成本，商店价格中也就减少了中间费用。

4. 保护个人隐私

在购买一些属于个人隐私的物品时，在实体商店难免会碰上熟人，而在电子商务环境中就完全可以避免这种尴尬。

5. 满足个性化消费需要

通过电子商务提供的商品与在线服务可以为单个消费者"度身制衣"，定制个性化产品与服务，满足消费者个性化的需要。

6. 提供更有效的售后服务

企业可以通过互联网提供售后服务。除此之外，人们还可以在互联网上发表自己的意见、参加聚会、玩游戏、看电影、听音乐、看书等。而且任何年龄阶段的人都可以通过互联网找到自己感兴趣的事物，如通过"58同城"，人们能够很好地满足在衣食住行等方面的各种需求。

（三）工作方式的改变

随着互联网的普及和电子商务的兴起，人们的工作方式变得更加灵活，使得在家工作已经成为现实。例如，企业高层领导或者企业之间的商业谈判等，就可以通过远程视频会议来进行，而无须再花费更多的时间在路上，这样不仅能够减轻城市的交通负担，而且还有助于减少因交通而造成的城市空气污染。同时，电子商务的发展也改变了传统的社会就业结构，对人们的知识、能力和技能提出更高的要求。企业员工、政府职员、学校教师甚至是社会各行各业的就业者都必须熟悉和掌握电子商务的一些基本操作规程，那些既懂得经营管理业务又懂得电子商务技术的复合型人才将成为人才市场上的热门。就业将从传统职业转向要求信息技能、有较高认知推理能力的职业。

（四）消费方式的改变

随着电子商务的迅速发展及电子支付和物流配送等服务的完善，现在，人们能够真正做到足不出户就可货比三家，利用网络账户可以在任何时间、任何地点，通过网银服务实现包括储蓄、转账、信用卡、证券、交易、保险和公司财务管理等多种业务。

（五）教育方式的改变

随着通信技术的不断发展，网络远程教育也越来越普及。网络远程教育是以计算机通信技术和网络技术为依托，采用远程实时、多点、双向交互式的多媒体现代化教学手段，可以实时传送声音、图像、电子课件和教师板书，身处两地的师生能像现场教学一样进行双向视听问答。网络远程教育能够很好地发挥"好教师、好教材"的优势，为各个年龄层次、各种知识结构、各种需求层次和各个行业的从业者提供了一种新的学习途径，它突破了传统教育体系在时间、空间和资源上的限制。

二、电子商务给企业带来的变革

（一）电子商务将改变企业商务活动的方式

传统的商务活动最典型的情景就是"推销员满天飞""采购员遍地跑""说破了嘴、跑断了腿"，消费者在商场中筋疲力尽地寻找自己所需要的商品。现在，通过互联网消费者可以直接进入网上商场进行浏览和采购各类产品，而且还可以得到在线服务；商家可以利用网络与客户联系、进行货款结算服务；政府也可以方便地进行电子招标、政府采购等活动。

（二）电子商务正改变企业的生产方式

由于电子商务是一种快捷、方便的购物手段，消费者的个性化、特殊化需要可以完全通过网络展示在生产商面前，为了取悦顾客，突出产品的设计风格，制造业中的许多企业纷纷发展和普及电子商务。

（三）电子商务正给传统行业带来一场革命

电子商务能够覆盖商务活动的全过程，通过人与电子通信方式的结合，极大地提高商务活动的效率，减少不必要的中间环节。传统的制造业借此进入小批量、多品种的时代，使"零库存"成为可能。同时，电子商务为传统零售业和批发业开创了"无店铺""网上营销"的新模式，各种线上服务为传统服务业提供了全新的服务方式。

（四）电子商务正带来一个全新的金融业

由于在线电子支付是电子商务的关键环节，也是电子商务得以顺利发展的基础条件，随着电子商务在电子交易环节上的突破，网上银行、银行卡支付网络、银行电子支付系统，以及电子支票、电子现金等服务将传统的金融业带入到了一个全新的领域。

（五）电子商务正超越国界

许多电子商务企业，无论是做商品贸易的企业，还是提供无形的有偿服务的企业，他们都盯上了国际市场这个巨大的潜在发展空间。许多政府和国际组织纷纷鼓励电子商务企业积极参与国际贸易竞争，以促进本国经济的发展和就业。尽管这种国际贸易面临高的运输成本、语言障碍和货款支付，以及结算等方面的问题，但随着全球经济一体化进程的提速和电子商务法规的日趋完善，还有电子商务模式的创新，将会逐步扫清这些障碍。

总而言之，作为一种商务活动过程，电子商务正带来一场史无前例的革命，其对社会经济的影响远远超过商务的本身。除了上述这些影响外，电子商务还将对就业、法律制度及文化教育等带来巨大的影响。

三、新一代电子商务——物联网

随着信息技术的迅速发展，电子商务已经成为 21 世纪全球关注的焦点，从最初人们认为网上做生意是一种天方夜谭，到如今各企业和个人纷纷涉及电子商务，只用了短短的十几年，可见电子商务发展速度之快，影响范围之广；从最初的网上支付不安全、诚信体系不完善、物流不畅通，到如今的全球支付、诚信保障、全球快递，基础设施的完善和互联网交易环境的成熟，让电子商务的发展更加迅猛。

物联网是新一代信息技术的重要组成部分。顾名思义，物联网就是物物相连的互联网，其包含两层意思：其一，物联网的核心和基础仍然是互联网，它是在互联网基础上延伸和扩展的网络；其二，物联网的用户端延伸和扩展到了任何物品与物品之间，可以进行信息交换和通信。综上所述，物联网的定义是通过射频识别、红外感应器、全球定位系统和激光扫描器等信息传感设备，按约定的协议，把任何物品与互联网连接起来，进行信息交换和通信，以实现智能化识别、定位、跟踪、监控和管理的一种网络。

1. 与传统的互联网相比，物联网有其鲜明的特征

首先，它是各种感知技术的广泛应用。物联网上安置了海量的、多种类型的传感器，每个传感器都是一个信息源，不同类别的传感器所捕获的信息内容和信息格式不同。传感

器获得的数据具有实时性，按一定的频率周期性地采集环境信息，不断更新数据

其次，它是一种建立在互联网上的泛在网络。物联网技术的重要基础和核心仍旧是互联网，通过各种有线和无线网络与互联网融合，将物体的信息实时准确地传递出去。在物联上的传感器定时采集的信息需要通过网络传输，由于其数量极其庞大，形成海量信息，在传输过程中，为了保障数据的正确性和及时性，必须适应各种异构网络和协议。

最后，物联网不仅提供了传感器的连接，而且其本身也具有智能处理的能力，能够对物体实施智能控制。物联网将传感器和智能处理相结合，利用云计算、模式识别等各种智能技术，扩充其应用领域。从传感器获得的海量信息中分析、加工和处理出有意义的数据，以适应不同用户的不同需求，发现新的应用领域和应用模式。

2. 物联网技术架构通常分为感知层、网络层和应用层三层

感知层由各种传感器及传感器网关构成。感知层的作用相当于人的眼耳鼻喉和皮肤等神经末梢，它是物联网识别物体、采集信息的来源，其主要功能是识别物体和采集信息。

网络层由各种私有网络、互联网、有线和无线通信网、网络管理系统、云计算平台等组成，相当于人的神经中枢和大脑，负责传递和处理感知层获取的信息。

应用层是物联网和用户（包括人、组织和其他系统）的接口，它与行业需求结合，实现物联网的智能应用。

3. 物联网的作用

物联网一方面可以提高经济效益，大大节约成本；另一方面可以为全球经济的复苏提供技术动力。目前，欧盟、美国和中国等国家和地区都在投入巨资深入研究探索物联网。

物联网的应用领域非常广泛，在绿色农业、工业监控、公共安全、城市管理、医疗、智能家居、智能交通和环境监测等领域大有作为。此外，物联网普及以后，物联网用于动物、植物、机器、物品的传感器与电子标签及配套的接口装置的数量将大大超过手机的数量。

第二章　电子商务交易模式

第一节　B2C 电子商务交易模式

企业与消费者（Business to Consumer，B2C）电子商务是按交易对象划分的一种电子商务模式，是企业通过网络针对个体消费者实现价值创造的商业模式，它以经联网为主要消费手段，通过信息网络，以电子数据流通的方式实现企业或商业结构与消费者之间的各种商务活动、交易活动、金融活动和综合服务活动。

一、B2C 电子商务交易模式的分类

企业应根据自身的经营特点，开发适合企业发展的电子商务战略。就企业与消费者的电子商务来说，其电子商务模式主要为网上在线的商务模式。

（一）按交易客体进行分类

按交易客体进行分类，可以把 B2C 电子商务分为两种：有形商品和服务的电子商务模式、无形商品和服务的电子商务模式。网上销售有形商品和服务与无形商品和服务有很大不同，前者不能完全在网上实现，需要借助传统手段的配合才能完成，后者则可以完全通过网络进行。

1. 有形商品和服务的电子商务模式

实物商品的电子商务模式即有形商品和服务的电子商务模式。这类商品或服务的查询、订购和付款等活动都是在网上完成，而实际商品或服务的交付活动仍然通过传统的方式，不能通过电脑的信息载体来实现。

（1）企业开展直销业务的网上商店。

这类网上商店由传统生产企业所开设，实现企业产品的直销，为此类传统企业带来更多商机。典型代表网站有 ZARA、海尔和联想等。

（2）传统商城自办网上商城

传统商城因网店冲击，生存所迫纷纷开始经营网上商城，目前已开设网上商城的传统零售企业多采用经补性的经营策略。典型代表网站有苏宁易购（苏宁电器）和国美在线（国美电器）等。一方面，网上商城采用"错位经营"手法，使网下业务与网上业务尽量不重合，并通过网络平台提供售后服务和技术支持；另一方面，通过企业自建网站，树立企业形象和推广企业产品，起到信息发布和广告宣传的作用，扩大网下店铺的销售。

（3）纯虚拟网上商店

此类网上商店属于完全虚拟的企业，开辟了一种新的商业形式，在网下没有实体商店，典型代表网店有亚马逊、京东商城和当当网等。目前，京东商城这些纯虚拟商店也开始尝试线下实体店。

（4）B2C 电子化交易市场

B2C 电子化交易市场也称为 B2C 电子商务中介商或 B2C 电子市场运营商，是指在经

联网的环境下利用通信技术和网络技术等手段把参与交易的买卖双方集成在一起的虚拟交易环境。电子市场运营商一般不直接参与电子商务交易，B2C 电子化交易市场作为新型的电子商务中介商，其核心任务是聚集入驻企业和消费者，扩大交易规模，提升电子化交易市场的人气。典型代表如天猫。

2. 无形商品和服务的电子商务模式

（1）网上订阅模式

网上订阅模式指消费者通过网页订阅企业提供的无形商品和服务，进行直接消费或浏览。此类模式主要被一些商业在线机构用来销售有线电视节目、电子类报纸杂志、在线课程和在线娱乐等。如中国邮政就通过邮政 183 网站与新华社主办的新华网，推出报纸杂志的网上订阅。

（2）网上赠予模式

网上赠予模式是一种非传统的商业运作模式，实质就是"先试用、后购买"。采用网上赠予模式的企业主要有两类：软件公司和出版商。软件公司在发布新产品或新版本时通常在网上提供测试版，网上用户可以免费下载试用。这样，软件公司不仅可以取得一定的市场份额，而且也可以扩大测试群体，保证软件测试的效果。当最终版本公布时，测试用户可以购买该软件，或许因为参与了测试版的试用可以享受一定的折扣。有的出版商也采取网上赠予模式，先让用户试用，然后购买。

（3）付费浏览模式

付费浏览模式指的是企业通过网页安排向消费者提供计次收费性网上信息浏览和信息下载的电子商务模式。付费浏览模式让消费者根据自己的需要，在网站上有选择性地购买想要的东西，在数据库里查询的内容也可以付费获取，如中国知网、百度文库等。另外一次性付费参与游戏将会是很流行的付费浏览方式之一。

（4）广告支持模式

广告支持模式是指在线服务商免费向消费者或用户提供在线信息服务，其营业活动完全靠广告收入获得。此模式是目前最成功的电子商务模式之一。搜狗、百度等在线搜索服务网站就是依靠广告收入来维持经营活动的。

（二）按企业与消费者的买卖关系进行分类

按企业与消费者的买卖关系进行分类，B2C 电子商务可以分为卖方企业对买方个人的电子商务和买方企业对卖方个人的电子商务两种模式。

卖方企业对买方个人的电子商务模式是最常见的 B2C 电子商务模式，即由卖方企业出售商品和服务给买方个人。比较典型的代表如天猫超市、京东商城、亚马逊等。

买方企业对卖方个人的电子商务模式是买方企业在网络上向卖方个人求购商品或服务的一种电子商务模式。这种模式应用较多的是企业在网上招聘人才。比较典型的代表如前程无忧、智联招聘、BOSS 直聘等。

二、 B2C 电子商务的盈利模式

（一）B2C 电子商务模式成功的关键环节

虽然近年来 B2C 电子商务在我国发展迅速，但是目前许多 B2C 电子商务企业因不能盈利而面临生存危机。采用适合企业发展的盈利模式是促进 B2C 电子商务持续发展的关键。决定 B2C 电子商务企业取得成功的关键环节主要包含以下几个方面。

1. 诚信与安全保障

诚信与安全保障是 B2C 网站成功的关键因素之一。电子商务发展早期，许多人之所以不能接受电子商务这种购物模式，最主要是担心诚信与安全保障。目前，纵观我国成功的 B2C 案例，几乎所有的网站或平台都提供退货保障，以提高消费者的信任度，安全认证包含确认消费者身份和支付确认。另外货到付款有效地避免了传统消费者对网上商家的不信任；B2C 网站的品牌效应也有效地降低了消费者的风险感知程度。

2. 物流配送

物流是 B2C 电子商务活动中必不可少的关键因素。物流配送是指在经济合理的区域范围内，根据用户的要求，对物品进行拣选、加工、包装、运输等作业，并按时送达指定地点的物流活动。

3. 支付方式

支付方式对于 B2C 网站或平台的成功与否起着决定性的作用，决定了 B2C 交易活动中资金的流动过程。目前，常用的支付方式有电子支付、货到付款及其他付款方式。

（1）电子支付

电子支付主要指利用银行卡完成的支付，具有方便、高效、快捷、经济的优势。目前电子支付方式主要有网上支付、第三方支付、移动支付、电话支付等。

（2）货到付款

货到付款是最原始也是早期电子商务的支付方式之一。商家将商品发给客户，客户查验货物后以现金的形式支付给商家。目前货到付款不仅限于当面支付现金，很多商城支持客户收到商品后使用支付宝支付、微信支付、POS 终端刷卡等。

（3）其他付款方式

其他支付方式包括银行转账、储值卡支付、现金抵用券支付、礼品卡支付、红包支付等。

4. 用户习惯和网站黏着度

用户习惯培养和网站黏着度对于一个 B2C 网站来说非常重要。用户习惯培养越久和用户黏着度越高，说明用户忠诚度越高，这样的用户一般不容易流失，而且通常黏着度越高的网站，盈利能力越强，商业价值也越高。

5. 特色经营

特色经营是 B2C 成功的另一个关键因素。只有在产品定位和客户定位上下功夫，灵活经营、寻找特色，才能在 B2C 电子商务中找到一条适合的盈利之道。

6. 创造成功的网络商店品牌

一个好的品牌对网络零售商来说至关重要。在网络虚拟世界中，消费者可以不受任何时空限制，从一个网络商店转到另一个网络商店，他们在网络上感受到的品牌所代表的商店和商品都是无形的。优秀的品牌可以使消费者建立起对网络零售商的信任感，这种信任感反过来又给网络零售商进一步提高产品质量和服务造就了广阔的空间。所以，在网络世界中过硬的品牌更容易取得成功。

（二）B2C 电子商务的主要盈利模式

B2C 电子商务网站的盈利模式主要有以下四种：网络广告收益模式、产品销售营业收入模式、出租虚拟店铺收费模式和网站的间接收益模式。

1. 网络广告收益模式

这种模式是大部分 B2C 网站的主要盈利模式，这种模式成功与否的关键在于网站的访客量与广告能否受到关注。

2. 产品销售营业收入模式

大部分 B2C 电子商务网站通过销售产品，通过赚取采购价与销售价之间的差价和交易费获取利润。典型代表有京东商城、苏宁易购、当当网等。

3. 出租虚拟店铺收费模式

B2C 电子化交易市场的主要收入来源于这种模式。这些网站在销售产品的同时，也出租虚拟店铺，通过收取租金赚取中介费。例如天猫、京东商城等电子化交易平台根据提供服务级别的不同，收取入驻商家一定的服务费和保证金。

每个网站收取租金的方式各不相同。天猫店铺一般收取保证金和技术服务费，并且依据店铺类型不同，资费也不同。保证金：（1）品牌旗舰店、专卖店为 5 万～10 万元；（2）专营店为 10 万～15 万元。技术服务费以一级类目为参照，为 3 万元或 6 万元。

4. 网站的间接收益模式

除了以上三种方式，企业还可以通过价值链的其他环节实现盈利。如以淘宝、天猫为例，交易中大部分的用户都通过支付宝付款，平台不仅可以通过支付宝收取签约商户一定的交易服务费，而且还可以通过利用用户存款和支付时间差产生的巨额资金进行其他投资，给网站带来巨大的利润。

第二节　C2C 电子商务交易模式

C2C（Customer to Customer）电子商务是指消费者与消费者之间的电子商务或者个人与个人之间的商务活动。这里所指的个人可以是自然人，也可以是商家的商务代表。现代社会中的自然人或者自然人组成的家庭中有着非常丰富的资源，不仅有物资资源，而且还有更多的知识资源，包括科技、文化、教育、艺术、医药和专业技能等资源，C2C 电子商务能够实现个人或家庭的消费物资再调配、个人智力资源和专业技能的充分利用，从而最大限度地减少人类对自然资源和智力资源的浪费。

该模式需要能够为买卖双方提供在线交易的平台，在该平台中，卖方可以自行提供商品或服务信息，而买方可以自由选择商品并支付。目前，国内主要的 C2C 电子商务平台有淘宝、易趣等，淘宝是中国最大的 C2C 电子商务交易平台，易趣主要为面向海外销售的用户提供交易平台。

C2C 电子商务平台是一个非常灵活的在线交易平台，其用户数量巨大且不存在地域和时间限制，往往身兼多职，既是卖方又是买方。

一、 C2C 电子商务交易模式的分类

(一) 适合网上销售的商品

1. 网上销售商品的分类

网上销售的商品, 可以分为虚拟商品和实体商品, 其中, 虚拟商品又可以分为数字化商品和在线服务。

2. 适合网上销售的商品应该具备的特点

由于网络的限制和商品自身的特点, 使得只有部分产品适合在网上销售, 但随着网络技术的发展和其他科学技术的进步, 将有越来越多的产品在网上销售。适合网上销售的商品应该具备的特点:

(1) 商品的质量标准单一化

消费者无须近距离接触就能比较清楚地了解商品的质量, 如图书、音像制品、3C 数码类产品等。

(2) 数字化产品、服务等无形商品

无须物流配送, 直接通过网络传送给消费者, 如软件产品、车票预订、景点门票预订、研究报告等。

(3) 个性化、独特性或时尚性

由于网上消费者的个性化需求, 网络销售产品的式样必须满足购买者的个性化需求, 而且销售不错的商品往往都是具有独特性或时尚性。

(4) 价格合理

由于跳过中间环节, 网上销售的商品价格一般比较合理, 在网上销售产品一般采用低价位定价。

(5) 便于运输

体积较小, 便于运输, 降低运输成本等。

(二) C2C 电子商务交易模式的分类

1. 按交易平台运作模式进行分类

按交易平台的运作模式分类, C2C 电子商务交易模式可分为拍卖平台运作模式和店铺平台运作模式。

拍卖平台运作模式: 这种模式下, 由电子商务企业为买卖双方搭建网络拍卖平台, 按比例收取交易费用。在拍卖平台上, 商品所有者或某些权益所有人可以独立开展竞价、议价、在线交易等。网络拍卖的销售方式保证了卖方的价格不会太低, 他们可以打破地域限制, 把商品卖给地球上任何一个角落出价最高的人; 同理, 买方也可以确保自己不会付出很高的价位。比如京东拍卖、聚拍网等。

2. 按交易的商品类型分类

按交易的商品类型分类, C2C 电子商务交易模式可以分为实物交易平台和智慧交易平台。

(1) 实物交易平台

该类平台网站交易的商品种类很多, 分类齐全, 从小件商品如饰品、服饰、家居用品

到大件商品如大家电、汽车等均有销售。除此之外，平台网站还设置了网络游戏装备交易区和虚拟货币交易区等。

（2）智慧交易平台

从 20 世纪初，经联网开始加速发展，各种创新型应用和经联网新概念不断出现，例如搜索引擎、电子商务、博客、维基百科、RSS、web2.0、长尾理论等。如何利用经联网进行知识管理已引起经联网界和知识管理学界诸多学者的高度关注。智慧交易平台就是在这个大的背景下产生的，它是利用经联网进行知识管理的网络创新模式。Witkey 和威客这两个词完全为中国首创。该概念最先由刘锋在中国科学院研究生院提出。

威客网指为威客提供交易平台的网站，是常见的智慧交易平台。威客的英文 Witkey 是由 wit（智慧）、key（钥匙）两个单词组成，也是 Thekeyofwisdom 的缩写，是指那些通过经联网把自己的智慧、知识、能力、经验转换成实际收益的人，他们在经联网上通过解决科学、技术、工作、生活、学习中的问题，从而让知识、智慧、经验、技能体现经济价值。

（3）威客地图流程

威客地图借用了知识管理里知识地图的概念，即通过经联网将人的地理位置、专业特长或兴趣、联系方式、威客空间这四个最重要的属性聚合在一起从而形成的关于人的搜索引擎。在威客空间中，威客把自己的知识、智慧、经验、技能形成作品进行出售，威客网站可以通过威客地图的衍生产品进行盈利，如知识交易、右侧广告、竞价排名、威客推荐、联系方式信息费等。

从实践上看，不同的威客模式应用领域有不同的特点，所以威客模式网站不能采取统一的商业运行制度，应具体问题具体对待。

二、网络拍卖的主要类型

C2C 电子商务成功的交易模式之一就是在线拍卖。在许多国家，经过在线拍卖进行买卖已经非常流行。全球最早的 C2C 交易平台是易贝（eBay），为买卖双方提供拍卖平台。消费者可以登录专业的拍卖网站，也可以登录一般的拍卖网站，还有一些消费者是通过特殊的软件自行开展拍卖活动，通过逆向拍卖的形式进行 C2C 在线交易。

（一）拍卖与网络拍卖

1. 拍卖

依照《中华人民共和国拍卖法》的规定，拍卖是指以公开竞价的形式，将特定物品或者财产权利转让给最高应价者的买卖方式。

拍卖当事人包括竞买人、买受人、委托人和拍卖人：（1）竞买人是指参加竞购拍卖标的的公民、法人或者其他组织。（2）买受人是指以最高应价购得拍卖标的的竞买人。（3）委托人是指委托拍卖公司拍卖物品或者财产权利的公民、法人或者其他组织。（4）拍卖人是指依照《中华人民共和国拍卖法》和《中华人民共和国公司法》设立的从事拍卖活动的企业法人。在网络平台上，拍卖人一般是指 C2C 电子商务搭建的拍卖平台，如阿里拍卖和易贝等。

2. 网络拍卖

网络拍卖是指网络服务商利用经联网通信传输技术，向商品所有者或者某些权益所有人提供有偿或无偿使用的经联网技术平台，让商品所有者或某些权益所有人在其平台上独立开展以竞价、议价方式为主的在线交易模式。

（二）网络拍卖的主要类型

1. 英式拍卖

英式拍卖也称增价式拍卖或出价逐升式拍卖，是传统拍卖中最常见的拍卖方式。在网络拍卖方式中，英式拍卖是最常见的网上拍卖竞价方式。英式拍卖的形式是：在拍卖过程中，拍卖标的物的竞价按照竞价阶梯由低至高、依次递增，当到达拍卖截止时间时，出价最高者成为竞买的赢家（即由竞买人变成买受人）。另外，在拍卖前卖家可设定保留价，当最高竞价低于保留价时，卖家有权不出售此拍卖品。当然，卖家亦可设定无保留价，此时，到达拍卖截止时间时，出价最高的竞价者成为买受人。

2. 荷兰式拍卖

荷兰式拍卖又称减价式拍卖或出价逐降式拍卖，是一种公开的减价拍卖。这种拍卖方式适用于拍卖交易量大或者有一定保质期的物品。形式为卖方必须规定一个底价（即起拍价）或者拍卖物品的数量，在拍卖过程中，物品价格每隔一段时间会下降一些，第一个出价人可以按照他出价时的价格购买所需数量的物品。如果他买完后，物品还有剩余，降价过程继续，直到所有物品都被买走为止。拍卖结束后，所有成功出价的竞价者以成功竞价的价格买走商品。

荷兰式拍卖的原则：价格高优先获得宝贝，相同价格先出价者先得。成交价格是最低成功出价的金额。

3. 一口价

一口价是指在交易前，卖家预先确定一个固定的价格，让买家没有讨价还价的余地，买家可以立即买下自己想要的商品，以最快的速度完成购买过程。如果卖家出售数量大于一口价的多数商品，则交易将持续到买家以一口价购买完全部商品或在线时间（竞价截止时间）结束。

4. 反向拍卖

反向拍卖也叫逆向拍卖，由采购方提供希望得到的产品的信息、需要服务的要求和可以承受的价格定位，由卖家之间以竞争方式决定最终产品提供商和服务供应商，从而使采购方以最优的性能价格比实现购买。一般常用于政府采购、工程采购等。

5. 集体议价

集体议价也称为集体竞价，是多个购买者联合购买同一类商品而形成一定购买规模，以获得优惠售价的交易方式。集体议价是一种由消费者集体议价的交易方式。作为动态定价的一种形式，集体议价将不同的投标者联合起来以便获得折扣价格，买家人数越多，价格越低，但通常都有一个最低价（集合底价）。这是一种不同于传统拍卖的网络议价类型，多采用 C2B 的形式，在这种模式中，单个消费者也享有了过去只有零售商和中间商才能享有的"以量换价"的权利，但是必须付出时间成本。

三、 C2C 电子商务的交易流程和盈利模式

（一）C2C 电子商务的交易流程

根据电子商务的交易对象，将交易流程分为买家交易流程和卖家交易流程。以下将以

淘宝网为例，分别介绍买家和卖家交易流程。

1. 买家购买流程

（1）注册会员账户

如果是淘宝网新用户，首先要进行会员注册，阅读服务条款并同意，其次填写个人资料提交，最后通过接收邮件激活会员账号完成会员注册。

（2）搜索、浏览商品

根据自己需要进行搜索，搜索完成后，查看搜索结果，浏览商品。

（3）购买商品

通过搜索，并找到满足自己需要的商品，加入购物车并进行结算，也可直接选择立即购买。购买商品时需要注意先确认好商品信息，如商品颜色、规格、数量、送货方式、收货地址等。

（4）付款

确认收货信息后，即进入支付页面，淘宝网可选择支付宝进行付款，也可通过网上银行、信用卡、货到付款等方式进行付款。

（5）收货和评价

当买家收到商品并确认无误后，可返回订单页面确认收货，同时对商品质量、卖家服务、物流服务等项目进行评价。交易完成后，卖家就可收到货款。

2. 卖家交易流程

（1）注册会员账户

与买家注册会员相同，在淘宝平台中，如果作为买家已注册会员，当作为卖方时可以使用同一会员账户。

（2）开设店铺、发布商品

在淘宝网开设店铺需要先进行支付宝实名认证和开店认证。实名认证有个人实名认证和商家实名认证两种。认证成功后，就可以发布商品、开设店铺了。卖家在发布商品信息时，可选择一口价、个人闲置或拍卖方式进行出售。其中，"一口价"是指卖家以固定的价格出售宝贝。"个人闲置商品"是指已通过支付宝实名认证的淘宝网用户以"闲置"的方式发布的商品。"拍卖"是指卖家出售宝贝时就设置宝贝起拍价、加价幅度。不论采用哪种方式发布商品信息，发布前都需要准备商品资料，包括商品标题、图片、类别、价格、数量、送货方式、运费、发票等信息。

闲置商品与二手商品不同。闲置商品通常为个人持有，自用或从未使用的闲置物品。二手商品指卖家以"二手"的方式发布商品，通常是旧的、用过的，或者新的买来后又转手出去的商品。

（3）发货

当买家购买后，确认收到买家的货款后或者知道买家把货款付给支付宝，卖家就可以安心发货。发货要及时，并尽量按照买家的要求选择快递公司，并将发货情况告知买家。

（4）收款及评价

当买家收到商品并确认付款后，卖家账户收到买家款项后，卖家必须客观、公正地对买家进行评价，评价信息将计入买家的信用等级。

（二）C2C 电子商务平台的盈利模式

C2C 电子商务平台是一种主要通过网站为商户和消费者提供网络化的购销平台，同时，为了保障交易双方的利益，提供网络广告、第三方支付系统、网店装修、交易管理和评级等功能。通过直接购买或网络拍卖，都会给 C2C 平台带来更大的收益。

C2C 电子商务平台的盈利模式主要包含以下几个方面：

1. 会员费

会员费是大部分网站的盈利方式之一，平台为会员提供更多、更高质量的服务，如商品推广服务、公司认证、增值服务项目等。会员费一般采用第一年缴纳，第二年续费的形式，如不续费，将变为免费会员，不再享受多种服务。

2. 网络广告费

将网站中有价值的位置用于放置各类广告，根据不同版面、不同形式、发布时间和长短等因素来确定收费标准，如淘宝网的直通车、竞价排名等。

3. 增值服务费

某些超过质保期外产品的用户的服务，是有偿的，不仅要收取成本费，还要收取一定数额的服务费，如物流服务费、辅助信息费、支付交易费等。

4. 特色服务费

产品或服务的特色展示费用，如淘宝网中的旺铺、淘宝助理、店铺装修工具、阿里指数、店铺管理工具等。

5. 拍卖平台盈利方式

主要包括拍品信息费、保留价费用和佣金。其中，拍卖品信息费是指拍品的信息登录费用；保留价费用是指拍卖交易不成功时，根据卖家事先设置的拍品保留价收取费用；佣金是指按拍品成交金额收取一定比例的费用。

不同的 C2C 电子商务网站有所区别，但都是采用多种方式的结合运营的，以达到更高的网站流量、用户黏性和重复购买率等目的。

第三节　B2B 电子商务交易模式

一、B2B 电子商务概述

B2B（Business to Business）电子商务即企业与企业的电子商务，是指企业与企业之间通过网络进行数据信息的交换、以电子化方式开展的商务活动。进行电子交易的供需双方都是商家，它们使用经联网技术或各种网络商务平台，完成商务交易活动的供求信息发布、商务洽谈、订货及确认订货、合同签订、货款支付、票据的签发及传送和接收、货物的配送及监控等过程。

（一）B2B 电子商务的特点

B2B 电子商务的交易双方从交易磋商、签订合同到支付等都是通过网络完成，整个流程完全虚拟化。其主要特点包括以下几个方面。

1. 交易金额大

B2B 通常是企业与供应商、经销商之间的大宗货物交易，和零售有着很显著的区别。

以消费者为交易对象的 B2C、C2C，大多以日用、休闲、娱乐等消费品为主，往往是单笔交易，购买数量金额相对较小；B2B 交易通常规模大，一般是大额交易。B2B 电子商务相对于 B2C 和 C2C 而言，交易的次数少，而且交易对象比较集中。

2. 节约交易成本

传统企业间的交易往往要耗费企业大量资源和时间，无论是销售和分销还是采购都要占用产品成本。通过 B2B 网络交易方式，买卖双方能够在网上完成整个业务流程，从建立最初印象到货比三家再到讨价还价、签单和交货，最后到客户服务 B2B，使企业之间的交易减少许多事务性的工作流程和管理费用，降低了企业经营成本，网络的便利及延伸性使企业扩大了活动范围，企业发展跨地区跨国界更方便、成本更低廉。

3. 交易操作规范

B2B 的交易操作程序上虽然复杂，包括查询、谈判、结算等，但其相对规范化、标准化及流程化，这大大降低了企业的经营成本及时间，提高了工作效率。B2B 电子商务活动，一般涉及对象比较复杂，因此对合同要求比较规范和严谨，注重法律的有效性。

4. 交易对象广泛

B2C、C2C 交易一般集中在生活消费用品方面，而 B2B 交易平台上交易的商品覆盖种类广泛，既可以是原材料，也可以是半成品或成品。

(二) B2B 电子商务的类型

根据 B2B 交易平台的构建主体分类，B2B 电子商务可以分为直销型 B2B 和平台型 B2B。

1. 直销型 B2B 交易

直销型 B2B 交易是指直接提供产品或服务的企业，改变传统的销售渠道，将网络作为新兴的销售渠道实现企业间的交易。就企业而言，一方面，提供产品或服务的企业可通过建立网上直销电子商务站点，为其客户提供产品和服务；另一方面，需要产品或服务的企业可以通过供应商建立的网上直销电子商务站点进行直接购买。直销型 B2B 的主要特点是，利用网络代替传统的中间商，如零售商和批发商。这一方面可以提高企业对市场的反应速度，也可以减少企业的营销费用，特别是营销渠道费用，以更低廉的价格为客户提供更满意的服务。因此，企业一旦建立网上直销渠道模式，可以大大提高企业的竞争能力。利用网上直销渠道，企业可以直接与客户建立企业间电子商务交易方式，突破经由传统中间商分销时所受到的时间和空间的限制，企业的客户范围更广，从而扩大企业的市场份额。

实现直销型 B2B 交易，要求企业的实力较雄厚，而且企业必须能进行柔性化生产，企业的业务流程必须是客户导向的。企业开展网上直销业务的主要目的是顺应电子商务发展的潮流，降低企业的渠道成本，为客户网上沟通提供方便，并扩大企业的市场范围和市场份额。

2. 平台型 B2B 交易

平台型 B2B 交易也称为中介型 B2B 交易，是指企业利用第三方提供的电子商务服务平台实现企业与客户之间的交易。参与 B2B 交易的企业可以是买方，也可以是卖方。平台型 B2B 与直销型 B2B 电子商务的根本区别在于，直销型 B2B 的电子商务服务平台是由参与交易的一方提供，一般是产品或服务的销售方；而平台型 B2B 的电子商务服务平台一般由中介商提供，既不是拥有产品或服务的销售方，也不是经营商品的商家，并不参与交易，只是提供一个平台，将销售方和采购方汇集在一起。

（三）B2B 电子商务的盈利模式

B2B 电子商务是目前盈利状况最好的电子商务模式。目前，B2B 电子商务的盈利模式主要有以下几种。

1. 会员费

企业通过第三方电子商务平台参与电子商务交易，必须注册为 B2B 网站的会员，每年要缴纳一定的会员费，才能享受网站提供的各种服务，目前会员费已成为中国 B2B 网站最主要的收入来源。

2. 广告费

网络广告是门户网站的主要盈利来源，同时也是 B2B 电子商务网站的主要收入来源。比如阿里巴巴网站的广告根据其在首页位置及广告类型来收费。中国化工网有弹出广告、漂浮广告、Banner 广告、文字广告等多种表现形式可供用户选择。

3. 竞价排名

企业为了促进产品的销售，都希望自己在 B2B 网站的信息搜索中的排名靠前，而网站在确保信息准确的基础上，根据会员交费的不同对排名顺序做相应的调整。

4. 增值服务

B2B 网站通常除了为企业提供贸易供求信息外，还会提供一些独特的增值服务，包括企业认证、独立域名、提供行业数据分析报告、搜索引擎优化等。像现货认证就是针对电子这个行业提供的特殊增值服务，因为通常电子采购商比较重视库存。可以根据行业的特殊性去深挖客户的需求，然后提供具有针对性的增值服务。

5. 线下服务

线下服务主要包括展会、期刊、研讨会等。通过展会，供应商和采购商面对面地交流，一般的中小企业还是比较青睐这个方式。期刊主要是刊登关于行业资讯等信息，期刊中也可以植入广告。

6. 商务合作

商务合作包括广告联盟、政府、行业协会合作、传统媒体的合作等。广告联盟通常是网络广告联盟，亚马逊通过这个方式已经取得了不错的成效，但在中国，联盟营销还处于萌芽阶段，大部分网站对于联盟营销还比较陌生。国内做得比较成熟的几家广告联盟有百度联盟、谷歌联盟等。

7. 按询盘付费

区别于传统的会员包年付费模式，按询盘付费模式是指从事国际贸易的企业不是按照时间来付费，而是按照海外推广带来的实际效果，也就是海外买家实际的有效询盘来付费。其中询盘是否有效，主动权在消费者手中，由消费者自行判断，决定是否消费。尽管 B2B 市场发展势头良好，但 B2B 市场还是存在不成熟的一面，这种不成熟表现在 B2B 交易的许多先天性交易优势，比如在线价格协商和在线协作等还没有充分发挥出来。因此，传统的按年收费模式受到以 ECVV 为代表的按询盘付费平台的冲击越来越明显。"按询盘付费"有四大特点：零首付、零风险；主动权、消费权；免费推、针对广；及时付、便利大。广大企业不用冒着"投入几万元、十几万元，一年都收不回成本"的风险，零投入就可享受免费全球推广，成功获得有效询盘后，辨认询盘的真实性和有效性后，只需在线支付单条询盘价格，就可以获得与海外买家直接谈判订单的机会，主动权完全掌握在供应商手里。

二、直销型 B2B 交易

（一）直销型 B2B 交易概述

企业之间为了提高效率，减少库存，降低采购、销售、售后服务等方面的成本，与用户或供应商之间的交易需要通过经联网来完成，因此建立 B2B 网站，实现了企业之间的电子商务交易。事实上，大型企业 B2B 网站的交易额在企业间电子商务交易总额中占有主要地位。利用 B2B 网站交易的企业主要是用户、供应商、合作伙伴及其他与企业经营活动有关的部门或机构。

直销型 B2B 可以分为两个方向，即面向下游企业的基于供应商的 B2B 和面向上游企业的基于采购商的 B2B。

1. 基于供应商网站的 B2B 交易

这种模式的 B2B 类似于 B2C 电子商务，主要是供应商基于网站与其下游的企业用户开展的以电子化分销或网络直销为核心的各种商务活动，如 Cisco 与其分销商之间进行的交易。该模式得以成功运行的关键是供应商拥有良好的声誉和大批忠实的客户。

2. 基于采购商网站的 B2B 交易

这种模式的 B2B 是采购商基于自有网站与其上游供应商开展各种商务活动，即电子化采购或网络采购活动。

（二）基于供应商网站的 B2B 交易

B2B 电子商务通用的交易过程包括交易前准备，交易谈判和签订合同，办理交易进行前的手续与交易合同的履行，以及索赔四个阶段。

基于供应商网站的 B2B 交易类似于 B2C 电子商务，其一般程序是：第一，供应商利用自己网站的信息发布平台发布买卖、合作、招投标等商业信息。第二，采购商登录供应商网站，会员注册后查询有关商品信息。第三，如果采购商属于商业企业，一般需要提出经销申请，供应商进行资格审查后授予经销资格。第四，购销双方通过网站信息交流平台在商务谈判的基础上，采购商下订单，供应商接受订单；如有必要双方还需签订合同。第五，随后进行货款结转和物流配送。第六，最后是信息反馈与销售跟踪。

（三）基于采购商网站的 B2B 交易

网络采购是指企业通过经联网发布采购信息、接受供应商网上投标报价、网上开标及公布采购结果的全过程。网络采购的主要目标是对于那些成本低、数量大或对业务影响大的关键产品和服务订单实现处理和完成过程的自动化。

电子化采购作为一种先进的采购方式，其优点主要体现在：大大减少了采购所需要的书面文档材料，减少了对电话传真等传统通信工具的依赖，提高了采购的效率，降低了采购的成本；利用网络开放性的特点，使采购项目形成了最有效的竞争，有效地保证了采购质量；可以实现电子化评标，为评标工作提供方便；由于能够对各种电子信息进行分析、整理和汇总，可以促进企业采购的信息化建设；能够使采购程序的操作和监督更加规范，大大减少采购过程中的人为干扰。

1. 网络采购方式

基于采购商网站的网络采购方式通常有以下几种。

（1）网上招投标

招投标是在市场经济条件下进行大宗货物的买卖，工程建设项目的发包与承包，以及服务项目的采购与提供时，所采取的一种交易方式。主要有公开招投标和邀请招投标两种形式。

公开招投标是指招标人以招标公告的方式邀请不特定的法人或者其他组织投标。公开招标的投标人不少于3家。

邀请招投标是指招标人以投标邀请书的方式邀请特定的法人或者其他组织投标。邀请招标的投标人不少于3家。

网上招投标流程包括：采购商新建招标项目；采购商在自己的网站发布招标公告；买方寻找潜在的供应商，邀请供应商参加项目竞标；供应商从网站上下载投标书；供应商以电子化的方式提交投标书；招标可以实时进行，由采购商截止投标，也可以持续几天，直到预先确定的截止日期；采购商评估供应商的投标，可能以电子化方式谈判以实现"最佳"交易；采购商发布中标公告；供应商查看中标公告；采购商将合同授予最符合其要求的供应商；双方签订合同，生成销售单。

（2）集中目录采购

集中目录采购是指一些大企业预先编制集中采购目录，纳入集中采购目录的项目必须由企业集中采购，未纳入集中采购目录的项目，采购人可以自行独立采购。其具体做法是，将供应商目录集中到公司服务器上，以实现采购的集中化。通过搜索引擎，购买者可以找到所需要的产品，明确存货情况和送货时间，并填写电子订货单。集中目录采购的另一个优点是可以减少供应商的数量，同时，由于购买数量的增加，还可以促使价格下降。内部的电子目录可以人工更新，也可以使用软件代理更新。

（3）集体采购

集体采购简称集采，也称为团体购买，是指来自多个零散购买者的订单被集中到一起，加大与供应商的谈判能力，根据薄利多销、量大价优的原理，供应商可以给出更低的团购价格和单独采购得不到的优质服务。

当前，集采的主要方式是网络集采。网络集采是指通过经联网平台，由专业团购机构将具有相同购买意向的零散消费者或采购商集合起来，向厂商进行大批量购买的行为。也可由消费者或某一采购商在团购网站上发布团购信息，自行发起并组织团购。企业团体购买有两种模式：内部集中和外部集中。

最早出现集采是公司为了降低成本而集合所有子公司进行采购，全公司范围内的订单都通过网络来集中采购，并自动添补。内部集中除了获得经济规模，即许多商品以低价购得外，企业交易管理费用也大大降低。

而外部集中是指企业参加第三方机构组织的团购活动。许多小企业也希望得到批量购买折扣，但无法找到其他公司加入以增加购买量，它们就可以参加一些第三方机构组织的团购活动，以获得更好的价格、选择和服务。

（4）易货交易

易货交易是指在不使用金钱的基础上交换货物和服务的行为。其基本思想是企业以自己剩余的东西交换自己需要的东西。企业可以为自己的剩余物资做广告，但成功交易的机会非常小，所以需要中介的帮助。中介可以使用人工搜寻的匹配方式，或建立一个电子易货交易所。在易货交易所里，企业将剩余物资提交给交易所，得到积点，然后使用这些积点来购买自己需要的产品。流行的易货交易对象有办公场地、闲置设备、劳动力和产品，甚至还有横幅广告。电子易货的特点是客户越多、速度越快、佣金越低。

2. 网络采购系统的功能

（1）采购申请模块

采购申请模块一般具备的功能有：接受生产部门和关键原材料供应部门提交的采购申请；接受企业资源计划（Enterprise Resources Planning，ERP）系统自动提交的原材料采购申请；接受管理人员、后勤服务人员提出的采购低值易耗品、计算机软硬件或服务方面的申请等。

（2）采购审批模块

采购审批模块一般具备的功能有：系统能够根据预设的审批规则自动审核并批准所接收到的各种申请；对所接收到的采购低值易耗品的申请，直接到仓库管理系统检查库存；对于自动审批未获通过的申请，立即通知或发电子邮件通知申请者，申请由于何种原因未获批准，修改申请或重新申请；通过自动审批无法确定是否批准或否决的申请，发电子邮件通知申请者的主管领导，由领导登录采购系统，审批申请；对于已通过的采购申请，发电子邮件通知申请者，并提交给采购管理模块。

（3）采购管理模块

采购管理模块一般具备的功能有：接受采购管理部制订的年度或月份采购计划，制订供应商评估等规则；对所接收的采购申请，依据设定规则确定是立即采购还是累积批量采购；对已经生成的订单，依据设定规则确定立即发给供应商，还是留待采购部门再次审核修改；所有订单，依据预设的发送途径向供应商发出；自动接收供应商或承运商提交的产品运输信息和到货信息；任何有权限的用户都可以查询所提交申请的执行情况；订购物资入库或服务完成后，系统自动生成凭证，向财务管理部门提交有关单据；订购产品入库完成后，系统自动发送电子邮件通知申请者或打电话通知申请者，申请已执行完毕；依据设定规则，系统在发出订单时或者产品验收入库后，自动向供应商付款，或者采购管理部门依据有关单据人工通知财务部门对供应商付款。

三、平台型 B2B 交易

（一）平台型 B2B 交易概述

平台型 B2B 交易是指由第三方提供一个称为 B2B 交易市场的电子商务交易服务平台，交易双方只要注册成为该网站会员，就可以借助该平台进行交易。第三方 B2B 网站既不是拥有产品的企业，也不是经营商品的商家，并不参与双方的交易，而只是平台提供方，将销售商和采购商汇集在一起进行交易，为双方提供交易服务。

平台型 B2B 是以中立的第三方立场为买卖双方提供服务。建立一个完善的电子交易市场必须要将大型采购商（买方采购系统）与供应商（卖方销售系统）的相应软件与企业内部系统进行整合。另外，平台入口也应该包括其他的服务功能，其中电子交易市场的主要功能有以下几种。

1. 提供供求信息服务

买方或卖方只要注册后就可以在电子交易市场发布自己需要采购的信息，或者发布企业需要出售的供应信息，并根据发布的信息来选取企业潜在的供应商或者客户。网上发布的信息一般是图片或文字信息，随着经联网的发展，信息将越来越丰富。

2. 提供附加信息服务

为企业提供需要的相关经营信息，如行业信息和市场动态等；为买卖双方提供网上交易沟通渠道，如网上谈判室、沟通软件和商务电子邮件等；提供信息传输服务，如根据客户的需求，定期将客户关心的买卖信息发送给客户。

3. 提供电子目录管理服务

提供产业所需要的不同的供应商产品目录管理系统，使购买者方便取得相关的产品资料，以利于采购的进行。

4. 提供与交易配套的服务

提供网上签订合同服务、网上支付服务、物流配送等及其他实现网上交易的服务。

5. 提供客户关系管理服务

为企业提供网上交易管理，包括企业的合同、交易记录、企业的客户资料等信息托管服务。许多电子化交易市场专门开发出客户管理软件帮助企业管理客户的资料。

6. 提供定价机制服务

在交易市场平台上，主办者提供一些交易手段，如正向拍卖、逆向拍卖、协商议价和降价拍卖等多种交易，以满足消费者各方面的需求，在交易过程中形成市场价格。

7. 提供供应链管理服务

供应链管理服务可分为两大部分：供应链规划和供应链执行。供应链规划包括供应链网络设计、需求规划与预测、供给规划、配销规划等；供应链执行包括仓储管理系统、运输管理系统、库存管理、订单管理等。

（二）平台型 B2B 交易的机制

1. 平台型 B2B 交易的参与主体

在平台型 B2B 交易中，参与主体主要包括认证机构、采购商、供应商、第三方 B2B 中介网站、物流配送中心和网上银行等。

2. 平台型 B2B 交易的基本流程

（1）第三方电子商务平台设计交易流程，制订交易规则，提供其他相关服务。（2）交易双方分别申领、下载与安装认证授权证书。（3）交易双方在第三方交易平台进行会员注册。（4）第三方交易平台管理员对交易双方进行资格审查与信用调查后，审核通过交易双方的会员注册申请。（5）交易双方经第三方交易平台审核通过具备会员资格后，通过第三方交易平台发布各自的供求信息。（6）第三方交易平台后台审核并发布各会员发布的供求信息，同时在交易平台提供大量详细的交易数据和市场信息。（7）交易双方根据第三方交易平台提供的信息，选择自己的贸易伙伴，进行商务谈判，最终签订交易合同。（8）交易双方在第三方交易平台指定的银行办理收付款手续；如果选择网上银行收付，交易双方应该预先在网上银行开设账户，并存入足够的款项。（9）物流配送部门将卖方货物送交买方。（10）交易双方对对方信用进行评价，如有问题可通过平台进行投诉。

（三）平台型 B2B 电子商务网站的分类

平台型 B2B 电子商务类型多种多样，根据不同的划分标准，结果也大不相同，主要包括按照面向行业范围划分和按照服务内容划分两种。

1. 按照面向行业范围划分

对于平台型的 B2B 电子商务模式，按照交易产品类别和商品内容划分，分为综合型 B2B 电子商务模式和垂直型 B2B 电子商务模式两种。

（1）综合型 B2B 电子商务模式

综合型 B2B 电子商务平台涵盖了不同的行业和领域，为不同行业的买卖双方搭建起一个信息和交易的平台，使买卖双方可以在这些平台上分享信息、发布广告、竞拍投标、进行交易等。国内综合型的 B2B 电子商务平台，如阿里巴巴、环球资源网等。综合型的 B2B 电子商务平台的行业范围广，很多的行业都可以在同一个网站上进行贸易活动。

综合型 B2B 电子商务模式可以产生很多利润流量，如广告费、竞价排名费、分类目录费、交易费用、拍卖佣金、软件使用许可费、会员费和其他服务费等，自己也可以开展电子商务，从商务活动中直接获利。

（2）垂直型 B2B 电子商务模式

垂直型 B2B 电子商务平台具有很强的专业性，通常定位在一个特定的专业领域内，如 IT、化工、钢铁或农业等。垂直型 B2B 电子商务平台将特定产业的上下游厂商聚集在一起，让各阶层的厂商都能很容易地找到原料或商品的供应商或买主，国内典型的垂直型 B2B 电子商务平台如中国建材第一网、中国化工网、中国钟表网、中国粮食网等，垂直型 B2B 电子商务平台是具有行业针对性的交易平台，平台具有很强的聚集性、定向性。

由于垂直型 B2B 电子商务模式的专业性强，因此其客户很多都是本行业的，潜在购买力比较强，其广告的效用也比较大，所以其广告费较综合型网站要高。除了广告外，垂直型 B2B 电子商务模式通过举办一些拍卖会，出售网上店铺，收取客户的信息费及数据库使用费等形成利润来源。

（3）综合型 B2B 和垂直型 B2B 的电子商务模式对比

第一，综合型 B2B 电子商务模式为买卖双方创建一个信息和交易的平台，涵盖了不同行业和领域，服务于不同行业的从业者；垂直型 B2B 电子商务模式将买卖双方集合在一个市场中进行交易，但网站的专业性很强，面向某一特定的专业领域，如信息技术、农业、化工、钢铁等，它将特定产业的上下游厂商聚集在一起，让各阶层的厂商都能很容易地找到原料供应商或买主。

第二，对比二者各自优势，综合型 B2B 电子商务模式追求的是"全"，能够获益的机会很多，潜在的用户群体较大，能够迅速地获得收益；垂直型 B2B 电子商务模式专业性很强，容易吸引针对性较强的用户，并易于建立起忠实的用户群，吸引着固定的回头客。

第三，考虑综合型 B2B 和垂直型 B2B 的电子商务模式的缺点，前者用户群不稳定，被模仿的风险大；后者短期内不能迅速获益，很难转向多元化经营或向其他领域渗透。

2. 按照服务内容划分

（1）信息服务型

信息服务型 B2B 电子商务网站主要是给中小企业提供一个信息发布平台，缩短了中小企业与大型企业在信息获取方面的差距，拓宽了中小企业的销售渠道。其盈利模式主要是收取会员费。

（2）交易服务型

交易服务型 B2B 电子商务网站可以帮助客户实现在线交易，统一实现信息流、物流、资金流和商流。与信息服务型网站对比，交易服务型网站需要解决好物流和支付等问题。目前，大宗产品在线交易服务类 B2B 电子商务网站有金银岛，属于小额批发交易服务类 B2B 电子商务网站；外贸类的有敦煌网和全球速卖通，内贸类的有 1688. com。此类 B2B 交易平台的盈利模式主要是收取交易佣金。

第三章 电子商务技术、安全与支付

第一节 电子商务技术

一、EDI 技术

（一）EDI 的定义

EDI（Electronic Data Interchange）即电子数据交换，是由国际标准化组织（ISO）推出使用的国际标准，是指一种为商业或行政事务处理，按照一个公认的标准，形成结构化的事务处理或消息报文格式，从计算机到计算机的电子传输方法，也是计算机可识别的商业语言。例如，国际贸易中采购订单、装箱单、提货单等数据的交换均采用了 EDI 技术。

目前由于电子数据传输技术的迅速发展，EDI 的含义逐渐被狭义化：按照商定的协议，将商业文件标准化和格式化，并通过计算机网络，在贸易伙伴的计算机网络系统之间进行数据交换和自动处理，俗称"无纸化贸易"。

（二）EDI 标准

EDI 的核心是被处理业务的数据格式标准化，EDI 在本质上要求国际统一标准，采用共同语言进行通信。由于 EDI 是计算机与计算机之间的通信，以商业贸易方面的 EDI 为例，EDI 传递的都是电子单证，因此为了能让不同商业用户的计算机识别和处理这些电子单证、必须按照协议制定一种各贸易伙伴都能理解和使用的标准-现行的行业标准有 CIDX（化工）、V1CX（百货）、TDCC（运输业）等，它们都专门应用于某一部门。目前国际上存在两大标准体系，一个是流行于欧洲、亚洲的，由联合国欧洲经济委员会（UN/ECE）制定的 UN/EDIFACT 标准；另一个是流行于北美的，由美国国家标准化委员会制定的 ANSI X.12 标准。下面简单介绍一下这些标准。

1. ANSI ASC X.12

美国国家标准学会（ANSI）特许公认标准委员会（ASC）X.12 为行业间由于交换商业交易开发统一的标准，即为电子数据交换。原先设想的 ANSI X.12 支持跨北美的不同行业公司，但今天在全球有超过 300 000 家公司在日常业务交易使用 X.12 的 EDI 标准。

2. EANCOM

EANCOM 标准最初是由 EAN 大会提出设想，是根据当时新兴的 UN EDIFACT 标准开发的。相比 TRADACOM 消息集，EANCOM 更详细：EANCOM 由 GS1 维护 EANCOM 最初为零售业开发，随后发展成为使用最广泛的 UN/EDIFACP 的子集，已经推广到一些其他行业，如医疗、建筑和出版等。

3. UN/EDIFACT

UN/EDIFACT 标准提供了一套语法规则的结构、互动交流协议，并提供了一套允许多国和多行业的电子商业文件交换的标准消息。在北美和欧洲，很多企业很早就采纳了 EDI-FACT，所以应用很广泛。

4. HIPAA

HIPAA 是由美国国会颁布的健康保险可移植性和责任法案。HIPAA 的一个关键组成部分是为国家认证供应商、健康保险计划和雇主建立电子医疗交易和全国标识符的国家标准。建立该标准是为了通过鼓励广泛使用美国卫生保健系统的 EDI 标准，提高北美卫生保健系统的效率和效益。

5. ODETTE

ODE4TE 即欧洲电信传输数据交换组织，代表了欧洲汽车行业的利益。该组织相当于美国汽车工业行动集团（AIAG）之于北美。ODETTE 一直致力于开发通信标准，例如 OF-TP 与 OITP2.0，使流程不断改善；又如物料管理原则/物流评估（MMOG/LE 的）和汽车业的具体文件标准等。

6. RosettaNet

RosettaNet 是一个由主要的计算机、消费类电子产品、半导体制造商、电信和物流公司，共同创造和实现全行业开放的电子商务流程标准。这些标准形成了一种共同的电子商务语言，在全球基础上保持供应链合作伙伴之间一致的进程。RosettaNet 的文档标准基于 XML 定义消息指引、业务流程接口和公司之间相互作用的实施框架。使用 RosettaNet 合作伙伴接口流程（PIPs），可以连接各种规模的贸易伙伴，以电子方式处理交易和移动信息到扩展的供应链

7. SWIFT

环球银行金融电信协会（SWIFT）成立于 1973 年，总部设在布鲁塞尔。SWIFT 经营着个世界性的金融通信网络，实现了银行和金融机构之间的消息交换。SWIFT 还向金融机构销售软件和服务，在 SWIFTNet 的网络上使用它。SWIFTNet 是交换 SWIFT 文件、FIN、InterAct 和 FileAct 的基础设施，用于编码这些文件以便传输。大部分银行同业拆息的消息使用 SWIFT 网络。目前，SWIFT 连接了 200 多个国家和地区的上万家金融机构和企业用户。SWIFT 文档标准分为四个方面：付款、服务贸易、证券和交易。

8. Tradacoms

这是一个早期的 EDI 标准，主要在英国零售业中使用。它最初在 1982 年推出，作为 IN/GTDI 的执行、EDIFACT 的前身之一，由英国货品编码协会（现在被称为 GS1 英国）维护和扩展。这个标准现在已经过时，因为它的开发在 1995 年停止了。

9. VDA

德国汽车工业联合会（VDA）为德国汽车行业内企业的需求开发标准和提供汽车工业实践的特殊要求，VDA 已开发超过 30 种报文，以满足如大众、奥迪、博世、大陆和戴姆勒公司的需要。

10. V1CS

自发跨产业商务标准（VICS）用于在北美的一般商品零售行业。这是一个 ANSI ASC X12 国家标准的子集。VICS 的 EDI 正在被数以千计的公司、部门和专业的零售商店、量贩店和各自的供应商采用。GS1 美国在 1988 年成为 VICS 电子数据交换的管理和行政机构。

（三）EDI 的工作过程

EDI 主要通过以下环节来完成工作：①甲企业的商务应用系统（EDP）产生一个原始文件，例如订货单。②EDI 转换软件自动将订货单转换成平面文件，作为向标准化格式转换的过渡。③EDI 翻译软件将上一步生成的平面文件转换成标准化格式报文。④通信软件将标准化报文放在含有乙方 EDI ID（识别号码）标识的电子信封里，并同时进行安全加密处理，然后通过 EDI 通信系统传输给乙方。⑤贸易伙伴乙收到电子信封后再进行反向操作，直到得到最初的原始订货单。这样就完成了一次电子数据传输。

对于企业而言，EDP 与转换软件和翻译软件之间的模块集成较为重要，三者之间应互相兼容，易于对话，以便快捷地生成标准化报文。对于 EDI 服务商而言，最重要的是如何保证数据在传输过程中的安全性。

（四）EDI 系统的三要素

一套完整的 EDI 模式主要是由 3 部分组成，分别为 EDI 标准、通信网络系统和计算机软硬件系统。其中，EDI 标准是结构化数据交换的关键，通信网络系统是数据交换的载体，计算机软硬件系统是生成和处理数据的工具，三要素互相协作，缺一不可，共同组成 EDI。

EDI 标准是整个 EDI 最关键的部分，由于 EDI 是以实现商定的报文格式进行数据传输和信息交换，因此制定统一的 EDI 标准至关重要。EDI 标准主要分为基础标准、代码标准、管理标准、应用标准、通信标准、安全保密标准等。

（五）EDI 的特点

1. EDI 使用电子方法传递信息和处理数据

EDI 一方面用电子传输的方式取代了以往纸质单证的邮寄和递送，从而提高了传输效率；另一方面，EDI 通过计算机处理数据取代人工处理数据，从而减少了差错和延误。

2. EDI 采用统一标准编制数据信息

这是 EDI 与电报、传真等其他传递方式的重要区别，电传、传真等并没有统一的格式标准，而 EDI 必须按照统一的标准才能实现。

3. EDI 是计算机应用程序之间的链接

EDI 实现的是计算机应用程序与计算机应用程序之间的信息传递与交换。由于计算机只能按照给定的程序识别和接收信息，所以电子单证必须符合标准格式并且内容完整准确。在电子单证符合标准格式且内容完整的情况下，EDI 系统不但能识别、接受、存储信息，还能对单证数据信息进行处理，自动制作新的电子单据并传输到有关部门。有关部门就自己发出的电子单证进行查询时，计算机还可以反馈有关信息的处理结果和进展状况；在收到一些重要电子邮件时，计算机还可以按程序自动产生电子收据并传回对方。

4. EDI 系统采用加密防伪手段

EDI 系统有相应的保障措施，EDI 传输信息通常是采用密码系统，各用户掌握自己的密码，可打开自己的"邮箱"取出信息，其他用户却不能打开这个"邮箱"。一些重要信息在传递时还要加密，为防止有些信息在传递过程中被篡改，或防止有人传递假信息，还可以使用证实手段，即将普通信息与转变成代码的信息同时传递给接收方；接收方把代码翻译成普通信息进行比较，如二者完全一致，可知信息未被篡改，也不是伪造的信息。通过 EDI 系统可以把信息转换成他人无法识别的代码，接收方计算机按特定程序译码后还原成可识别信息。

二、大数据与数据挖掘技术

(一) 大数据的基本概念

研究机构 Gartner 对于大数据（Big Data）给出了这样的定义：大数据是需要新处理模式才能具有更强的决策力、洞察发现力和流程优化能力的海量、高增长率和多样化的信息资产。

大数据是指无法在一定的时间范围内用常规软件工具进行捕捉、管理和处理的数据集合。大数据技术的战略意义不在于掌握庞大的数据信息，而在于对这些含有意义的数据进行专业化处理。换言之，如果把大数据比作一种产业，那么这种产业实现盈利的关键，在于提高对数据的"加工能力"，通过"加工"实现数据的"增值"。

从技术上看，大数据与云计算的关系就像一枚硬币的正反两面一样密不可分。大数据必然无法用单台计算机进行处理，必须采用分布式架构。大数据的特色在于对海量数据进行分布式数据挖掘，但它必须依托云计算的分布式处理、分布式数据库和云存储、虚拟化技术

大数据需要特殊的技术，从而有效地处理大量复杂的数据。适用于大数据的技术，包括大规模并行处理（MPP）数据库、数据挖掘电网、分布式文件系统、分布式数据库、云计算平台、互联网和可扩展的存储系统。

(二) 大数据的特性

IBM 公司提出大数据有五个基本特征（5V），即数据规模大（volume）、数据种类多（variety），数据要求处理速度快（velocity）、数据价值密度低（value）、数据真实（Veracity）

(三) 大数据的关键技术

大数据不仅仅是数据量大，最重要的是要对大数据进行分析，只有通过分析才能获得很多智能的、深入的、有价值的信息。

1. 可视化分析

大数据分析的最基本要求是可视化分析，因为可视化能够直观地呈现大数据的特点，同时容易被读者接受。

2. 数据挖掘算法

大数据分析的理论核心就是数据挖掘算法，各种数据挖掘算法基于不同的数据类型和格式，能更加科学地呈现出数据本身的特征。也正是因为这些被全世界统计学家公认的各种统计学方法，大数据分析才能深入数据内部，挖掘出数据的价值。另一方面，也是因为这些数据挖掘算法，才能快速地进行大数据处理。

3. 数据质量和数据管理

高质量的数据和有效的数据管理，无论是在学术研究还是在商业应用领域，都能够保证分析结果的真实性和价值性。当然，要更加深入地对大数据进行分析，还有很多专业的大数据分析方法需要去掌握和探索。

（四）大数据的发展趋势

1. 数据驱动创新

如今，数据已成为企业发挥竞争优势的基石。拥有丰富数据的企业将目光投向了"创新"，以丰富的数据为驱动，利用数据分析打造出高效的业务流程，助力自身战略决策，并在多个前沿领域超越其竞争对手。

2. 数据分析需先进的技术

大数据及分析将在今后取得重要进展，与大数据有关的软件、硬件和服务的全球开支将增长到上千亿美元；富媒体分析（视频、音频和图像）将成为很多大数据项目的一个重要驱动项以针对电商数据进行图像搜索为例，对图像搜索结果的分析要准确，且无须人工介入，这就需要强大的智能分析。未来，随着智能分析水平的不断提升，企业将获得更多机遇。

3. 预测分析必不可少

当前，具有预测功能的应用程序发展迅速。预测分析通过提高效率、评测应用程序本身、放大数据科学家的价值及维持动态适应性基础架构来提升整体价值。因此，预测分析功能正成为分析工具的必要组成部分。

4. 混合部署是未来趋势

IDC 预测在未来 5 年，在基于云计算的大数据解决方案上的花费将是本地部署解决方案费用的 4 倍之多，混合部署将必不可少。IDC 还表示，企业级元数据存储库将被用来关联"云内数据"和"云外数据"。企业应评估公共云服务商提供的产品，这有助于其克服大数据管理方面的困难

5. 认知计算打开新世界

认知计算是一种改变游戏规则的技术，它利用自然语言处理和机器学习帮助实现人机自然交互，从而扩展人类知识。未来，采用认知计算技术的个性化应用可帮助消费者购买衣服、挑选酒，甚至创建新菜谱。IBM 最新的计算机系统 Watson 率先利用了认知计算技术。

第二节　电子商务安全

一、电子商务安全基础

电子商务以开放的互联网网络环境为基础，其重要的技术特征是使用网络来传输和处理商业信息。互联网的全球性、开放性、虚拟性、无缝链接性和共享性，使得任何人都可以自由接入，这样，电子商务的技术基础就存在先天的缺陷。开放性、共享性是一把双刃剑，使电子商务存在各种各样的安全隐患。因此，认识电子商务过程中的安全问题，并在此基础上对其进行全面防范是富有挑战性的工作。

由于互联网的发展，世界经济正在迅速地融为一体，而国家犹如一部巨大的网络机器。计算机网络已经成为国家的经济基础和命脉，计算机网络在经济和生活的各个领域正在迅速普及，整个社会对网络的依赖程度越来越大。众多的企业、组织、政府部门与机构都在组建和发展自己的网络，以充分共享、利用网络的信息和资源。网络已经成为社会和

经济发展的强大动力，其地位越来越重要。伴随着网络的发展，也产生了各种各样的问题，其中安全问题尤为突出。

二、电子商务面临的安全威胁

电子商务是一个社会与技术相结合的综合性系统，它不仅与计算机系统结构有关，还与电子商务应用的环境、人员素质和社会因素有关，它包括环境安全、网络安全、信息安全和交易安全四个层次

（一）环境安全

为了保证电子交易能顺利进行，电子交易所使用的基础设施必须安全可靠，否则一切技术、措施将变得没有意义环境安全是电子商务的根本，主要包括以下内容：

1. 机房环境安全

计算机网络设备大多是易碎品，不能受重压、强烈震动或强力冲击。同时，计算机设备对机房环境要求较高，如适当的温度、湿度，避免各种污染源等，要特别注意火灾、水灾，空气污染对设备构成的威胁。此外，人为的破坏也会造成相应的设备损坏。因此，需要相应的防盗手段及监控系统对计算机设备加以保护

2. 电磁泄漏

计算机和其他一些网络设备大多数都是电子设备，当它工作时会产生电磁或无线信号的传输。特别是作为移动商务普及的今天，一台计算机或手机就像一部电台，向外传输带有信息的电磁波或通信信号。这样，非法之徒就可以利用先进的接收设备窃取网络机密信息

3. 行政管理安全

缺乏相关的计算机网络、信息、电子商务安全管理的规章制度，如人员管理制度、保密制度、软件和数据的维护与备份制度等，缺乏对员工的相关法律制度教育，员工责任心、安全防范意识不强等，都可能影响行政管理安全。如因保密观念不强或不懂保密规则而造成泄密、因业务不熟练操作失误使文件出错或误发等，都是危害行政管理安全的体现。

4. 社会环境安全

安全的电子商务不能仅靠单一的手段（如技术或管理手段）还必须辅以法律、道德等手段，来最终保护参与电子商务各方的利益，这就是社会环境安全的体现。

（二）网络安全

计算机网络安全应保证信息系统资源的完整性、准确性，在有限的传播范围内，能向所有的合法用户有选择地随时提供各自应得到的网络服务。从逻辑上来讲，计算机网络安全需要保证客户端、服务器、网络接入设备、传输通信设备和网络系统等的安全稳定运行。具体来讲，网络安全应保证信息系统资源避免以下问题：

1. 黑客的恶意攻击

黑客一般泛指计算机信息系统的非法入侵者。黑客攻击已成为计算机网络面临的最大威胁。无论是个人、企业还是政府机构，只要进入计算机网络，都会感受到黑客带来的网络安全威胁，大到国家机密，小到商业秘密乃至个人隐私都可能随时被黑客发现并公布；

更重要的是，黑客的攻击不仅使国家、组织或企业受损，更使公众对网络安全的信心受到打击：

2. 计算机病毒与木马

计算机病毒在《中华人民共和国计算机信息系统安全保护条例》中被明确定义为："指编制或者在计算机程序中插入的破坏计算机功能或者破坏数据，影响计算机使用并且能够自我复制的一组计算机指令或者程序代码。"木马是一类特殊病毒，通过木马，计算机可能被远程计算机监视与控制。病毒和木马具有隐蔽性，一旦发作能够实现破坏数据、删除文件、格式化磁盘等操作。目前，互联网成为病毒和木马的制造者、传播者，散发病毒的目标场所，时刻威胁着计算机网络的安全。

3. 软件漏洞与"后门"

在软件开发的过程中总会留下某些缺陷和漏洞，这些漏洞可能一时不会被发现，而只有被利用或某种条件得到满足时，才会显现出来。利用网络设计的缺陷或者漏洞是黑客突破网络的防护进入网络的主要手段之一。例如，微软的 Windows 系统、IE 浏览器都不断被用户发现这样或那样的安全漏洞，并成为病毒、木马及黑客攻击的目标。某些软件被软件公司的设计和编程人员为了自便而设置了"后门"，一般不为外人所知，但一旦"后门"洞开，其造成的后果将不堪设想。

4. 网络协议的安全漏洞

互联网的服务都是通过各类网络协议完成的，如果协议存在安全上的缺陷，那么就可能不需要破解密码即可获得所需信息。实践证明，目前互联网常用的一些协议，如 HTTP、FTP 和 Telnet 在安全方面都存在一定的缺陷。当今许多黑客实现的成功攻击就是利用了这些协议的安全漏洞。实际上，网络协议的安全漏洞是当今互联网面临的较为严重的安全问题。

（三）信息安全

如果把电子商务的运转过程看作信息的流动，则在正常情况下，信息从信源流向信宿的整个过程不受任何第三方的介入和影响。目前，电子商务面临的信息安全威胁可以归纳为信息中断、信息窃取、信息篡改、假冒信息四种类型。信息中断指攻击者有意破坏和切断他人在网络上的通信；信息窃取指非法用户使用通信数据窃听的手段获得敏感信息；信息篡改指非法用户对合法用户之间的通信信息进行修改，再发送给接收者；假冒信息指攻击者假冒发送者的身份伪造一份信息传送给接收者。

（四）交易安全

由于网络的虚拟性、交易各方非面对面的交易特征，使参与电子商务交易的各方（销售方和购买方）都面临不同形式和不同程度的安全威胁。交易安全问题主要涉及隐私、商业数据、身份真实、商家诚信、货款支付、商品送达和买卖纠纷处理等。总的来说，交易安全在信用风险、隐私问题和网络诈骗方面表现得比较突出。

1. 信用风险

信用风险是指交易双方信任缺失造成的交易障碍，主要分为卖方信用风险、买方信用风险和否认交易风险。信任的缺失主要发生在充满不确定性和风险的环境中。网络交易环境的虚拟性，使得信任在网络交易过程中所起的作用超过了它在传统交易活动中所起的作用，人们对于交易双方的真实性更难判断。

2. 隐私问题

隐私问题主要表现为客户个人隐私或身份数据在传递过程中可能被窃听，而被卖方泄露。比如 cookies 的使用，引入 Cookies 的初衷是为了网站可以通过记录客户的个人资料、访问偏好等信息实现一些高级功能，例如电子商务身份验证。可是，有的网站和机构滥用 Cookies，未经访问者的许可，搜集他人的个人资料，达到构建用户数据库、发送广告等目的。和黑客问题相比，隐私保护问题离广大网民的距离更近一些。用户在使用个人网络账户及资源时，一些不当的操作或不好的习惯都有可能导致个人隐私泄露：

3. 网络诈骗

网络诈骗随着电子商务的发展而日益猖獗，可能使买方蒙受巨大损失。"网络钓鱼"是当前最为常见也较为隐蔽的网络诈骗形式。所谓"网络钓鱼"，是指犯罪分子通过使用"盗号木马""网络监听"以及伪造的假网站或网页等手法，盗取用户的银行卡账号、证券账号、密码信息和其他个人资料，然后以转账盗款、网上购物或制作假卡等方式获取利益。此外，随着移动商务的普及和发展，移动终端的安全问题也日益突出，诸如利用非法Wi-Fi 或利用植入了木马程序的二维码行骗的案例也层出不穷。

三、电子商务的安全需求

（一）认证性（交易身份的真实性）

认证性（交易身份的真实性）是指交易双方在进行交易前应能鉴别和确认对方的身份，交易者的身份是确实存在的，不是假冒的。在传统的交易中，交易双方往往是面对面进行活动的，这样很容易确认对方的身份。然而网上交易的双方很可能素昧平生、相隔千里，并且整个交易过程中可能不见一面。要使交易成功，首先要能确认对方的身份，商家要考虑客户是不是骗子，而客户也会担心网上的商店是不是一个玩弄欺诈的黑店。因此，电子商务的首要安全需求就是要保证身份的认证性，一般可通过认证机构和证书来实现。

（二）保密性

保密性是指交易过程中必须保证信息不会泄露给非授权的人或实体。传统的纸面贸易都是通过邮寄封装的信件或通过可靠的通信渠道发送商业报文来达到保守机密的目的。电子商务则建立在一个开放的网络环境上，当交易双方通过互联网交换信息时，如果不采取适当的保密措施，那么其他人就有可能知道交易双方的通信内容；另外，存储在网络上的文件信息如果不加密的话，也有可能被黑客窃取。上述种种情况都有可能造成敏感商业信息的泄露，导致商业上的巨大损失。因此，要预防非法的信息存取和信息在传输过程中被非法窃取。信息的保密性一般通过密码技术对传输的信息进行加密处理实现。如果侵犯隐私的问题不能解决，参与电子商务对个人用户而言是一件很危险的事。

（三）完整性

完整性也称不可修改性是指信息在传输过程中能够保持一致性，并且不被未经授权者修改电子商务简化了贸易过程，减少了人为的干预，同时也带来维护贸易各方商业信息的完整性和统一性问题。数据输入时的意外差错或欺诈行为，可能会导致贸易各方信息的差异另外，数据传输过程中信息的丢失、信息重复或信息传送的次序差异也会导致贸易各方信息的不同。因此，贸易各方信息的完整性将关系到贸易各方的交易和经营策略，保持贸易各方信息的完整性是电子商务的基础。一般可通过提取信息摘要的方式来保持信息的完整性。

（四）不可抵赖性（不可否认性）

不可抵赖性（不可否认性）是指信息的发送方不可否认已经发送的信息，接收方也不可否认已经收到的信息。在传统的纸面贸易中，贸易双方通过在交易合同、契约或贸易交易所书面文件上的手写签名或印章来鉴别贸易伙伴，确定合同、契约、交易的可靠性，并预防抵赖行为的发生，这也就是人们常说的"白纸黑字"。在电子商务方式下，通过手写签名和印章进行鉴别已是不可能的了。因此要求在交易信息的传输过程中为参与交易的个人、企业或国家提供可靠的标识，一旦签订交易后，这项交易就应受到保护，交易不可撤销，交易中的任何一方都不得否认其在该交易中的作为。一般可通过对发送的消息进行数字签名来实现信息的不可抵赖性。

（五）可靠性和可用性

可靠性和可用性也称不可拒绝性，是指电子商务服务商应为用户提供稳定可靠的服务，保证授权用户能够使用和访问网站的服务和资源，能够对网络故障、操作错误、应用程序错误、硬件故障、系统软件错误、计算机病毒以及攻击者对交易信息修改所产生的潜在威胁加以控制和预防，以保证交易数据在确定的时刻、确定的地点是可靠的。电子商务以电子形式取代了纸张，如何保证这种电子形式贸易信息的有效性则是开展电子商务的前提。因此一般通过防火墙、入侵检测、反病毒、漏洞扫描、数据备份与恢复等技术来实现。

四、电子商务的安全对策

电子商务的安全问题是制约电子商务发展的关键所在，根据电子商务的安全需求，解决安全问题从技术、管理和法律等多方面来考虑。该体系由 5 层构成：网络服务层、加密控制层、安全认证层、安全协议层和应用系统层。下层是上层的基础，为上层提供技术支持；上层是下层的扩展与递进。各层次之间相互依赖、相互关联，构成统一整体。各层通过控制技术的递进实现电子商务系统的安全。

为了保障电子商务的安全，需要方方面面的参与与努力，所以构建电子商务安全框架需要考虑整体的环境安全。在行政管理方面应制定企业内部、外部网络安全规划和标准，在规划和标准的指导下制定详细的安全行为规范（包括各种硬软件设备使用和维护权限的管理办法、网络系统登录和使用的安全保障管理办法、数据维护和备份的管理规定等），特别要注意安全条例的执行保障，确定网络管理的目标和标准。在法律法规方面，电子商务交易各方应明确各自需要遵守的法律义务和责任，需要制定完善的法律体系来维持虚拟世界的秩序。总之，环境安全层可依靠法律手段、行政手段和技术手段的完美结合来最终保护参与由于商务各方的利益。

电子商务系统是依赖网络实现的商务系统，需要利用互联网基础设施和标准，所以需要一系列维护电子商务正常运行的计算机网络安全技术，例如计算机日常维护技术、操作系统安全、防火墙技术、反黑客与反病毒技术、漏洞扫描检测技术和漏洞修复技术等各种网络安全防范措施与技术。这些技术是各种电子商务应用系统的基础，并提供信息传送的载体和用户接入的手段及安全通信服务，保证网络最基本的运行安全。

为确保电子商务系统全面安全，必须建立完善的加密技术、安全认证和交易协议机制。加密控制层是保证电子商务系统安全所采用的最基本安全措施，它用于满足电子商务对保密性的需求。安全认证层是保证电子商务安全的又一必要手段，它对加密控制层中提供的多种加密算法进行综合运用，进一步满足电子商务对完整性、抗否认性、可靠性的要求。安全协议层是加密控制层和安全认证层的安全控制技术的综合运用和完善，它为电子商务安全交易提供了保障机制和交易标准。

电子商务应用系统包括了 C2C、B2B、B2C 和 B2G 等各类电子商务应用系统及商业解决方案，消费者或企业都必须掌握一系列的电子商务交易风险防范技术，确保网络购物或网络贸易的交易安全。用于保障电子商务的安全控制技术很多，层次各不相同，但并非是把所有安全技术简单地组合就可以得到可靠的安全。为满足电子商务在安全服务方面的要求，基于互联网的电子商务系统使用除保证网络本身运行的安全技术外，还用到了依据电子商务应用自身特点定制的一些重要安全技术。

第三节　电子商务支付

一、电子支付

（一）电子支付的定义

电子支付是指从事电子商务交易的当事人，包括消费者（买家）、厂商（卖家）和金融机构，通过信息网络，使用安全的信息传输手段，采用数字化方式进行的货币支付或资金流转。

（二）电子支付的特点

①电子支付的工作环境是基于一个开放的系统平台，即互联网；而传统支付则是在较为封闭的系统中运作。②电子支付是在开放的网络中通过先进的数字流转技术来完成信息传输的，其各种支付方式都是采用电子化方式进行款项支付的；而传统支付是在线下完成的，通常是现金支付或刷卡消费。③电子支付对软、硬件设施有很高的要求，一般要求有联网的计算机、相关的软件及一些配套设施；而传统支付没有这样的要求，只要双方面对面即可完成支付。④电子支付具有方便、快捷、高效、经济的优势，用户只需通过 PC 端或无线端，就可足不出户，在极短时间将款项支付给收款方，且支付的手续费用十分低廉。

（三）电子支付系统的定义及其构成

1. 电子支付系统的定义

电子支付系统是采用数字化、电子化形式进行电子货币数据交换和结算的网络银行业务系统。

2. 电子支付系统的构成

基于互联网的电子交易支付系统由客户、商家、认证中心、支付网关、客户银行、商家银行和金融专用网络七个部分构成。

（1）客户

客户一般是指利用电子交易手段与企业或商家进行电子交易活动的单位或个人。客户通过电子交易平台与商家交流信息，签订交易合同，用自己拥有的网络支付工具进行支付。

（2）商家

商家是指向客户提供商品或服务的单位或个人。电子支付系统必须能够根据客户发出的支付指令向金融机构请求结算，这一过程一般是由商家设置的一台专门服务器来处理的。

（3）认证中心

认证中心是交易各方都信任且公正的第三方中介机构，它主要负责为参与电子交易活动的各方发放和维护数字证书，以确认各方的真实身份，保证电子交易整个过程的安全稳定进行。

（4）支付网关

支付网关是完成银行网络和因特网之间的通信、协议转换和进行数据加、解密，保护银行内部网络安全的一组服务器支付网关是互联网公用网络平台和银行内部金融专用网络平台之间的安全接口，电子支付的信息必须通过支付网关进行处理后才能进入银行内部的支付结算系统。

（5）客户银行

客户银行也称为发卡行，是指为客户提供资金账户和网络支付工具的银行。在利用银行卡作为支付工具的网络支付体系中，客户银行根据不同的政策和规定，保证支付工具的真实性，并保证对每一笔认证交易的付款。

（6）商家银行

商家银行是为商家提供资金账户的银行。商家银行是依据商家提供的合法账单来工作的，所以也被称为收单行。客户向商家发送订单和支付指令，商家将收到的订单留下，将客户的支付指令提交给商家银行，然后商家银行向客户银行发出支付授权请求，并进行它们之间的清算工作。

（7）金融专用网络

金融专用网络是银行内部及各银行之间交流信息的封闭专用网络，通常具有较高的稳定性和安全性。

二、常用的电子支付工具

（一）银行卡

银行卡是由商业银行等金融机构及邮政储汇机构向社会发行的具有消费信用、转账结算、存取现金等全部或部分功能的信用支付工具。因为各种银行卡都是塑料制成的，又用于存取款和转账支付，所以又称之为"塑料货币"。银行卡包括借记卡和信用卡两种。

1. 借记卡

借记卡（Debit Card）是指先存款后消费（或取现）、没有透支功能的银行卡。借记卡具有转账结算、存取现金、购物消费等功能。按照功能的不同，借记卡可分为转账卡、专用卡及储值卡。

2. 信用卡

信用卡是银行向个人和单位发行的，凭此向特约单位购物、消费和向银行存取现金的银行卡。信用卡的形式是一张正面印有发卡银行名称、有效期、号码、持卡人姓名等内容，卡面有芯片、磁条、签名条。信用卡由银行或信用卡公司依照用户的信用度与财力发给持卡人，持卡人持信用卡消费时无须支付现金，待账单日时再进行还款。信用卡持卡人刷卡消费享有免息期，在还款日前还清账单金额不会产生费用；取现无免息还款期，从取现当日起按日收取万分之二的利息，银行还会收取一定比例的取现手续费。

根据清偿方式的不同，信用卡分为贷记卡和准贷记卡。

（1）贷记卡

贷记卡是指发卡银行给予持卡人一定的信用额度，持卡人可在信用额度内先消费、后还款的信用卡。

（2）准贷记卡

准贷记卡是指持卡人先按银行要求交存一定金额的备用金，当备用金不足支付时，可在发卡银行规定的信用额度内透支的信用卡。

（二）智能卡

1. 智能卡的内涵

智能卡是在塑料卡上安装嵌入式微型控制器芯片的 IC 卡智能卡是在法国问世的。

十几年前，手机还未普及使用，当时广泛使用的 IC 电话卡就是智能卡。IC 电话卡也叫集成电路卡，在其卡面上镶嵌着一个集成电路（IC）芯片。使用 1C 电话卡插入电话机读卡器可实现通话，由话机自动削减卡内储值的公用电话叫 IC 卡公用电话，相应的电话卡叫 IC 电话卡。IC 电话卡的芯片是具有存储、加密及数据处理能力的集成电路芯片，而塑料卡片则用于嵌入集成电路芯片，从而方便用户携带。

2. 智能卡推广应用中的障碍

①智能卡制作成本高。由于智能卡的芯片具有存储、加密及数据处理的能力，所以制卡成本较高。②不能实现一卡多能、一卡多用。由于不同种类的智能卡和读写器之间不能跨系统操作，智能卡需与特定读写器相互匹配才能使用，因此智能卡的用途较为单一，不能实现多功能、多用途合一。

（三）电子钱包

1. 电子钱包的定义

电子钱包是电子商务活动中顾客购物常用的一种支付工具，是在小额购物或购买小商品时常用的新式"钱包"。

电子钱包的功能和实际钱包一样，可存放信用卡、电子现金、所有者的身份证书、所有者地址以及在电子商务网站的收款台上所需的其他信息。

2. 电子钱包的工作原理

使用电子钱包的顾客通常要在有关银行开立账户。在使用电子钱包时，先安装相应的应用软件，然后利用电子钱包服务系统把电子货币输进电子钱包（等同于把钱放进电子钱包中）。在发生收付款时，用户只需在手机或计算机上单击相应项目（或相应图标）。因此，采用电子钱包支付的方式也称为单击式或点击式支付。

3. 常用的电子钱包

（1）微信钱包

微信钱包嵌在微信 App 中，以绑定银行卡的快捷支付为基础，向用户提供安全、快捷、高效的支付服务。

微信钱包可支持的功能包括腾讯服务和第三方服务。其中，腾讯服务包括信用卡还款、手机充值、理财通、生活缴费、Q 币充值、城市服务、腾讯公益、保险服务等，第三方服务包括火车票和机票、滴滴出行、京东优选、美团外卖、电影演出赛事、吃喝玩乐、酒店、蘑菇街女装、唯品会特卖、转转二手等。

（2）支付宝钱包

支付宝钱包是国内领先的移动支付平台，内置风靡全国的平民理财神器余额宝及海外到店买、阿里旅行、天猫超市等链接，还支持发红包、转账、购买机票和火车票、生活缴费、滴滴打车出行、购买电影票、收款、手机充值、预约寄快递、信用卡还款、购买彩票、爱心捐赠、点外卖、加油卡充值、话费卡转让、校园一卡通充值、城市服务、股票查询、汇率换算等功能。使用支付宝钱包还可以去便利店及超市购物、去售货机购买饮料。

此外还有 QQ 钱包、百度钱包等。

（四）微支付

微支付是指在互联网上进行的小额资金支付（单笔交易金额小于 10 美元）。这种支付机制有着特殊的系统要求，在满足一定安全性的前提下，要尽量少地传输信息，具有较低的管理和存储需求，即速度和效率要求比较高。这种支付形式就称为微支付。现在常说的微支付，主要是指微信支付。

（五）代币

代币是由公司而不是政府发行的数字现金。代币不同于电子货币，许多代币不能兑换成现金，只能用于交换代币发行公司所提供的商品或服务。

三、第三方支付

（一）第三方支付的定义

第三方支付是指和国内外各大银行签约，并由具备一定实力和信誉保障的第三方独立机构提供的交易支持平台。

（二）常用的第三方支付平台

1. 国内知名的第三方支付平台

（1）支付宝平台

1）支付宝

支付宝（中国）网络技术有限公司是国内领先的独立第三方支付平台，由阿里巴巴集团创办。支付宝致力于为中国电子商务提供"简单、安全、快速"的在线支付解决方案。支付宝公司始终以"信任"作为产品和服务的核心，不仅从产品上确保消费者、买家在线支付的安全，同时让消费者、买家通过支付宝在网络间建立起相互信任，为建设纯净的互联网环境迈出了非常有意义的一步。

2）支付宝的"担保交易服务"原理

支付宝的"担保交易服务"原理为：买家下单后付款到支付宝；在订单交易状况显示"买家已付款"后卖家发货；买家收到货，检查无误后确认收货，输入支付密码；支付宝将钱款打给卖家。

（2）财付通平台

1）财付通

财付通是腾讯推出的专业在线支付平台，其核心业务是帮助在互联网上进行交易的双方完成支付和收款，致力于为互联网用户和企业提供安全、便捷、专业的在线支付服务。个人用户注册财付通后，即可在拍拍网及 20 多万家购物网站轻松购物。财付通支持全国各大银行的网银支付，用户也可以先对财付通充值，享受更加便捷的财付通余额支付体验。

财付通提供有充值、提现、支付、交易管理、信用卡还款业务、"财付券"服务、生活缴费业务、彩票购买等业务。

2）虚拟物品中介保护交易功能

如果用户是腾讯旗下网络游戏的玩家，那么在用户出售游戏装备、游戏币的时候，可以通过财付通里的虚拟物品中介保护交易来进行操作，买卖双方通过 E-mail 通知进行付款、发货的操作。如果用户通过财付通进行游戏交易被骗，则可以直接联系财付通客服进行投诉，客服会调查买卖双方的后台交易数据，只要双方确实有过交易，后台有交易数据记录，那么客服就会帮助受害者找回游戏装备。

四、移动支付

（一）移动支付的定义

移动支付论坛对移动支付给出了如下定义：移动支付（Mobile Payment）也称为手机支付，是指交易双方为了某种货物或者服务，以移动终端设备为载体，通过移动通信网络实现的商业交易。移动支付所使用的移动终端可以是手机、PDA，移动 PC 等。单位或个人通过移动设备、互联网或者近距离传感直接或间接向银行等金融机构发送支付指令产生货币支付与资金转移行为，从而实现移动支付功能。移动支付将终端设备、互联网、应用提供商以及金融机构相融合，为用户提供货币支付、缴费等金融业务。

（二）移动支付的分类

移动支付主要分为近场支付和远程支付两种。

1. 近场支付

近场支付是指消费者在购买商品或服务时，即时通过手机向商家进行支付，支付的处理在现场进行，使用手机射频（NFC）、红外、蓝牙等通道，实现与自动售货机以及 POS 机的本地通信。

2. 远程支付

远程支付是指通过发送支付指令（如网银、电话银行、手机支付等）或借助支付工具（如通过邮寄、汇款）进行的支付方式。

（三）通信运营商移动支付

1. 中国联通沃支付

沃支付是联通支付有限公司的支付品牌，致力于为用户、商户提供安全快速的网上支付、手机支付服务，及手机费、水电煤缴费、彩票、转账等生活服务应用。

手机钱包业务是中国联通联合多家银行、公交一卡通公司等合作伙伴，推出的一项综合型支付业务。手机钱包利用联通 SWP 卡的安全控件通过客户端下载、预置、营业厅写卡等多种渠道将合作伙伴的多种卡应用加载到联通 SWP 卡中，使联通手机既支持原有通信功能又支持"刷"手机消费、乘车。

2. 中国移动和包

中国移动和包（原名"手机支付""手机钱包"）是中国移动面向个人和企业客户提供的一项领先的综合性移动支付业务，用户开通和包业务，即可享受线上支付（互联网购物、充话费、生活缴费等）；持 NFC 手机和 NFC-SIM 卡的用户，可享受和包刷卡功能，把银行卡、公交卡、会员卡"装"进手机里，实现特约商家（便利店、商场、公交、地铁等）线下消费。

3. 中国电信翼支付

翼支付是中国电信为消费者提供的综合性支付服务，消费者申请翼支付业务后，将获得内置翼支付账户和本地市政公交一卡通电子钱包的翼支付卡，消费者不但可以申请使用翼支付账户进行远程和近场支付，将钱存入翼支付卡上内置的市政公交或城市一卡通电子钱包后，还可以使用手机在本地市政公交一卡通或城市一卡通覆盖领域进行现场"刷"手机消费，如在公交、地铁、出租车、特约商户（如超市、商场）等场所使用。

（四）银联云闪付

中国银联携手商业银行、支付机构等产业各方共同发布银行业统一 App"云闪付"。云闪付是银联移动支付新品牌，旗下各产品使用了 NFC、HCE 和二维码

等技术，可实现手机等移动设备在具有银联"Quick Pass"标识的场景中进行线上、线下支付，同时也支持远程在线支付。

云闪付系列产品采用了云计算技术，银行卡关键信息的生成、验证、交易监控都在云端完成。云闪付包括与银行、国内外手机厂商、通信运营商等合作方联合开发的各类移动支付产品。云闪付旗下产品包括银联云闪付 HCE、银联云闪付 Apple Pay，银联云闪付 Samsung Pay、银联云闪付 Huawei Pay、银联云闪付 Mi Pay、银联钱包等。

五、网上银行

（一）网上银行的定义

网上银行又称网络银行、在线银行，是指基于 Internet 平台开展和提供各种金融服务的新型银行机构与服务形式。银行利用 Internet 技术，向客户提供开户、查询、对账、行内转账、跨行转账、信贷、网上证券、投资理财等传统服务项目，使客户可以足不出户就能够安全便捷地管理活期和定期存款、支票、信用卡及开展个人投资等。网上银行又被称为"3A 银行"，因为它不受时间、空间限制，能够在任何时间（Anytime）、任何地点（Anywhere）以任何方式（Anyway）为客户提供金融服务。

（二）网上银行的类型

1. 虚拟银行

虚拟银行即没有实际物理柜台作为支持的网上银行，这种网上银行一般只有一个办公地址，没有分支机构，也没有营业网点，采用国际互联网等高科技服务手段与客户建立密切的联系，提供全方位的金融服务。

2. 传统银行的网上服务

传统银行利用互联网作为新的服务手段为客户提供在线服务，实际上是传统银行服务在互联网上的延伸，这是网上银行存在的主要形式，也是绝大多数商业银行采取的网上银行发展模式。

（三）网上银行的特点

1. 全面实现无纸化交易

以前使用的票据和单据大部分被电子支票、电子汇票和电子收据代替；原有的纸币被电子货币，即电子现金、电子钱包、电子信用卡代替；原有纸质文件的邮寄变为通过数据通信网络进行传送。

2. 服务方便、快捷、高效、可靠

通过网络银行，用户可以享受到方便、快捷、高效和可靠的全方位服务。用户可在任何时候使用网络银行的服务，不受时间、地域的限制，即实现"3A"服务。

3. 经营成本低廉

网络银行采用了虚拟现实信息处理技术，在保证原有业务量不降低的前提下，减少营业网点的数量。同时，用户通过网上银行自助操作，可以为银行节省大量运营费用，银行可以通过降低操作手续费，鼓励用户进行自助操作。

4. 简单易用

只要会上网及掌握计算机简单操作的用户都可以无门槛地操作网上银行，无须经过专门培训，因此网上银行的使用易于广泛普及。

（四）网上银行的优势

1. 大幅降低银行经营成本，有效提高银行盈利能力

开办网上银行业务，主要利用公共网络资源，不需设置物理的分支机构或营业网点，减少了银行的人员费用，提高了银行后台系统的效率。

2. 无时空限制，有利于扩大客户群体

网上银行业务打破了传统银行业务的地域、时间限制，能在任何时候、任何地方以任何方式为客户提供金融服务，这既有利于吸引和保留优质客户，又能主动扩大客户群，开辟新的利润来源。

3. 有利于服务创新，向客户提供多种类、个性化服务

通过银行营业网点销售保险、证券和基金等金融产品，往往受到很大限制，主要是由于一般的营业网点难以为客户提供详细的、低成本的信息咨询服务。利用互联网和银行支付系统，容易满足客户咨询、购买和交易多种金融产品的需求，客户除办理银行业务外，还可以很方便地在网上进行买卖股票债券等操作，网上银行能够为客户提供更加合适的个性化金融服务。

（五）网上银行的业务品种

网上银行的业务品种主要包括基本业务、网上投资、网上购物、网上个人理财、企业银行及其他金融服务。

1. 基本业务

商业银行提供的基本网上银行服务包括在线查询账户余额、交易记录，下载数据、转账和网上支付等。

2. 网上投资

由于金融服务市场发达，可以投资的金融产品种类众多，国外的网上银行一般提供包括股票、期权、共同基金投资和信用违约掉期合约买卖等多种金融产品服务。

3. 网上购物

商业银行网上银行设立的网上购物平台，大大方便了客户网上购物，为客户在相同的服务品种上提供了优质的金融服务或相关的信息服务，加强了商业银行在传统竞争领域的竞争优势。

4. 网上个人理财

网上个人理财是国外网上银行重点发展的一个服务品种。各大银行将传统银行业务中的理财助理转移到网上进行，通过网络为客户提供理财的各种解决方案，提供咨询建议，或者提供金融服务技术的援助，从而极大地扩大了商业银行的服务范围，并降低了相关的服务成本。

5. 企业银行

企业银行服务是网上银行服务中最重要的部分之一。网上银行的企业银行服务品种比个人客户的服务品种更多，也更为复杂，对相关技术的要求也更高，所以能够为企业提供网上银行服务是商业银行实力的象征之一，一般中小网上银行或纯网上银行只能提供部分服务，甚至完全不提供这方面的服务。

企业银行服务一般提供账户余额查询、交易记录查询、总账户与分账户管理、转账、在线支付各种费用、透支保护、储蓄账户与支票账户资金自动划拨、商业信用卡等服务。此外，有的网上银行还提供投资服务等；部分网上银行还为企业提供网上贷款业务。

6. 其他金融服务

除了银行服务外，大型商业银行的网上银行均通过自身或与其他金融服务网站联合的方式，为客户提供多种金融服务产品，如保险、抵押和按揭等，以扩大网上银行的服务范围

六、海淘的支付方式

（一）海淘

海淘即海外或境外购物，就是通过互联网检索海外商品信息，并通过电子订购单发出购物请求，然后填上私人信用卡号码，由海外购物网站通过国际快递发货，或是由转运公司代收货物再转寄回国。海淘的一般付款方式是款到发货（在线信用卡付款、PayPal 账户付款）。

(二) 海淘的支付方式

1. 双币信用卡

双币信用卡是同时具有人民币和美元两种结算功能的信用卡，在国内通过银联可以实现人民币结算，出国后可以在支持 VISA 或者 Master Card 的商户消费或银行取款机上取款，并且以美元进行结算。

牡丹运通商务卡在国内银联及国外美国运通的特约商户都能方便地使用；境内使用人民币结算，境外使用美元结算。

2. 财付通

开通财付通运通国际账号，就可以财付通会员折扣价选购海量境外商家精品，并使用财付通完成支付。即使没有国际信用卡或双币信用卡，也可以通过财付通运通国际账号使用人民币进行支付，对于仅接收美国境内发行卡的国外购物网站也畅通无阻。同时，为了方便财付通用户海外购物，财付通与部分转运公司合作，开通运通国际账号时会自动分配境外转运地址（账单地址），用户可以直接使用财付通提供的转运地址。

七、互联网金融

互联网金融（ITFIN）是指传统金融机构与互联网企业利用互联网技术和信息通信技术实现资金融通、支付、投资和信息中介服务的新型金融业务模式。互联网金融是传统金融行业与互联网技术相结合的新兴领域。

(一) 第三方移动支付

1. 第三方移动支付的类别划分

按机构主体不同，第三方移动支付可分为非独立第三方、独立第三方、国有控股、国有参股、民营资本等第三方移动支付类型；按支付过程不同，第三方移动支付可分为远程支付、近场支付、微支付（单笔交易金额小于 10 美元）、宏支付（单笔交易金额大于 10 美元）、即时支付、担保支付等第三方移动支付类型；按支付业务不同，第三方移动支付可分为面向消费者和面向行业的第三方移动支付类型。

2. 第三方移动支付的特征

第三方移动支付具有多元化、社交化、营销化、金融化等特征。

(二) 众筹

众筹即大众筹资或群众筹资，是指用"赞助+回报"的形式，向网友募集项目资金的模式。众筹利用互联网和社交网络服务的传播特性，让许多有梦想的人可以向公众展示自己的创意，发起项目争取别人的支持与帮助，进而获得所需要的援助；支持者则会获得实物、服务等不同形式的回报。

现代众筹是指通过互联网方式发布筹款项目并募集资金相对于传统的融资方式，众筹更为开放，能否获得资金也不再仅以项目的商业价值作为唯一标准。只要是网友喜欢的项目，都可以通过众筹方式获得项目启动的第一笔资金，为更多小本经营或创作的人提供了无限的可能：

淘宝众筹是一个发起创意、梦想的平台，不论淘宝卖家、买家、学生、白领、艺术家、明星，如果有一个想完成的计划（如电影、音乐、动漫、设计、公益等），都可以在淘宝众筹发起项目向大家展示计划，并邀请赞赏者给予资金支持。如果愿意帮助别人，支持别人的梦想，也可以在淘宝众筹浏览到各行各业的人发起的项目计划，成为发起人的梦想合伙人；梦想合伙人见证项目成功后，还会获得发起人给予的回报。

第四章 网络营销基础

第一节 网络营销概述

一、网络营销的内容与特点

网络营销作为一个以现代信息技术为依托的新生事物，在市场营销中具有很多传统营销不具备的优势，并受到人们越来越多的关注。

（一）网络营销的概念

网络营销同许多新兴学科一样，由于研究人员对网络营销的研究角度不同，对网络营销的概念有不同的描述。

从"营销"的角度出发，我们将网络营销定义为：网络营销（e-Marketing）是企业整体营销战略的组成部分，是以互联网（Internet）为基础，通过数字化的信息和网络媒体的

交互性来更有效地满足顾客的需求和欲望，从而实现企业营销目标的一种新型的市场营销方式。

网络营销仍然属于市场营销的范畴，但与传统营销的手段和理念相比又有了很大的变网化，因此，网络营销的内涵可以从以下几个方面来理解。

1. 网络营销离不开现代信息技术

网络营销是借助互联网、通信技术和数字交互式媒体进行的营销活动，它主要是随着信息技术、通信卫星技术、电子交易与支付手段的发展，尤其是国际互联网的出现而产生的，并将随着信息技术的发展而进一步发展。

2. 网络营销是一种新型的直销营销模式

网络营销是一种新型的直销营销模式，但网络营销不单纯是网上销售，它是企业现有营销体系的有利补充，是将传统的营销手段应用到网络上去，减少营销成本，开拓新市场。

网络营销的效果可能表现在多个方面，例如企业品牌价值的提升，加强与客户之间的沟通，作为一种对外发布信息的工具等，网络营销活动并不一定能实现网上直接销售的目的，但是，很可能有利于增加总的销售，提高顾客的忠诚度。

网上销售的推广手段也不仅仅靠网络营销，往往要采取许多传统的方式，如传统媒体广告、发布新闻、印发宣传册等。

3. 网络营销的本质是满足顾客和企业的需求

网络营销的本质仍然是通过商品交换来同时满足企业与消费者的需求。消费者需求内容与需求方式的变化是网络营销产生的根本动力，网络营销的起点是顾客需求，最终实现的是顾客需求的满足和企业利润最大化，因此，网络营销必须以追求顾客满意为中心。如

何利用作为提供商品交换手段的网络技术，来满足企业与消费者的需求，是网络营销的本质所在。

4. 网络营销贯穿营销活动的全过程

网络营销包括从产品生产之前到产品售出之后全过程中的所有活动，其实质是利用互联网对产品的售前、售中、售后各环节进行即时、双向的信息沟通和跟踪服务。它自始至终贯穿于企业经营的全过程，包括市场调查、客户分析、产品开发、销售策略、客户服务与管理等方面。信息发布、信息收集、客户服务以及各种网上交易活动，都是网络营销的重要内容。

5. 网络营销建立在传统营销理论基础上

网络营销建立在传统营销理论基础之上的，不是简单的营销网络化。4P策略（产品策略Product、价格策略Price、渠道策略Place，促销策略Promotion）等市场营销理论对于网络营销来说都是值得借鉴的经验，网络营销理论是传统营销理论在互联网中的应用和发展。

作为一种新的营销方式或技术手段，网络营销活动不可能脱离一般营销活动而独立存在，网络营销是企业整体营销战略的一个组成部分，是利用互联网开拓市场并满足客户需要的活动，在实际运用中网络营销要与传统营销结合起来才能收到良好的效果。

（二）网络营销的内容

网络营销作为新的营销方式和营销手段，其内容非常丰富。一方面网络营销要为企业提供有关网上虚拟市场的消费者的特征和个性化需求；另一方面网络营销要在网上开展营销活动以实现企业的目标。网络营销的主要内容可以概括为以下几点。

1. 网络市场调研

网络市场调查研作为一种新的调研方式已经受到国内外企业的广泛重视。网络市场调研是企业利用各种网络技术资源进行信息收集、整理与分析的过程。其途径为直接在网上通过问卷进行调查，还可以通过网络来收集市场调查中需要的一些二手资料。网络市场调研的内容主要包括对消费者、竞争对手以整个市场情况的及时报道和准确分析。

利用网上调查工具，可以提高调查效率和加强调查效果。可以利用网络的互动性，通过顾客参与使企业更好地了解市场的需求，由于网络的传输速度快，可以保证市场调研的及时性，网络调研者可以及时发布其调查问卷，被调查者可以方便地回答各种问题，调研者可以快速便捷的对反馈的数据进行整理和分析，可以在信息海洋中获取想要的信息和分辨出有用的信息，大大地降低市调研的人力和物力耗费。

2. 网络消费者行为分析

网络消费者作为一个特殊群体，它有着与传统市场群体截然不同的特性，因此要开展有效的网络营销活动必须深入了解网络消费群体的需求特征、购买动机和购买行为模式。通过互联网这个信息沟通平台，许多有相同兴趣和爱好的消费者聚集和交流，在网上形成了一个个特征鲜明的虚拟社区，了解这些不同虚拟社区的消费群体的特征和偏好，是网络消费者行为分析的关键。

3. 网络营销策略制定

不同企业在市场中所处的地位是不同的。为了实现企业营销目标在进行网络营销时，必须采取与企业相适应的营销策略。因为网络营销虽然是非常有效的营销工具，但企业实施网络营销时是需要进行投入并且具有风险的，企业在制定网络营销策略时，还应该考虑到各种因素对营销策略制定的影响。

4. 网上产品和服务策略

网络作为信息有效的沟通渠道，它可以成为一些无形产品（如软件和远程服务）的载体，改变了传统产品的营销策略，特别是渠道的选择。网上产品和服务营销策略的制定，必须结合网络特点，重新考虑产品的设计、开发、包装和品牌等传统产品策略的研究。快速反应是网络营销竞争的利器之一，如何对顾客的需求迅速做出反应，提高网络顾客的满意度和忠诚度是十分重要的，所以，快速反应有可能成为网上产品和服务的营销策略。

5. 网上价格营销策略

网络作为信息交流和传播工具，从诞生开始实行的便是自由、平等和信息免费的策略，而且互联网技术创造了降低交易成本的机会，因此，网络市场上推出的价格策略大多是免费和低价策略。所以在制定网上价格营销策略时，必须考虑到互联网对企业定价影响和互联网本身独特的免费特征。

6. 网上渠道选择与直销

互联网对企业营销影响最大的是对企业营销渠道的影响。美国戴尔公司借助互联网交易双方可以直接互动的特性建立的网上直销模式获得了巨大成功，改变了传统渠道中的多层次的选择、管理与控制问题，最大限度降低了营销渠道中的费用。但企业建设自己的网笺上直销渠道必须要进行一定的前期投入，还要考虑到与之相适应的经营管理模式的问题。

虽然网络营销较之传统营销具有非常大的优势，但在当前情况下，它并不能完全取代网传统营销。企业传统的分销渠道仍然是宝贵的资源，互联网所具有的高效及时的双向沟通功能可以大大加强制造商与分销商的联系。

7. 网上促销与网络广告

Internet 作为一种双向沟通渠道，最大优势是可以实现沟通双方突破时空限制直接进行交流，而且简单、高效、费用低廉。因此，在网上开展促销活动是最有效的沟通渠道，但网上促销活动开展必须遵循网上一些信息交流与沟通规则，特别是遵守一些虚拟社区的礼仪。网络广告作为网络营销最重要的促销工具，目前得到迅猛发展，具有传统的报纸杂志、无线广播和电视等传统媒体发布广告无法比拟的优势，具有交互性和直接性。

8. 网络营销管理与控制

由于网络传播速度非常快，网络营销作为在互联网上开展的营销活动，它必将面临许多传统营销活动无法遇到的新问题，如网上销售的产品质量保证问题、消费者隐私保护问题以及信息安全与保护问题等。这些问题都是网络营销必须重视和进行有效控制的问题，否则不但可能会降低网络营销的效果，甚至可能会产生很大的负面影响。

（三）网络营销的特点

1. 跨时空

网上市场是虚拟的市场，网络营销是在没有实物和现场环境的气氛下进行的商业活动，网络营销的虚拟性突破了传统工业化社会时空界限以及企业经营活动范围的束缚，能够超越时间约束和空间限制进行信息交换，企业有了更多时间和更大的空间进行营销，可每周 7 天，每天 24 小时随时随地的在一种无国界的开放的、全球的范围内提供营销服务，从而能够尽可能多地占有市场份额。

网络营销利用互联网的广泛性，可以联络世界各地的人，且无时间、地域限制，可以充分发挥营销人员的才能，使企业效益最大化。

2. 多媒体

在网络空间上，公司介绍、产品资讯、图片等大量想要提供给客户的资料，都能够通过互联网进行传输，所以互联网传输的是多种媒体的信息，如文字、声音、图像等，从而使为达成交易进行的信息交换可以用多种形式进行，这样能够充分发挥营销人员的创造性和能动性。

3. 交互式

在网络营销中，企业可以随时随地的通过互联网和顾客进行双向互动式的沟通。可以在互联网上展示商品目录、联结资料库提供有关商品信息的查询、可以收集市场情报、可以进行产品测试与消费者满意调查等，网络在向消费者提供信息的同时也在如实地接收他们的反馈，可以使顾客参与产品的设计、生产与宣传推广，参与服务和咨询以及对问题展开讨论等。互联网是产品设计、商品信息发布、提供服务的最佳工具，提高了企业的快速的应变能力。

4. 个性化

互联网络上的促销可以是一对一的、理性的、消费者主导的、非强迫性的、循序渐进式的，而且是一种低成本与人性化的促销，避免推销员强势推销的干扰，并通过针对用户的主动查询来进行的信息传递与交互工交谈，与消费者建立长期良好的关系。

消费者可以根据自己的个性特点和需求通过互联网在全球范围内寻找满意的商品，企业可以通过网络迅速收集资源情报与技术，完全按照消费者的需要来设计生产，满足顾客的个性化要求，使企业的营销决策有的放矢，不断提高顾客的满意度。

5. 成长性

互联网络使用者数量快速成长并遍及全球，使用者大多是具有较高收入的年轻人，并且受教育程度较高，由于这部分群体购买力强而且具有很强的市场影响力，因此是一种极具开发潜力的市场渠道。

6. 整合性

网络营销可以使商品信息的发布、交易操作和售后服务等连为一体，因此也是一种全程的营销渠道。另一方面，企业可以借助互联网络将不同的传播营销活动进行统一设计规划和协调实施，以统一的传播咨询向消费者传达信息，避免不同传播中的不一致性产生的消极影响。在网络营销的过程中，对多种资源进行整合，对多种营销手段和营销方法进行整合后，将产生巨大的增值效应。

7. 超前性

互联网络是一种功能强大的营销工具，它同时兼有渠道、促销、电子交易、互动顾客服务以及市场信息分析与提供等多种功能。它所具备的一对一营销能力，正是符合企业定制营销与直播营销的未来趋势。

8. 高效性

互联网的可储存的信息量大，可以帮助消费者进行查询的特点，决定了网络营销可传送的信息数量大和精确度高，远远超过其他媒体，大大增强了企业营销信息传播的效果，并且企业可以根据市场需求的不断变化，及时更新产品陈列或调整产品价格，因此能及时有效了解并满足顾客的需求，给顾客带来更大的利益。

9. 经济性

网络营销具有明显的经济性。企业可以在全球范围内寻找最优惠价格的资源、最先进技术进行生产，以更低的成本满足顾客需求；交易双方通过互联网络进行信息交换，代替以前的实物交换，既可以减少印刷与邮递成本，又因为无店面销售，免交租金，也节约水电与人工成本；同时网络营销能帮助企业减轻库存压力，减少由于货物多次交换所带来的损耗；还有网络营销具有极好的促销能力，使广告等市场开拓费用的锐减，这都将极大地降低经营成本，给企业带来经济利益，增强企业的竞争优势。

10. 技术性

网络营销建立在高新技术作为支撑的互联网基础上，网络营销的信息传递及服务都是通过强大的技术性支持来完成的，网络营销的成熟与否在很大程度上取决于其技术使用的范围和先进程度，同时要改变传统的组织形态，提升信息管理部门的功能，引进掌握营销与计算机技术的复合型人才，提高企业在网络市场上的竞争能力。

（四）网络营销产生的基础

1. 互联网的发展是网络营销产生的技术基础

互联网是一种集通信技术、信息技术、时间技术为一体的网络系统，在互联网上，任何人都可以享有创作发挥的自由，所有信息的流动皆不受限制，网络的动作可由使用者自由地的连接，任何人都可加入联网，因此网络上的信息资源是共享的。由于互联网从学术交流开始，人们习惯于免费，当商业化后，各网络服务商也只能采取低价策略。这些因素促使了互联网的蓬勃发展。

互联网上各种新的服务，体现出连接、传输、互动、存取各类形式信息的功能，使得互联网具备了商业交易与互动沟通的能力。企业利用互联网开展营销活动，显示出越来越多的区别于传统营销模式的优势，它不再局限于传统的广播电视等媒体的单向性传播，而且还可以与媒体的接收者进行实时的交互式沟通和联系。网络的效益也随之以更大的指数倍数增加，网络市场发展速度非常迅猛，机会稍纵即逝。

2. 消费者价值观的改变是网络营销产生的观念基础

市场营销的核心问题是消费者的需求，随着科技的发展、社会的进步、文明程度的提高，消费者的观念在不断地变化，这些观念的改变为网络营销奠定了基础。企业如何利用网络营销为消费者提供各种服务，满足消费者更多的、不同的、不断变化的需求，是取得未来竞争优势的重要途径。这些观念变化可以概括为：

（1）消费更加追求个性化

现代人的消费越来越注重品位和质量，每个消费个体都有自己独特的审美观念和心理意愿，在过去的很长一段时期内，由于经济单一、产品短缺等多种原因使得消费者缺乏个性，而当今市场经济充分发展，商品丰富多彩、千姿百态、使消费者以个人心理愿望和个性特点为基础挑选和购买商品或服务成为可能，消费者会主动通过各种可能渠道获取与商品有关的信息进行比较，增加对产品的信任和争取心理上的认同感，满足个性化需求、追求个性化消费已成为社会时尚和消费主流。

网络营销为消费者的个性化消费追求创造了机会，利用网络的信息跨区域优势，大大增强顾客对商品的选择性，能够更多地为顾客提供个性化定制信息和定制商品。

（2）消费主动性的增强

随着商品经济的发展，消费者越来越呈现出理性消费的趋势，要求主动性消费的意识越来越强，对传统的营销沟通模式往往感到厌倦和持不信任态度，会千方百计地主动通过多种渠道获取购买所需要的信息，并对信息进行分析、评估和比较，在此基础上做出购买决策，以此规避购买风险和降低购买后对商品的不满意度，增加对商品的信任感和认同感。

网络营销由于信息量大、精确度高，消费者可以进行即时的信息查询，而且网络沟通具有互动性，顾客可以通过网络提出自己对产品设计、定价和服务等方面的意见，大大方便了顾客收集信息及对信息的分析和比较，使顾客的消费主动性的增强成为可能。

（3）对购物方便性的追求及购物乐趣的满足

由于现代人工作负荷较重、生活节奏加快，消费者愿意把更多的闲暇时间用到有益于身心健康的活动上，希望购物方便，时间和精力支出尽量节省，而传统的购物方式除购买过程需要花费的时间较长外，往返购物场所也需要付出较多时间，显然不能满足顾客高效快捷的购物要求。

网络营销能够提供消费者的购物效率，通过网络消费者能够获得大量的信息，足不出户通过点击鼠标就能瞬间轻松地完成购物，满足了顾客对购物方便性的追求。同时通过网上购物可以使顾客加强与社会的联系，在网上购物的过程中获得享受，增加购物乐趣，受到了消费者的欢迎。

（4）价格仍然是影响购买的重要因素

虽然支配和影响消费者购买行为的因素很多，但是价格仍然是影响购买的重要因素现代市场营销倾向于以各种策略来削减消费者对价格的敏感度，但价格对消费者产生的重要影响始终不能忽视。只要价格削减的幅度超过消费者的心理预期，难免会影响消费者既定的购物原则。

网络营销具有明显的价格优势，网络营销由于大大降低了生产、流通等环节的成本，降低了人工和市场开拓等费用，减少了中间环节，使产品价格的降低成为可能，消费者可以在全球的范围内寻找最优惠价格的产品且能以更低的价格实现购买，满足消费者对低价的追求。

综上所述，网络时代的发展，不断改变消费者的价值观，消费者对方便快捷的购物方式和服务的迫切追求及消费者最大限度的满足自身需求的需要，催生了网络营销，也促进了网络营销的快速发展。

3. 激烈的竞争是网络营销产生的现实基础

当今的市场竞争日趋激烈，企业为了取得竞争优势，总是想方设法吸引消费者，传统的营销已经很难有新颖独特的方法来帮助企业在竞争中出奇制胜了。市场竞争已不再依靠表层的营销手段，企业迫切需要更深层次的方法和理念来武装自己。

网络营销能够创造一种竞争优势，通过降低成本和提供差异化的产品和服务，争取更多的现实顾客，获取更大的商机。企业通过网络营销，可以节约大量店面租金、减少库存商品资金占用，可以减少场地的制约和限制，可以方便地采集客户信息等，使得企业经营的成本和费用降低，运作周期变短、增加盈利。同时，通过网络营销可以提供适合顾客个网性特点的产品，满足顾客的个性化需求，极大地提高了企业的竞争力。

因此，网络营销的产生是科技发展、商业竞争、消费者价值观的改变等综合因素作用的结果。

二、网络营销与传统营销

网络营销作为一种新的营销方式，是建立在传统营销理论基础上的，但由于网络的自身特点必然对传统营销产生巨大的影响和冲击，但网络营销又不能完全取代传统营销，企业必须把网络营销和传统营销融合在一起，使其相互影响、相互补充、相互促进，使网络营销真正为企业目标服务。

（一）网络营销不可能完全取代传统营销

1. 网络营销以传统营销为基础

网络营销是一种新的营销方式或技术手段，不可能脱离一般营销活动而独立存在，网络营销是企业整体营销战略的一个组成部分。传统营销和网络营销之间没有严格的界限，网络营销理论也不可能脱离传统营销理论基础，传统营销的许多思想、内容同样适合网络营销。网络营销与传统营销都是企业的一种经营活动，且都需要通过组合运用来发挥功能，而不是单靠某一种手段就能够达到理想的目的，两者都把满足消费者的需求作为核心和一切活动的出发点，现代企业无论采用什么样的营销手段，首先要解决的问题都是如何千方百计地满足现实顾客的需求。网络是一种营销手段，而并不是营销的全部，必须将网络营销与传统营销结合起来，利用互联网的独特优势大幅度地降低交易成本，向消费者提供优质的服务，才能更好地实现企业的战略目标。所以，网络营销是以传统营销为基础的，是传统营销的进一步发展。

2. 网络营销不可能完全取代传统营销的原因

网络营销作为一种新的营销模式，以其独特的优势给传统营销方式带来了巨大的冲击，但这并不意味着网络营销能够完全取代传统营销模式，传统营销的许多优点是网络营销所不具备的，其原因如下：

（1）网络市场的覆盖面还不是很大

随着互联网迅速发展，依托互联网的网络营销发展很快，但是网络市场仅是整个商品市场的一部分，覆盖的群体只是整个市场中某一部分群体，其他许多群体由于种种原因还不能或不愿意使用互联网。

（2）消费者不愿意接受或者使用新的沟通方式

互联网作为一种有效的营销渠道有着自己的特点和优势，但是由于个人生活方式、个人偏好和习惯等原因，消费者不愿意接受或者使用新的沟通方式和营销渠道，仍愿意选择传统的沟通方式和营销渠道。

（3）消费者购物往往习惯于"亲临现场"

消费者购物已经习惯于亲自到商场仔细查看所需商品的各个方面是否符合自己的要求，自主的进行选择和决策。而网络营销方式的商场是虚拟的，仅凭网上的信息，消费者无法对所需商品进行全面了解，更不可能亲眼见到商品的实物。因此，消费者在购买商品时就会有不踏实的感觉，感到风险较大，往往采取观望的态度甚至放弃购物，所以，网络营销还不能完全取代传统营销。

（4）网络营销需要面对网络安全等问题

虽然网络营销系统日趋完善，但仍然存在着网络安全等问题。网络安全体系不完善，不能适应网络营销的要求，网络安全措施不健全，由此给消费者带来烦恼甚至财产损失的事情时有发生，故无法消除顾客对交易安全性的顾虑。同时网上支付、网络信用、物流配送等也是网络营销需要面对和解决的问题，所以，网络营销不能取代传统营销。

网络营销和传统营销在相当长的一段时间内是相互并存、相互补充、相互促进的。

（二）网络营销对传统营销的冲击

随着互联网在全球的迅速发展，依托互联网特性的网络营销，必然对企业的传统营销方式形成巨大的冲击。

1. 网络营销市场要素发生了变化

营销市场由消费主体、购买力和购买欲望等三个主要因素构成，这些要素在网络信息时代发生了变化。

（1）消费主体的变化

网络条件下，消费主体发生了变化，网络消费者开始从社会大众中分离出来，他们会主动上网搜寻商品信息，一般是年轻化、知识型、有主见和有较高经济收入的人，他们具有比较重视自我、追求个性化、遇事头脑冷静、理性思维、兴趣爱好广泛、喜欢追求新鲜事物等特点。

（2）消费者购买力的改变

近年来，随着改革开放的成功，我国人均国民收入大大提高，网络市场的消费者大多具有较高的文化程度且经济收入高，并拥有较多的可任意支配的收入，具有较高的购买力。

（3）消费者购买欲望的改变

购买欲望是消费者购买商品的动机、愿望和需求，是消费者将潜在购买力转变为现实购买力的重要条件，购物动机要受到社会的政治、经济、文化、科技等因素的影响和制约，带有时代的特征。网络营销的独特优势必然会吸引越来越多的消费者，使得网络市场消费者的购买欲望发生变化。

企业要关注网络消费者的特征、购买能力和购买欲望，制定与之适应的营销策略，提高自身在网络市场上的竞争力。

2. 网络营销对传统营销的冲击

网络营销是随着互联网的产生和发展而产生的新的营销方式，由于现代信息技术和互联网技术的介入，网络营销的发展必然对传统营销产生巨大冲击。

（1）对传统营销策略的影响

1）对产品策略的冲击

网络营销对传统的标准化产品产生了冲击，通过互联网企业可以迅速获得关于产品概念和广告效果测试的反馈信息，也可以测试不同顾客的认同水平，从而更加容易对消费者行为的方式和偏好进行跟踪。在网络条件下，消费者一定程度上占据了主动权，他们可以发出自己具有个性的需求信息，企业则按照他们的要求，对不同的消费者提供不同的商品，能够有效地满足消费者各种个性化的需求。

著名的戴尔公司在网上进行的计算机设备直销，并不规定统一的内在配置，而是可以由顾客自己按照需要提出一个设备的配置方案和要求，公司根据客户的需求进行生产，再卖给相应的客户。该公司因而成为世界上成长速度最快的电脑公司之一。

2）对定价策略的冲击

由于网络营销可以大大降低经营成本，企业可以完全按照顾客心理价位定价，更好地满足顾客的需求。

互联网还将导致国际的价格水平标准化或至少缩小国别间的价格差异。因为如果企业某种产品的价格标准不统一或经常改变，客户会通过网络认识到这种价格差异，并因此而产生不满，相对于目前的各种媒体来说，互联网的网络浏览和服务器会使变化不定且存在差异的价格水平趋于一致，这对于执行差别化定价策略的企业来说是一个严重问题。

3）对传统营销渠道的冲击

通过互联网，生产商可与最终用户直接联系，中间商的重要性因此有所降低。这造成两种后果：一是由跨国公司所建立的传统的国际分销网络对小竞争者造成的进入障碍将明显降低；二是对于目前直接通过互联网进行产品销售的生产商来说，其售后服务工作是由各分销商承担，但随着他们代理销售利润的消失，分销商将很有可能不再承担这些工作。如何在现有的渠道下为顾客提供售后服务是企业要解决的问题。

4）对传统促销活动的冲击

网络营销主要通过互联网发布网络广告进行促销，网络广告将消除传统广告的障碍。

首先，相对于传统媒体来说，由于网络空间具有无限扩展性，因此在网络上做广告可以较少地受到空间篇幅的局限，有可能将必要的信息充分展示出来。

其次，网络的特点使得广告的表达形式更加生动、形象，通过网络做广告可以比传统媒介的广告对消费者更具冲击力和吸引力。

最后，迅速提高的广告效率也为网上企业创造了便利条件。例如，企业可以根据其注册用户的购买行为很快地改变向访问者发送的广告；有些企业可以根据访问者的特性，如硬件平台、域名或访问时的搜索主题等方面有选择地显示其广告。

（2）对传统营销方式的冲击

随着网络技术迅速向宽带化、智能化、个人化方向发展，用户可以在更广阔的领域内实现声、图、像、文一体化的多维信息共享和人机互动功能，"个人化"把"访问到家庭"推向了"服务到个人"。正是这种发展将使得传统营销方式发生革命性的变化，它将导致大众市场的终结，并逐步体现市场的个性化，最终应以每一个用户的需求来组织生产和销售。

1）对顾客关系的影响

网络营销可以使企业重新营造顾客关系，网络营销的企业竞争是一种以顾客为焦点的竞争形态，争取新的顾客、留住老顾客、扩大顾客群、建立亲密的顾客关系、分析顾客需求、创造顾客需求等，都是摆在企业面前的最关键的营销课题。如何与分散在全球各地的顾客群保持紧密的关系并能掌握顾客的特性，通过塑造企业形象和加强对顾客的引导，建立顾客对于虚拟企业与网络营销的信任感，是企业网络营销成功的关键问题。网络时代的目标市场、顾客形态、产品种类与传统营销相比发生了很大的变化，企业要通过多种创新营销行为，去跨越地域、文化、时空的差距再造顾客关系。

2）对营销战略的影响

一方面，互联网具有平等、自由等特征，使得网络营销将降低跨国公司所拥有的规模经济的竞争优势，从而使小企业更易于在全球范围内参与竞争。另一方面，由于人人都能掌握竞争对手的产品信息与营销行为，因此胜负的关键在于如何适时获取、分析、运用这些自网络上获得的信息，来研究并采用极具优势的竞争策略。同时，策略联盟将是网络时代的主要竞争形态，如何运用网络来组成合作联盟，并以联盟所形成的资源规模创造竞争优势，将是未来企业经营的重要手段。

3）对企业跨国经营战略的影响

网络时代企业开展跨国经营活动是非常必要的，互联网所具有的跨越时空连贯全球的功能，使得进行全球营销的成本低于地区营销，企业不得不进入跨国经营的时代，根据不同国家市场顾客的特点，满足他们的需求，用优质的产品和良好的服务赢得他们的信任，同时，还要通过网络安排好跨国生产、运输与售后服务。

（3）对营销组织的影响

网络营销带动了企业理念的发展，也相继带动企业内部网的蓬勃发展，形成了企业内外部沟通与经营管理均离不开网络作为主要渠道和信息源的局面。这必然给传统的企业组织形式带来很大的冲击，使企业的内部机构发生变化，销售部门人员的减少，销售组织层级的减少和扁平化，经销代理与分店门市数量的减少、营销渠道缩短，虚拟经销商、虚拟门市、虚拟部门等企业内外部的虚拟组织的相继出现，都将促使企业对于组织再造工程的需要更加迫切。

企业内部网的兴起，改变了企业内部作业方式以及员工学习成才的方式，个人工作室的独立性与专业性将进一步提升。因此，个人工作室、在家办公、弹性上班、委托外包、分享业务资源等行为将十分普遍，企业有必要对组织结构顺势进行调整。

（三）网络营销与传统营销的整合

网络营销作为新的营销理念和策略，凭借互联网特征对传统经营方式产生了巨大的冲击，但这并不等于说网络营销将完全取代传统营销，企业的任务是如何实现网络营销和传统营销之间的整合，使网络营销与传统营销相互促进、相互补充和相互支撑。

1. 网络营销中顾客概念的整合

网络营销所面对的顾客与传统营销所面对的顾客并没有什么太大的不同，只是在网络条件下有许多传统营销模式所不能顾及的潜在顾客，企业开展网络营销应该进行全方位的、战略性的市场细分和目标市场定位。

但是，网络社会常被形象地比喻为浩瀚的信息海洋，在互联网上，面对全球数以百万算个站点，每一个网络顾客只能根据自己的兴趣浏览其中的少数站点，为了节省大量的时间和精力，顾客往往利用搜索引擎寻找自己有用的信息，在网络营销中企业必须改变原有的网顾客概念，把搜索引擎作为企业的特殊顾客，因为它是网上信息最直接的受众，它的选择l结果直接决定了网络顾客接受的范围，以网络为媒体的商品信息，只有在被搜索引擎选中l时，才有可能传递给网络顾客。所以，企业在设计广告或发布网上信息时，不仅要研究网络顾客及其行为特点，也要研究计算机行为，掌握作为企业特殊顾客的各类引擎的搜索规律。

2. 网络营销中产品概念的整合

市场营销学中认为产品是能够满足人们某种欲望和需要的任何事物，提出了产品的整体概念由核心产品、形式产品和附加产品构成。

网络营销将产品的定义扩大为：产品是提供到市场上引起注意、需要和消费的东西，同时还进一步细化了整体产品的构成，用核心产品、一般产品、期望产品、扩大产品和潜在产品五个层次描述了整体产品的构成。

核心产品与原来的意义相同。扩大产品与原来的附加产品相同，但还包括区别于其他竞争产品的附加利益和服务。一般产品和期望产品由原来的形式产品细化而来，一般产品是指同种产品通常具备的具体形式和特征，期望产品是指符合目标顾客一定期望和偏好的某些特征和属性。潜在产品是指顾客购买产品后可能享受到的超出顾客现有期望、具有崭新的价值的利益或服务，但在购买后的使用过程中，顾客会发现这些利益和服务中总会有一些内容对其有较大的吸引力，从而有选择地去享受其中的利益或服务，可见，潜在产品是一种完全意义上的服务创新。

3. 网络营销中营销组合概念的整合

在网络营销中，随着产品性质不同，营销组合概念也不尽相同。

对于知识产品，企业可以直接在网上完成其经营销售过程，市场营销组合与传统营销相比发生很大的变化。首先，传统营销 4P 组合中的产品、渠道和促销，由于摆脱了对传统物质载体的依赖，已经完全电子化和非物质化。因此，对知识产品来说，网络营销中的产品、渠道、促销本身纯粹就是电子化的信息，它们之间的分界线已经变得相当模糊，而且三者之间密不可分。其次，价格不再以生产产品为基础，而是以顾客意识到的产品价值来计算。最后，顾客对产品的选择和对价值的估计很大程度上受网上促销的影响，因而网上促销非常受重视。还有，由于网络顾客普遍具有高知识、高素质、高收入，因此网上促销的知识、信息含量比传统促销大大提高。

对于有形产品和某些服务，虽然不能以电子化方式传递，但企业在营销时可以利用互联网完成信息流和商流，在这种情况下，传统的营销组合没有发生变化，但这时，价格则由生产成本和顾客的感受价值共同决定，促销及渠道中的信息流和商流则由可控制的网上信息代替，由于网上简便而迅速的信息流和商流最大限度地减少了中间商的数量，渠道中的物流则可实现速度、流程和成本最优化。

在网络营销中，市场营销组合本质上是无形的，是知识和信息的特定组合，是人力资源和信息技术综合的结果。在网络市场中，企业通过网络市场营销组合，向消费者提供良好的产品和企业形象，获得满意的回报和产生良好的企业影响。

4. 网络营销对企业组织的整合

为了顺应网络营销的发展，企业组织要进行整合，对于组织进行再造工程已经成为一种迫切的需要。在企业组织再造的过程中，在销售部门和管理部门中将衍生出一个负责网络营销和公司其他部门协调的网络营销管理部门，与传统营销管理不同，它主要负责解决网上疑问、解答新产品开发以及为网络顾客服务等事宜。同时网络的发展，也要求企业改变内部运作方式，提高员工的素质，形成与之相适应的企业组织形态。

网络营销作为企业整体营销策略中的组成部分，必须与传统营销整合，才能发挥网络营销的优势，更好地满足消费者的需求，促进企业的快速发展。

三、网络营销相关理论

网络营销与传统营销相比有其显著的特点，这使得传统营销理论不能完全适应于网络营销，因此，要在传统营销理论的基础上，从网络的特点和消费需求的变化这两个角度出发，去探讨营销理论的发展和创新，但是，网络营销理论仍属于市场营销理论的范畴，只是在某些方面强化了传统市场营销理论的观念，某些地方改写了传统市场营销理论的一些观点。

（一）直复营销理论

直复营销理论是 20 世纪 80 年代引人注目的一个概念。根据美国直复营销协会（AD-MA）为直复营销下的定义：直复是一种为了在任何地方产生可度量的反应和（或）达成交易而使用一种或多种广告媒体相互作用的市场营销体系。直复营销中的"直"是指不通过中间分销渠道而直接通过媒体连接企业和消费者；直复营销中的"复"是指企业与顾客之间的交互，顾客对企业的营销努力有一个明确的回复，企业可统计到这种明确回复的数据，由此可对以往的营销效果做出评价，及时改进以往的营销努力，从而获得更满意的结果。

直复营销与传统的分销方式相比具有减少中介、能提供充分的商品信息、减少销售成本、无地域障碍、优化营销时机、方便顾客信息反馈并以此来开发和改善产品和评价营销效果等优点。

网络作为一种交互式的可以双向沟通的渠道和媒体，它可以很方便地为企业与顾客之间架起桥梁，顾客可以直接通过网络订货和付款，企业可以通过网络接收订单、安排生产，直接将产品送给顾客。

与传统营销相比，直复营销的特点在网络环境下表现得更加鲜明，网络营销活动更加符合直复营销的理念。因此，直复营销理念对网络直复营销更具指导意义，同时网络信息技术也促进了直复营销的发展。

互联网上的网络直复营销有下面几个方面的具体表现：

1. 互动性

直复营销作为一种相互作用的体系，特别强调直复营销者与目标顾客之间的双向信息交流，以克服传统市场营销中的单向信息交流方式的营销者与顾客之间无法沟通的致命弱点。在网络营销中，企业可以利用互联网开放、自由的双向式的信息沟通网络，实现与顾客之间的双向互动式交流和沟通。企业在向消费者提供信息的同时接收消费者的信息反馈，顾客可以通过网络，向企业直接表达自己的需求提出自己的建议。企业可以根据通过网络上了解的目标顾客需求，进行生产的营销决策，使营销活动更加有的放矢，可在最大限度满足顾客个性化需求的同时，提高营销决策的效率和效用，增强企业的竞争力。

2. 一对一服务概述

通过直复营销活动可以为每个目标顾客提供直接向营销人员反应的渠道，企业可以凭借顾客反映找出不足，为下一次直复营销活动做好准备。网络营销的独特优势使得顾客可以方便地通过互联网直接向企业提出建议和购买需求，也可以直接通过互联网获取售后服务。企业也可以从顾客的建议、需求和要求的服务中，掌握顾客的消费特征，准确把握消费者的个性需求并找出企业的不足，按照顾客的需求进行经营管理，减少营销费用，有效地满足顾客的特色需求，最大限度地提高顾客的满意度。

3. 跨时空性

直复营销活动中，强调在任何时间、任何地点都可以实现企业与顾客的"信息双向交流"。利用互联网的全球性和持续性的特性，企业可以实现低成本的实现跨越空间约束和突破时间限制与顾客的双向交流，顾客也可以在任何时间、任何地点直接向企业提出要求和反映问题，根据自己的时间安排任意上网获取信息，所以，企业能够通过直复营销活动，创造超越时空限制与目标顾客进行营销互动，赢得更多的营销机会。

4. 效果可测定

直复营销活动最重要的特性是直复营销活动的效果是可测定的。互联网作为最直接的沟通工具，企业可以很好地与顾客沟通和交流，方便地实现与顾客的交易，由于互联网的沟通费用和信息处理成本非常低廉，通过数据库技术和网络控制技术，企业可以很方便地处理每一个顾客的订单和需求，而不用管顾客的规模大小、购买量的多少。因此，通过互联网可以实现以最低成本最大限度地满足顾客需求，同时还可以了解顾客需求，细分目标市场，提高营销效率和效用。

网络营销作为一种有效的直复营销策略，说明网络营销具有可测试性、可度量性、可评价性和可控制性。因此，利用网络营销这一特性，可以大大改进营销决策的效率和营销执行的效用。

(二) 关系营销理论

关系营销是 20 世纪 80 年代中期由美国市场营销学者巴巴拉·本德·杰克逊提出的一种新的营销主张。它主要包括两个基本点：在宏观上认识到市场营销会对范围很广的一系列领域产生影响，包括顾客市场、劳动力市场、供应市场、内部市场、相关者市场，以及影响着市场（政府、金融市场）；在微观上认识到企业与顾客的关系不断变化，市场营销的核心应从过去简单的一次性交易关系转变到注重保持长期的关系上来，通过建立、维护和加强与客户的关系，以保证参与各方的目标得以满足。

企业处在社会经济大系统中，企业的营销目标受到众多外在因素的影响，企业的营销活动是一个与消费者、竞争者、供应商、分销商、政府机构和社会组织发生相互作用的过程，正确理解这些个人与组织的关系是企业营销的核心，也是企业成败的关键。

关系营销的核心是保有顾客，以使企业拥有稳定的客户资源。企业通过为顾客提供高度满意的产品和服务价值，加强与顾客的联系，保持与顾客的长期关系，并在此基础上开展营销活动，实现企业的营销目标。根据调查，一个不满意的顾客会影响 8 笔潜在的生意，影响 25 个潜在顾客的购买意愿。研究表明，争取一个新顾客的营销费用是老顾客费用的 5 倍。因此加强与顾客的关系并建立顾客的忠诚度，能够为企业带来长远的利益，它提倡的是企业与顾客的双赢策略。

互联网作为一种有效的双向沟通渠道，可以让企业与顾客之间实现低费用成本和高效率的沟通和交流，它为企业建立和加强与顾客的长期关系提供了有效的保障。这是因为，首先，利用互联网企业可以直接接收顾客的订单，顾客可以直接提出自己的个性化的需求，企业根据顾客的个性化需求利用柔性化的生产技术最大限度满足顾客的需求，为顾客在消费产品和服务时创造更多的价值。企业还可以从顾客的需求中了解市场、细分市场和锁定市场，最大限度降低营销费用，提高对市场的反应速度。其次，利用互联网企业可以更好地为顾客提供服务和与顾客保持联系。互联网的不受时间和空间限制的特性能最大限度方便顾客与企业进行沟通，顾客可以借助互联网在最短时间内以简便方式获得企业的服务。同时，通过互联网交易企业可以实现对从产品质量、服务质量到交易服务等整个过程的全程质量控制。还有，通过互联网企业还可以与相关的企业和组织建立协作伙伴关系，实现双赢发展。

（三）网络软营销理论

软营销理论是针对工业经济时代的以大规模生产为主要特征的"强势营销"而提出的新理论，该理论认为顾客在购买产品时，不仅满足基本的生理需要，还要满足高层的精神和心理需求，所以，企业在进行市场营销活动的过程中，必须要尊重消费者的感受和体验，使消费者能够心情愉悦地主动接受企业的营销活动。

1. 网络软营销与传统强势营销的区别

强势营销是以企业为主动方，传统营销活动中的传统广告和人员推销两种促销手段最能体现强势营销特征。在传统广告中，传统广告企业通过不断的信息灌输在消费者心中留下深刻印象，它根本就不考虑消费者需要不需要这类信息，喜欢不喜欢它的产品或服务，消费者处于被动从属地位，常常是被迫地、被动地接收广告信息的"轰炸"。在人员推销中，推销人员根本不考虑被推销对象是否愿意和需要，事先并不征得推销对象的允许或请求，只是推销人员主动地敲开客户的门，根据自己的判断强行展开推销活动。

与之相对的软营销是指在网络环境下，企业不再向顾客强行灌输概念，而是向顾客传递合理的信息，实现信息共享与营销整合。网络软营销恰好是从消费者的体验和需求出发，采取拉式策略吸引消费者关注企业来达到营销效果。消费者不喜欢任何方式的商业广告和推销，他们喜欢在个性化需求的驱动下，自己寻找相关信息，软营销广告见缝插针，慢慢蚕食，细水长流，用"润物细无声"的方式让人不知不觉地慢慢发掘了解，正是迎合了消费者这种需求。

软营销和强势营销的一个根本区别就在于软营销的主动方是客户，而强势营销的主动方是企业。消费者在心理上要求自己成为主动方，而网络的互动特征又使他们变为主动方成为可能。软营销是变"要你买、请你买、求你买"为"我要买"的一种营销法则，是一种基于柔和、关怀、双赢和多赢基础上的营销方式。

传统的强势营销和网络的软营销并不是完全对立的，企业要根据不同的产品、时机、条件将二者合理结合，往往会收到意想不到的效果。

2. 网络软营销理论的两个重要概念

（1）网络社区

网络社区是随着网络以及人们网络社会行动的扩展而出现的人类社会活动的新型空间，是指人们为了某种需要，在网络空间中相互交流而形成的具有共同目标的社会群体。

网络社区包括论坛、贴吧、公告栏、群组讨论、在线聊天、交友、个人空间、移动增值服务等形式在内的网上交流空间，同一主题的网络社区集中了具有共同兴趣的访问者，他们具有相同兴趣和目的，经常相互交流展开讨论，形成了如程序员、游戏、户外旅游、摄影爱好者等社区。网络社区存在于网络空间，网络使网络社区具有相应的组织对社区进行管理和维护，同时，为社区居民提供服务，以满足社区居民的基本需要。网络社区内的每个成员享有充分的参与自由，人与人、人与群体、群体与群体以合作、竞争、同化、冲突、适应等各种形式互动，他们在共同目标的驱使下：追求某种情感、兴趣或者利益。

网络社区也是一个互利互惠的组织。在互联网上，人们去解答别人提出的各种问题，同时也会从别人那里得到自己所需要获得的问题答案，网络社区成员之间的了解是靠他人发送信息的内容，而不像现实社会中的两个人之间的交往。在网络上，如果你要想隐藏你自己，就没人会知道你是谁、你在哪里，这就增加了你在网上交流的安全感，因此在网络社区这个公共论坛上，人们会就一些有关个人隐私或他人公司的一些平时难以直接询问的问题而展开讨论。基于网络社区的特点，不少敏锐的营销人员已在利用这种普遍存在的网络社区的紧密关系，使之成为企业利益源的一部分。

（2）网络礼仪

网络礼仪是指在网上交往活动中形成的被赞同的礼节和仪式，换句话说就是人们在互联网上交往所需要遵循的礼节，是互联网自诞生以来所逐步形成与不断完善的一套良好、不成文的网络行为规范，如不进行喧哗的销售活动，不在网上随意传递带有欺骗性质的邮件等。网络礼仪是网上一切行为都必须遵守的准则，网络营销也不例外，网络营销的经营者也必须树立网络礼仪意识，遵循网络礼仪规则，如广告不能随意闯入人们的生活，当顾客需要网络上寻找产品或服务信息时，企业则应能提供易于导航、易于搜索有效信息的服务工具，为消费者提供方便、快捷、高效的服务，满足消费者的需要。企业在网络营销活动中必须坚持以消费者为中心，在遵循网络礼仪规则的基础上获得良好的营销效果。

（四）网络整合营销理论

整合营销是网络营销理论中的一个新理念，是传统的市场营销理念为适应网络营销的发展而逐步转化形成的。网络的发展不仅使得整合营销更为可行，而且充分发挥整合营销的特性和优势，使顾客这一角色在整个营销过程中的地位得到提升。网络互动的特性使消费者能真正参与到整个营销活动的过程中，消费者不仅增强了参与的主动性，而且其选择的主动性也得到了加强。所以，网络营销必须要把顾客整合到整个营销过程中来，从他们需求出发开展营销活动，并且在整个营销过程中要不断地与顾客互动，每个营销决策都要从顾客需求出发。在满足用户个性化消费需求的驱动下，企业也在探求一种现代市场营销的思想，以适应这一消费市场的变化，满足消费者的需求，从而赢得市场，基于这一点网络整合营销理论应运而生。

网络整合营销理论离开了在传统营销理论中占中心地位的 4P（产品策略 Product、价格策略 Price、渠道策略 Place 和促销策略 Promotion）理论，逐渐转向以 4C 理论（顾客策略 Consumer、成本策略 Cost、方便策略 Convenience 和沟通策略 Communication）为基础和前提，其所主张的观念是：先不急于制定产品策略（Product），而以研究消费者的需求和欲望（Consumer wants and needs）为中心，不要再卖你所生产、制造的产品，而卖消费者想购买的产品。暂时把定价策略（Price）放到一边，而研究消费者为其需求所愿付出的成本（Cost）。忘掉渠道策略（Place），着重考虑给消费者方便（Convenience）以购买到商品。抛开促销策略（Promotion），着重于加强与消费者沟通和交流（Communication）。企业从 4C 出发，在此前提下去寻找最佳的营销决策，能够实现在满足消费者需求的同时实现企业利润最大化的营销目标。网络营销中，可以利用传统的 4P 营销组合理论，使其更好地与以顾客为中心的 4C 组合理论相结合，逐步形成和完善网络营销中的整合营销理论。

在网络营销中顾客的个性化需求不断地得到越来越好的满足，顾客对企业的产品和服务越来越认同直至形成顾客的忠诚，在这种新营销模式之下，企业和客户之间的关系变得非常紧密，甚至牢不可破，这就形成了"一对一"的营销关系（One-to-One Marketing），这种营销框架称为网络整合营销，它始终体现了以客户为出发点及企业和客户不断交互的特点。

1. 产品和服务以顾客为中心

由于互联网络具有很好的互动性和引导性，用户通过互联网络在企业的引导下对产品或服务进行选择或提出具体要求，企业可以根据顾客的选择和要求及时进行生产并提供及时服务，使得顾客所要求的产品和服务能跨时空得到满足；另一方面，企业还可以及时了解顾客需求，并根据顾客要求及时组织生产和销售，提高企业的生产效益和营销效率。

如美国销售电脑的戴尔公司，通过互联网来销售电脑，业绩得到长足地增长，由于顾客可以通过互联网在公司主页上进行自主选择和组合电脑，之后公司的生产部门马上根据要求组织生产，并通过物流寄送，因此该公司可以实现零库存生产，特别是在电脑部件价格急剧下降的时候，零库存不但可以降低库存成本还可以避免因高价进货带来的损失。

2. 以顾客能接受的成本来定价

网络营销中价格应以顾客能接受的成本来制定，并依据顾客能接受的成本来组织生产和销售。企业以顾客为中心定价，必须测定市场中顾客的需求以及对价格认同的标准，企业在互联网上可以很容易实现这一点，顾客可以通过互联网提出自己能够接受的价格，企业根据顾客能够接受的成本提供柔性的产品设计和生产方案供用户选择，直到顾客认同确认后再组织生产和销售。在网络营销中，所有这一切都是顾客在企业服务器程序的导引下完成的，不需要有固定的销售场所，也不需要专门的工作人员，同时也不需要巨额的广告费用，因此成本也极其低廉。

通过公司的有关导引系统自己设计和组装满足自己需要的汽车，用户首先确定接受价格的？标准，然后系统根据价格的限定从中显示满足要求式样的汽车，用户还可以进行适当的修改，公司最终生产的产品恰好能满足顾客对价格和性能的要求。

3. 产品的分销以方便顾客为主营

销网络营销是一对一的分销渠道，是跨时空进行销售的，顾客足不出户就可以浏览成千上万的产品信息，在众多产品中进行选择，随时随地利用互联网订货和购买产品，企业通过方便快捷的配送系统在最短的时间内安全地把商品送到消费者手中，节省消费者的时间和精力，大大地方便消费者。

4. 从强制式促销转向加强与顾客沟通和联系

传统的促销是企业为主体，通过一定的媒体或工具对顾客进行压迫式的灌输，加强顾客对公司和产品的接受度和忠诚度，顾客是被动接受的，缺乏与顾客的沟通和联系，同时公司的促销成本很高。互联网上的营销是一对一和交互式的，顾客是主动方，顾客可以参与到公司的营销活动中来，因此互联网更能加强与顾客的沟通和联系，更能了解顾客的需求，更易引起顾客的认同。

网络整合营销理论把顾客的利益最大化要求和企业的利润最大化要求整合为一体，是对传统营销理论的创造性改进，是适应现代市场需求特征的新营销理论。

（五）数据库营销理论

所谓数据库营销，就是利用企业经营过程中收集而形成的各种顾客资料，经分析整理后作为制定营销策略的依据，并作为保持现有顾客资源的重要手段。

数据库营销是计算机信息技术、通信技术与以客户为中心的整合营销理念的一种综合应用，是近些年逐渐兴起和成熟起来的一种市场营销推广手段，在企业市场营销行为中具备广阔的发展前景。它不仅仅是一种营销方法、工具、技术和平台，更重要的是一种企业经营理念，也改变了企业的市场营销模式与服务模式，从本质上讲改变了企业营销的基本价值观。通过收集和积累消费者大量的信息，经过处理后预测消费者有多大可能去购买某种产品，以及利用这些信息给产品以精确定位，有针对性地制作营销信息达到说服消费者去购买产品的目的。网络营销的特点使企业的数据库营销更具有优势，是先进的营销理念和现代信息技术的结晶，必须是企业未来的选择。

1. 数据库营销的基本作用

（1）更加充分地了解顾客的需要以提供更好的服务

通过互动沟通，维护客户关系，提高重复购买率，为企业带来更高利润率。顾客数据中的资料是个性化营销和客户关系管理的重要基础。关系营销强调与顾客之间建立长期的友好关系以获得长期利益。实践证明，进行顾客管理，培养顾客忠诚度，建立长期稳定的客户关系，对企业是十分重要的。

（2）对顾客的价值进行评估

通过区分高价值顾客和一般顾客，利用数据库的资料，可以计算顾客生命周期的价值，以及顾客的价值周期，对各类顾客采取相应的营销策略。

（3）分析顾客需求行为并预测顾客需求趋势

根据顾客的历史资料不仅可以预测需求趋势，还可以评估需求倾向的改变。

（4）市场调查和预测

数据库为市场调查提供了丰富的资料，根据顾客的资料可以分析潜在的目标市场。

2. 网络数据库营销的独特价值

与传统的数据库营销相比，网络数据库营销的独特价值主要表现在以下几个方面：

（1）动态更新

在传统的数据库营销中，无论是获得新的顾客资料，还是对顾客反映的跟踪都需要较长的时间，而且反馈率通过较低，收集到的反馈信息还需要烦琐的人工录入，因而数据库的更新效率很低，更新周期比较长，同时也造成了过期、无效数据记录比例较高，数据库维护成本也相应高。网络数据库营销具有数据量大、易于修改、能实现动态数据更新、便于远程维护等多种优点，还可以实现顾客资料的自我更新。网络数据库的动态更新功能不仅节约了大量的时间和资金，同时也更加精确地实现了营销定位，从而有助于改善营销效果。

（2）顾客主动加入

仅靠现有顾客资料的数据库是不够的，除了现有资料不断更新维护之外，还需要不断挖掘潜在顾客的资料，这项工作也是数据库营销策略的重要内容。在没有借助互联网的情况下，寻找潜在顾客的信息一般比较难，要花很大代价，比如利用有奖销售或者免费使用等机会要求顾客填写某种包含有用信息的表格，不仅需要投入大量资金和人力，也受地域的限制，覆盖的范围非常有限。

在网络营销环境下，顾客数据增加很方便，而且往往是顾客自愿加入网络数据库。最新的调查表明，为了获得个性化服务或获得有价值的信息，有超过50%的顾客愿意提供自己的部分个人信息，这对网络营销人员来说，无疑是一个好消息。请求顾客加入数据库的做法通常是在网站设置一些表格，在要求顾客注册为会员时填写。但是，网上的信息很丰富，对顾客资源的争夺也很激烈，顾客的要求是很挑剔的，并非什么样的表单都能吸引顾客的注意和兴趣。顾客希望得到真正的价值，但肯定不希望对个人利益造成损害，因此，需要从顾客的实际利益出发，合理地利用顾客的主动性来丰富和扩大客户数据库。数据库营销同样要遵循自愿加入、自由退出的原则。

（3）改善顾客关系

顾客服务是一个企业能留住顾客的重要手段，在电子商务领域，顾客服务同样是取得成功的最重要因素之一。一个优秀的客户数据库是网络营销取得成功的重要保证。在互联网上，顾客希望得到更多个性化服务，比如，顾客定制的信息接收方式和接收时间、顾客的兴趣爱好、购物习惯等都是网络数据库营销的基本职能，因此，网络数据库营销是改善顾客关系最有效的工具。

网络数据库由于其独特功能在网络营销中占据重要地位。数据库营销通常不是孤立的，应当从网站规划阶段开始考虑列为网络营销的重要内容。另外，数据库营销与个性化营销、一对一营销有着密切的关系，客户数据库资料是客户服务和客户关系管理的主要基础。

第二节　网络营销环境分析

一、网络营销环境的概念

网络营销环境是指影响企业网络营销开展和效果的各种因素和条件的总称。营销环境是一个综合的概念，它有多种分类，由多方面的因素组成。环境的变化是绝对的、永恒的，环境的稳定则是相对的。随着社会的发展，特别是网络技术在营销中的应用，使得环境更加复杂多变。对于营销主体而言，环境及环境因素是不可控制的，但却可以通过营销环境分析对其发展趋势和变化进行预测和事先判断，因为其具有一定的规律性。因此，充分认识环境因素对于网络营销活动的影响，更好地把握网络营销的本质，可以为企业制定网络营销战略与策略提供指导。

互联网络自身构成了一个市场营销的整体环境，要进行网络营销环境的分析，首先必须掌握构成网络营销环境的五要素。

1. 资源

信息是市场营销过程的关键资源，互联网作为载体能为企业提供所需的各种信息，指导企业的网络营销活动。

2. 影响

环境要与体系的所有参与者发生作用，而非个体之间的互相作用。每一个网民都是互联网的一分子，可以无限制地接触互联网的全部，在这一过程中要受到互联网的影响，同时互联网又与每一个网民发生作用。

3. 变化

互联网信息的更新速度是所有媒体中最快的。几乎所有现实世界的最新动态都可以迅速出现在网上，信息的不断更新是互联网的生命力所在。整体环境在不断变化中发挥其作用和影响，不断更新和变化正是互联网的优势所在。因此，网络营销的各种活动都是在动态状态下完成的。

4. 因素

整体环境是由互联网联系的多种因素有机组合而成的，实际企业活动的各个因素都在互联网上通过网址来体现，如企业、金融、服务、消费者等，它们通过鼠标的点击相互联系。另外还可以通过电子邮件、电子公告栏、邮件列表等方式来实现。

5. 反应

环境可以对其主体产生影响，同时，主体的行为也会改造环境。企业可以将自己企业的信息通过公司网站存储到互联网上，也可以通过互联网上的信息，调整自己的决策。信息处理是互联网络的反应机制，各种各样的浏览、搜索软件工具使互联网络能实时提供人们所需的各类信息，而且可以高效率地在网上完成信息交流。

因此，互联网已经不是传统意义上的电子商务工具，而是独立成为新的市场营销环境，它以范围广、可视性强、公平性高、交互性优、能动性强、灵敏度高和易运作等优势给企业市场营销创造了新的发展机遇与挑战。

二、网络营销环境的特征

互联网的迅速发展使得传统的有形市场发生了根本性的变革，企业面临的是一个全新的营销环境，呈现出新的特征。

1. 全球化

互联网打破时空界限，扩展营销半径，将全球市场连接成为一个整体。在这种背景下，各国、各地区的经济联系更加紧密，交易的规模和范围更广，形成统一的大市场、大流通、大贸易。企业可以将自己的商品与服务送到世界各地，有利于实现生产要素的最佳配置。因为交易中个体的信息搜寻超出了国界，可以在全球范围内进行，所以，市场交易规模、范围和环境的改变要求新的交易方式与之相适应，网上交易就是人们的选择结果。

2. 个性化

消费者是企业服务的对象，满足消费者需求是企业营销活动的宗旨，在网络营销环境下，消费者的需求特征、消费行为和消费心理发生了变化，逐渐呈现出差异化、个性化的趋势。消费个性化要求生产厂家与消费者建立一对一的信息沟通，随时了解消费者的需求变化和差异。互联网提供一个平台，信息传递更快捷、更透明，为消费者的差异化需求提供了良好的平台和路径。

3. 信息化

经济的发展，信息的激增，要求企业具备更迅速地信息处理速度和更准确地分析预测能力，计算机的出现和普及为信息的处理提供了高效的手段，这使得信息收集活动也具有高效率的特点。面对传统信息搜集方法范围小、效率低的不足，互联网的出现改变了这一状况，网上收集信息来源广、传递快，由于这些信息都是数字化的信息，更加方便计算机的处理，使企业作业更灵活的反应，制定更准确的策略。

三、网络营销环境的分类

（一）按网络营销的营销范围划分

1. 网络营销微观环境

网络营销微观环境是指企业网络营销活动联系紧密，并直接影响其营销能力的各种因素的总称，主要包括供应商、营销中介、消费者和竞争者等。

2. 网络营销宏观环境

网络营销宏观环境是指对企业网络营销活动影响较为间接的各种因素的总称，主要包括人口、经济、社会文化、科学技术等环境因素。

（二）按是否与互联网特征有关划分

1. 网络营销的网络环境

网络营销的网络环境是指在营销活动中应用互联网，使企业的市场营销行为具有新的特征和规律，进而为企业带来更多的营销机会和广阔的市场空间。

2. 网络营销的现实环境

网络营销的现实环境是指企业充分认识网络对营销活动的影响，在营销与网络完美结合后，在网络营销活动造成直接或间接影响的各种因素的总称。

（三）按网络营销的应用角度划分

1. 网络营销内部环境

网络营销内部环境是指所有从内部影响企业的因素的总称，主要包括员工、资金、设备、原料和市场等。这些因素一方面对网络营销活动起制约作用，造成企业网络营销的劣势局面；另一方面，对网络营销活动发挥保障作用，形成企业网络营销的优势地位。因此，企业内部条件分析是企业科学规划经营战略、合理制定营销策略的基础。

2. 网络营销外部环境

网络营销外部环境是指对企业生存和发展产生影响的各种外部条件，可以分为网络营销环境机会和网络营销环境威胁。网络营销的外部环境不仅可以为网络营销提供潜在的用户，还可以向用户提供传递营销信息的各种手段和渠道。

二、网络营销的宏观环境

（一）网络营销的经济环境

1. 网络经济的概念

网络经济是建立在网络基础之上并由此产生的一切经济活动的总和，包括对现有经济规律、产业结构、社会生活的种种变革，是信息化社会的最集中、最概括的体现。初级阶段的网络经济是以信息技术产业、服务产业为主导，以计算机网络为核心并与互联网有关的经济，它是一种狭义的网络经济。高级阶段的网络经济是一种广义的网络经济，它是指由于计算机互联网在经济领域的普遍应用，使得经济信息成本减少，从而使信息替代资本在经济中的主导地位，并最终成为核心经济资源的全球化经济形态。从本质上看，网络经济是一种以信息技术为基础，知识要素为主的驱动因素，网络为基本工具的新的生产方式。

2. 网络经济的特征

（1）全球化经济

一方面，互联网打破了时空界限，扩展了营销半径，将全球市场连接成为一个整体，基于网络的经济活动把空间因素的制约降低到了最小限度，使整个全球化的经济进程大大加快，世界各国的经济相互依存性加强。另一方面，由于信息网络24小时都在运转中，因此基于网络的经济活动受到时间的制约越来越少，能够实现全天候连续运行。

（2）直接经济

由于网络的发展，经济组织的结构趋向扁平化，处于网络端点的生产者与消费者可以直接联系，这使得生产与消费之间的联系更为直接、更加协调，减少大量的中间环节，从而极大地降低了经济与社会活动成本，提高了运行效率。因此，网络经济既是高水平的直接经济，又是社会化的直接经济。

（3）虚拟化经济

虚拟经济是指在信息网络所构筑的虚拟空间当中进行的经济活动，是网络经济本身所创造的一个崭新的经济形式。经济虚拟性源于网络的虚拟性，当信息从模拟信号变为数字信号时，信息传播只存在于网络而非具体的物理实体，这将改变以往所有经济形态所依赖的机构类型以及经济行为本身。人们可以通过网络进行合作而不是必须到特定的地方参加工作，公司本身也不一定需要一个实际的场所，网络就是办公室。

（4）创新性经济

网络经济源于高技术和互联网，但又超越高技术和互联网。由于网络技术的发展日新月异，网络经济就更需要强调研究开发与教育培训。技术创新的同时还需要制度创新、组织创新、观念创新的配合。网络经济时代，产品的生产周期大大缩短，产品的更新换代速度越来越快。因此，企业要在创新的速度上开展激烈的竞争以追求市场的垄断。

（5）竞争和合作并存的经济

信息网络不仅使企业间的竞争与合作范围扩大，也使竞争与合作之间的转化速度加快。世界进入了大竞争时代，竞争中有合作，合作则是为了更好地竞争。在竞争的合作或合作的竞争中，企业的活力增强了，应变能力提高了，不遵守这个规则就会被迅速地淘汰。因此，企业可持续的竞争优势，不再主要依靠自然资源或可利用的资金，而是更多地依赖信息与知识。

（二）网络营销的科技环境

1. 科技的变革给企业带来了营销机会和发展威胁

科学技术是一种"创造性的毁灭力量"，它本身创造出新的东西，同时又淘汰旧的东西。科技的不断发展与进步促进了新行业的诞生，使原有老行业改善企业自身的经营管理模式与技术水平，大大提高社会劳动生产率。此外，新技术的出现，也会给某个旧的企业带来威胁，甚至灭顶之灾。因此，企业要学会适应迅速变化的竞争环境，学会新技术、新知识的生产和应用，同时实施产业联合的发展战略，以求共同发展。

2. 科技的变革为企业改善经营管理提供了有力的技术保障

社会生产力水平的提高主要依靠设备技术开发、创造新的生产工艺和新的生产流程。同时，技术开发也扩大并提高了劳动对象的利用广度和深度，不断创造新的原材料和能源。这些不仅为企业改善经营管理提供了物质条件，也对企业经营管理提出了更高的要求。随着网络技术在企业经营管理中的应用，电子商务系统日益完善，使企业的经营管理工作变得效率更高，效益更好。

3. 科技的变革为企业创造了新的网络营销方式

网络技术的发展和应用为买卖双方的沟通提供了众多的网络工具和方式，如网上交易、电子支付和网上拍卖等。但就目前来看，还存在一些问题。例如，网络宽带速度问题，信息及时反馈问题，物流配送问题，电子支付安全问题等等。因此，企业应密切关注网络新技术，并将其积极运用到网络营销的实践中，不断创造网络营销的新方式。

（三）网络营销的社会文化环境

1. 网络文化是信息数字文化

网络技术作为网络文化的载体，实现了各种信息的数字化，各种文字、声音、图像等都能以数字信号的形式储存和传输。数字化信息最大特点就是传播速度快、保真度高、复制能力强。因此，数字化信息可以被反复利用、多次传递。在网络空间中，数字化的信息为人们虚拟出一个现实的空间，即用互不见面通过网络间接的"人机交流"代替了面对面直接的"人际交流"，是人是意识和主观能动性的体现。数字化信息文化最主要的代表就是出现了数字虚拟企业、数学虚拟市场和数字虚拟社团等。数字信息化不仅模糊了小企业和大企业的差别，使得企业间的竞争更加激烈，同时还迫使企业要根据不同的网络文化环境制定与之相适应的营销方案。

2. 网络文化是速度文化

网络文化又被称为是"快餐文化"，这种文化快捷性的原因就在于网络交往自身的特点。网络社会靠的就是信息，而网络信息传递及更新的速度是非常快的，一种文化现象、一个观点或一个大家感兴趣的东西可以在瞬间到达网络世界的各个角落。在网上，速度已经在人们脑中成为一种判断产品优劣、决定是否购买的尺度。因此，企业在进行网络营销时，一定要不断地强调自己的产品是最新的，能够在最短的时间内送到消费者手中，这样才能被广大消费者所喜爱。

3. 网络文化是创新文化

"互联网文化""网络文学"等现象在网上产生之后，其中最主要的代表就是互联网用语的出现。网络文化的这种创新氛围大大激发了全球企业家的创新精神。如硅谷的示范作用在于它的文化氛围是奖励冒险和创新，推动企业文化从保守、迟缓、等级森严改造成为现代、快捷和平共处。这既是网络技术在企业内应用的结果，也是网络文化对企业组织形式潜移默化的影响。网络文化从经营理念和创新机制等方面对企业产生影响，这使得企业在网络营销方面不断应用各种创新手段，产品标新立异，进而赢得在网络环境下决定企业胜负的注意力资源。

4. 网络文化是个性文化

以世界性的信息资源共享为前提，网络文化显然是具有较强的全球性色彩。然而，网络空间自身又是非中心化，这使得网络文化的多元化得以保证，利用多媒体技术和超文本技术的沉浸性和交互性，网络文化中消费者具有更强的主动性，直接介入文化的生产过程，每个人的个性得到尽情发挥，从而推动网络文化创造性地发展。所以，网络文化也是彰显个性的文化。

5. 网络文化是礼仪文化

网络社区是按一定的行为准则组织起来的一个具有社会、文化、经济三重性质的团体。网络社区中的行为准则就是网络礼仪。目前，网络礼仪中已被普遍接受的部分规则完全来自于用户自身的常识，但实际上其包括的内容和涵盖的范围还是相当广阔的。对网络营销人员来说，必须牢记的第一条网络礼仪是："不请自到的信息不受欢迎"。因为人们已经厌倦了电视广告、广播广告的强制"灌输"，所以在网络营销中，当人们在网上寻找产品和服务、查询有关市场营销信息、征求问题答案时，网络营销者要能提供易于导航和搜索、内容丰富、有价值的信息静候浏览者的访问，当他们不想查找时，企业的有关信息最好不要私闯他们的生活，否则会激怒网民，使企业失去一大批潜在的消费者。因此，网络营销者在实施网络营销规划的过程中一定要遵循这些网络礼仪的规则。

（四）网络营销的人口环境

1. 网络用户的数量及其增长速度决定网上市场的规模

从总体上讲，网络用户的总量与网络营销市场的规模大小是成正比的。因此，要想了解一个国家或地区网络营销的市场潜在量有多大，可以通过统计该国或地区网络用户的数量及人均国民收入来得出。

2. 网络用户的结构决定网络营销产品及服务的需求结构

网络用户结构包括性别结构、年龄结构、职业机构、学历结构、收入结构等几个方面的内容：性别结构、年龄结构、学历结构、职业结构、收入结构。

三、网络营销的微观环境

（一）企业内部环境

企业内部环境是指对企业网络营销活动产生影响而营销部门又无法直接控制或改变的各种企业内部条件因素的总称，包括企业内部各部门之间的关系及协调合作。因为企业系统是由一系列部门构成的有机整体，除了营销部门外，还包括财务部门、人力资源管理部门、采购部门、生产部门和物流配送部门等，这些部门之间相互联系、相互制约和相互影响。所以，企业内部环境是企业科学规划营销战略、合理制定营销策略的基础。一方面，它们对网络营销活动起着制约的作用，造成劣势局面；另一方面，对网络营销活动发挥保障作用，形成优势地位。

企业内部环境包括广义的内部环境和狭义的内部环境。广义的内部环境包括产品特征、财务状况、企业领导对待网络营销的态度和拥有网络营销人员的状况等因素。狭义的内部环境主要指企业网站的发展和建设，企业网站是企业开展电子商务和网络营销的基础，网站的建设水平直接决定了企业网络营销的效果。

（二）供应商

供应商是指向企业及其竞争者提供生产经营所需原料、设备、能源、资金等生产资源的公司或个人。企业与供应商之间的关系既有合作又有竞争，这种关系不仅受宏观上环境的影响，还制约着企业的营销活动。

企业一定要注意与供应商搞好关系，因为供应商对企业的生产经营有着实质性的影响。它向企业提供资源的价格和供应量，直接影响产品的价格、销量和利润。供应短缺，可能影响企业按期完成交货任务。从长期来看，将损害企业的形象和信誉；从短期来看，企业会损失销售额。因此，企业应从多方面获得供应，而不应该依赖于单一的供应商，以免受其控制和限制。

在网络营销环境下企业可以选择的供应商的数量增加了，但对其依赖却丝毫没有减弱，反而加强了，还是因为，企业为了达到降低成本、发挥企业优势、增强应变的便捷性，会对企业的组织结构和业务流程进行重组或再造。企业通常会保留具有核心竞争力的业务，而将不擅长的外包出去，这使得企业所面临的供应商数量增加对供应商的依赖也日益增强随着企业和供应商之间的关系越来越密切，其共享信息、共同设计产品、合作解决技术难题在网络环境中变得更加容易，企业和供应商之间也因此建立了长久的合作关系。

（三）营销中介

营销中介指的是协调企业促销和分销其产品给最终购买者的公司。包括中间商，即销售商品的企业，如批发商或零售商、代理中间商等；服务商，如运输公司、仓库、金融机构等；市场营销机构，如产品代理商、市场营销企业等。

随着互联网的应用，生产者、批发商或零售商通过网络来销售商品，消费者可以通过网络选择所需的商品，这使得一部分商品不再按原来的产业或行业进行分工，也不再遵循传统的购进、储存、运销等流程。因此，网络销售一方面可以使企业间、行业间的分工逐渐模糊，形成产销合一、批零合一的销售模式；另一方面，随着凭单采购、零库存运营、直接委托送货等新业务的出现，服务与网络销售的各种中介机构也应运而生。这些与营销企业合作的中介机构不仅组织多、服务能力强、业务分布广泛合理，还可以协助企业进行推广销售和分配产品等。总之，每个企业都需要掌握和了解目标市场，力求发挥优势扬长避短，抓住有利时机，不断开辟新的市场。

（四）竞争者

竞争是当今社会的主旋律，企业竞争则表现得更加激烈，企业要在竞争环境中取胜，就必须研究其所处的环境，针对竞争对手采取更多的优化方案与手段。在市场营销实践中，市场竞争策略通常是针对竞争对手的。因此，企业必须了解竞争对手是谁，他们的目标是什么，具有哪些优势和劣势，现期或将来可能采取的竞争策略是什么等，在此基础上采取相应的对策，有效地化解危机，应对竞争赢得优势。

企业对竞争者的研究主要包括两个方面：一是竞争者的识别，即通过所收集的信息来判断行业内当前的竞争对手和潜在的对手。二是竞争者的研究，即通过分析来研究竞争者的策略，判断竞争者的目标，进而评估竞争者的优势和劣势，判断竞争者的反应模式，并由此确定自身的竞争策略。

1. 竞争者的识别

从市场方面看，企业的竞争者包括以下几种：

（1）一般竞争者

指以不同种类产品和服务来满足消费者统一需求的竞争者。

（2）产品形式竞争者

指提供同类产品和服务的竞争者。

（3）品牌竞争者

指能满足消费者某种需要的同种产品的不同品牌的竞争者。

（4）愿望竞争者

指满足消费者目前各种愿望的竞争者。

从行业方面看，企业的竞争者主要包括：现有厂商、潜在竞争者和替代品厂商。企业只有充分了解所在行业的竞争机构，才能识别企业所面临的现实或潜在的竞争者。

2. 竞争者的研究

（1）研究竞争者策略

在大多数产业中，企业通常根据竞争者采取不同的策略，把竞争者分为不同的策略群体，采取相同或相似策略的竞争者属于同一策略群体。当企业进入某一群体时，该群体中的成员就成了企业的主要竞争对手。竞争者之间采用的策略越相似，竞争就越激烈。同时，群体之间也存在着竞争，因为不同策略群体可能以同一市场为营销目标，或者属于某个群体的企业可能改变策略进入另一群体。

（2）判断竞争者目标

竞争者通常会有多个目标，如追求利润、市场占有率、技术领先、服务领先、信誉领先、低成本领先等。对着这些目标，不同的企业在不同时期有着不同的侧重点，因此也形成了不同的目标组合。对于企业而言，及时了解竞争者的侧重点，就可以预知竞争者的反应，进而采取适当的对策进行防御或进攻。

（3）评估竞争者的优势和劣势

评估竞争者的优势和劣势，是研究竞争者的重要方面。企业可以通过对竞争者的资源和经营状况进行分析对比来指出竞争对手的强项和弱项。主要包括：品牌情况、公司产品、服务及其政策；各种营销工具的使用情况；财务情况；网络技术能力；网络运营商和设备供应商状况；营销管理人员的素质和网络营销管理制度等方面。

（4）判断竞争者的反应模式

在竞争中，竞争者的反应模式也各有不同。

"从容不迫"竞争者：他们对某一特定竞争者的行为没有迅速反应或反应不激烈。

选择型竞争者：他们对竞争对手在某些方面的进攻做出反应，对其他方面则不加理会。

强烈型竞争者：他们对竞争对手的任何攻击都会做出迅速而强烈的反应。

随机型竞争者：他们对竞争对手的反应具有不确定性，因此反应模式难以把握。

（五）消费者

消费者是企业产品销售的市场，是企业直接或最终的营销对象。企业的一切营销活动都要以满足消费者的需求为中心，因此，消费者是企业最重要的环境因素之一。在传统的市场营销中，由于技术手段的制约，企业无法了解每个消费者的实际需求。但是在网络时代，由于技术的发展消除了企业与消费者间的时空限制，创造了一个让双方更容易接近和交流的空间，真正实现了经济全球化和市场一体化。一方面，网络不仅给企业提供了广阔的市场营销空间，也扩大了消费者选择商品的范围。另一方面，消费者通过网络可以及时了解更多的信息，增强了商品购买行为的理性。因此，在网络营销活动中，企业不仅可以通过网络树立良好的形象，处理好与消费者的关系，还可以促进产品的销售。

（六）社会公众

企业的经营还包括社会公众。社会公众是指对企业实现营销目标具有实际或潜在影响的团体和个人。互联网本身既是一个庞大的信息数据也是一个跨时空的超媒体，它的开放性和共享性决定了公众对企业的影响在不断增大。因此，明智的企业会采用有效的方法建立并保持与社会公众间友好的公共关系。企业的公众除了包括前面谈到的消费者、营销中介、竞争者外，还包括：媒体公众，即报纸、杂志、广播、电视和网络等具有广泛影响的大众传媒；融资公司，即银行、投资公司、保险公司等对企业提供有力保障的金融机构；政府公众，即经贸委、工商局、税务局等负责管理企业营销行为的有关政府机构；内部公众，即企业组织机构的内部成员；公众利益团体，即保护消费者权益、环保及其他群众性团体；社区公众，即与企业同处某一区域的居民与社会组织；一般公众，即与企业无直接利害关系，但其言论对企业网络营销有潜在影响的公众。在这些公众中，有的可能永远不会成为企业的消费者，但企业的行为直接或间接影响到他们的利益，企业的营销成效也或多或少地受到这些公众舆论与行为的制约。因此，企业应加强与公众的沟通和了解，以得到各类公众的理解与支持。

第三节　网络营销顾客行为分析

一、网络顾客购买决策的影响因素

（一）社会因素

1. 角色

在社会中的"角色"主要是指周围的人对某人的职业、职位或身份所应具备行为方式的期待。一个人的角色会影响其消费行为。例如，大学生或者刚步入社会的青年可能会对品牌产品折扣十分感兴趣。

2. 家庭

在很多情况下，购买行为是以家庭为单位进行决策的，例如家具的选购、房子的装潢等。另外，有此产品类型就是针对整个家庭的使用来设计的，例如色拉油、洗洁精等。所以，这类产品的营销策略或广告的设计，就应针对家庭购买决策来规划。

3. 相关群体

相关群体指能够影响网络顾客购买行为的个人或集体。相关群体内往往存在"意见领袖"，也就是群体中有影响力的人，这些人的行为会引起群体内追随者、崇拜者的效仿。如网上消费的演员、社会名流等因为受人崇拜，自然也就成为网络顾客的"意见领袖"，这也是微博营销发展迅速的原因之一。

（二）文化因素

1. 文化

文化指人类从生活实践中建立起来的价值观念、道德、理想和其他有意义的象征的综合体；文化是决定人类欲望和行为的基本因素。文化的差异引起消费行为的差异，每一个网络顾客都受到网络文化的长期熏陶，但同时又是在一定的地域社会文化环境中成长的。地域社会文化环境依然对网络顾客的消费行为产生重要的影响。比如，中国的网络顾客具有注重礼节的特点，过节的时候大多数子女都会为父母采购礼品，这和西方网民是有区别的。不过应当注意到的是，网络交流正在使文化的差异缩小。

2. 亚文化

在网络文化中又包含若干不同亚文化群。这些亚文化往往在更深层次上影响着网络顾客的购买行为。

(三) 个人因素

1. 职业

职业会影响一个人在生活中关注的重点，从而影响其消费行为。例如，信息人员会对电子计算机零件感兴趣，而平面设计专家则可能会购买一些美工用具或设计类书刊。另外，职务也会影响消费习惯：高级主管因为要经常出席正式会议等场合，则需要买一些名牌西装。

2. 经济情况

经济情况决定了购买能力，不论顾客对于产品的喜好如何，最终其购买的产品一定是在其购买能力范围内的，在这时，不同经济情况的人会在其进行决策时考虑不同的侧重点。例如，经济较充裕的顾客，购买电脑时可能会比较重视电脑的性能指标和外观等多个方面，而经济能力有限的顾客则更重视其性价比和基本功能是否齐全。

我们常以 AIO 来描述一个人的生活形态。所谓的 AIO 包括活动（Activity）、兴趣（Interest）和选择（Option）。生活形态会影响一个人的购买决策。

4. 性格

性格较谨慎保守者，往往十分关注在线支付的安全性和物流过程的稳妥性，并且他们通常不愿意因为网络购物而暴露隐私。

5. 年龄

人们在不同的年龄段会对不同的商品感兴趣，而且其购买力也不同，例如，小朋友喜欢玩具小汽车，但成年人则对跑车或越野车感兴趣。

6. 家庭生命周期

每个人都会经历不同的家庭阶段，我们称其为家庭生命周期，其包括下列的可能阶段：年轻单身、年轻已婚、年轻满巢、年轻单亲、中年单身、中年满巢、中年单亲、中年空巢、年长单亲、年长空巢等。在不同的家庭生命周期阶段，顾客会对不同的产品产生兴趣。例如，年长单身常常关心医疗产品，而年轻满巢会对儿童用品等产生兴趣。

(四) 心理因素

1. 动机

当一个人的需求达到足够的强度水平时，就成了其动机。心理学家马斯洛将人类的需求依等级排列，提出需求层次理论：生理需求、安全需求、社会需求、尊严需求、自我实现需求。而赫兹伯格提出了双因素理论，将人类的动机分为维持因素和激励因素。维持因素用以预防不满足因子，激励因素则用以提供满足因子。

2. 知觉

我们可以用"信息输入"来说明知觉。总之，任何视觉、听觉、嗅觉、触觉等刺激，经过人类的筛选、解释、组织、整合后，都会形成知觉。人们对知觉的处理，具有下列三种倾向：选择性注意、选择性扭曲、选择性记忆。

3. 学习

所谓学习，是经由累积的经验来改变其行为的过程。典型的学习过程为：①线索；②驱动力；③反应；④增强；⑤记忆保留。网络营销人员没办法创造驱动力，但可以掌握线索，所以应该增加线索的频率。以协助顾客进入学习的过程。

4. 能力

这里所指的能力主要有两类：学习能力和知识能力。例如，对于产品技术的知识，以及应用该产品的能力，其实都会影响顾客的购买决策。

5. 态度

所谓态度，是说明一个人对某事物或观念长久保持的正面或负面评价、情绪感觉和行动倾向。态度具有较低的稳定性，所以网络营销人员可借此了解顾客的态度、观念以营销方式让顾客改变决策心理，同时网络营销企业也应借此修正产品，来满足顾客的预期。

二、网络顾客购买行为分析

（一）网络顾客购买动机

所谓动机，是指推动人们进行活动的内部原动力，即激励人们行为的原因。动机分为两类：一类是需求动机，例如肚子饿了需要食物，天冷了需要衣物；另一类是心理动机，它是由人们的感知、认识、意志、感情等引发的动机。人们的消费需要都是购买机动引起的。网络顾客的购买动机，是指在网络购买活动中，能使网络顾客产生购买行为的某些内在驱动力，网络营销企业只有了解了顾客的购买动机，才能准确预测顾客的购买行为，制定有效的促销措施。

1. 网络顾客的需求动机

网络顾客的需求动机是指由需求引起的购买动机。要研究网络顾客的购买行为，首先必须要研究网络顾客的需求动机。在网络购物活动中，顾客主要存在以下三个方面的需求动机：

（1）方便型动机

方便型动机是为了减少劳动力与心理上的支出而出现的需求动机。上网购物不仅可以节省顾客往返商场、挑选商品和排队等候交款的时间，还可以免去他们在实体商户购物的体能消耗。由此可见，网络购物可以方便顾客的购买，减少购买过程的麻烦，减少顾客的劳动强度，节省体力，这些都可以满足顾客求得方便的动机。

（2）低价型动机

低价型动机是顾客追求产品低价格的一种消费动机。网上购物之所以具有生命力，其中一个重要的原因就是网上销售的产品价格普遍低廉。由于通过网络销售产品，中间环节少，库存成本低，所以其售价往往会比实体商铺价格低廉，许多网络顾客就是看中网上购物的这一点。因此，低价定位策略也是网络营销过程中十分有效的一种策略。淘宝每年双十一的低价促销活动，就是针对持此类动机顾客的典型策略。

（3）表现型动机

表现型动机是指顾客购买产品来达到宣扬自我、夸耀自我的一种消费动机，这种消费动机因个性不同而出现较大的差异性，有些顾客的表现型动机十分微弱，有些顾客的表现型动机比较强烈。目前，网络顾客多以年轻、高学历用户为主，年轻人通常追求标新立异，强调个性，而不愿落入"大众化"，"与众不同"的消费心理较"追求流行"更为强烈。网上提供的产品包括很多新颖的产品，即新产品或时尚类产品，并且这些产品一般来说是在本地传统市场中暂时无法买到或不容易买到的产品，因此，网络购物能比较容易地实现他们的这一要求，即可以实现他们展示自己的个性和与众不同品位的需要。

2. 网络顾客的心理动机

心理动机是由于人们的认识、感情、意志等心理过程而引起的购买动机。网络顾客购买行为的心理动机主要体现在理智动机、感情动机和信任动机三个方面。

（1）理智动机

理智动机具有客观性、周密性和控制性的特点。这种购买动机是顾客在反复比较各销售网站或 App 的产品后产生的。因此，这种购买动机比较理智、客观，很少受外界气氛的影响。在顾客需要购买价值较高的高档产品时容易产生理智动机的购买。

（2）感情动机

感情动机是由人们的情绪和感情所引起的购买动机。这种动机可分为两种类型：一种是由于人们喜欢、满意、快乐、好奇而引起的购买动机，它具有冲动性、不稳定的特点；另一种是由于人们的道德感、美感、群体感而引起的购买动机，它具有稳定性和深刻性的特点。

（3）信任动机

信任动机是顾客由于对特定的网站、广告、品牌、产品等的特殊信任与偏好而重复、习惯性地进行购买的一种动机。这通常是由于品牌的知名度、企业良好的信誉、贴心的服务等因素产生的。由信任动机产生的购买行为，通常十分忠诚，一般网络顾客在做出购买决策时心目中已经确定了购买目标，并能够在购买时克服和排除其他同类产品的吸引及干扰，按原计划购买产品。具有信任动机的网络顾客，往往是某一网站或 App 忠实的浏览者。信任动机在现实中的实例很多，比如很多网络顾客定期浏览淘宝的聚划算页面或者某个团购网站，就是出于信任动机。而淘宝网的信用评价机制，也就是考虑到了顾客这一方面的需求。

（二）网络顾客购买决策的参与者

顾客的购买活动主要涉及五种角色的参与，顾客自身可能扮演以下角色中的一种或几种。

1. 发起者

首先提出购买某种产品或服务的人。

2. 影响者

有形或无形地影响最后购买决策的人。

3. 决定

最后决定整个购买意向的人，在是否购买、买什么、买多少、什么时候买、在哪买等方面能够做出完全的最终决策。

4. 购买者

实际执行购买决策的人。直接与卖方谈交易条件，进行付款和产品的交收等。

5. 使用者

实际使用或消费所购产品或服务的人

顾客的购买一般以个人或家庭为单位，大部分时候以上五种角色分别由几个人担任，如住宅、耐用消费品及贵重物品等的购买。在以上五种角色中，决定者是最重要的，也是网络营销人员最为关注的，他直接决定该购买过程各方面的内容，故网络营销人员要懂得辨认某项购买决策的决定者。比如，男性：一般是电子类、机电类、烟酒类等的购买决定者；女性一般是化妆品、家庭日用消费品、厨房用品、婴幼儿用品、服装等的购买决定者；高档耐用消费品，如汽车、住房等则由多人协商决定。教育、旅游、储蓄等服务类产品也由多人共同决定。

对顾客购买决策参与者的分析，使得企业能根据家庭各成员在购买决策过程担任的角色进行有针对性的营销活动。

（三）网络顾客行为类型

1. 复杂的购买行为

当网络顾客购买比较贵重的、不常购买的产品时，会全身心地投入到购买当中，因为这些产品往往意义重大且有一定的风险，如果再加上这类产品品牌很多，差别明显，网络顾客就会经历一种复杂的购买行为。他们会在网站或 App 间游荡，大量获取有关产品质量、功能、物流、售后、价格等方面的信息，通过"学习"与该产品有关的知识来提升自己的选择能力，然后再在不同的商家或同一商家的不同产品中挑选出合适的成交。

网络顾客中这样类型的有很多，这是由于以下几个原因：①网络的廉价使用性、空间无限性为网络顾客提供了良好的学习环境和充足的决策资料；②通过自己对需要购买产品有关信息的了解和学习，网络顾客可基本消除在现实生活中购买时对销售人员的不信任感；⑧网络顾客以年轻人为主，这类人群对事物存在普遍的好奇感，追求产品的新功能和新特性且购买能力有限，这时大量的信息搜索与比对往往是他们的选择。对于购买这种类型产品的网络顾客，企业必须了解其学习过程的规律；同时，制定各种策略，宣传与该产品有关的知识、产品的有关属性等；还要设法让网络顾客知道和确信本企业的品牌特征及优势，并逐步建立起信任感。

2. 减少失调感的购买行为

有些产品虽然购买决策的风险大、价值高或者对使用者的利益影响很大，但品牌之间差别不大。对于这类产品，网络顾客是在不同网站随便看看，简单了解一下，便决定购买了。购买决策侧重点依据是产品的价格和实际获得的便利程度，哪家的产品价格较便宜，购买方便易得，就买哪家的。例如顾客欲在短租网站上求租，通常在基本条件相似时，只关心价格和交通的便利。

3. 简单的购买行为

价格低廉而又经常需要的产品，如果各品牌之间差异很小，网络顾客又比较熟悉，一般不会多花时间选择。例如，顾客想要购买一本杂志，由于其平时已经存在一定的阅读偏好，只要找到该杂志就不需要再挑三拣四，对于购买这类产品的网络顾客，企业可用各种价格优惠和其他营业推广方式鼓励顾客试用、购买和重购。由于顾客并不看重品牌，通常只是被动地去收集信息，企业要特别注意如何给网络顾客留下深刻印象。例如，在网络广告中突出视觉符号和形象，利用多媒体技术加强广告的效果，在网络上经常开展各种促销活动，还可以给产品加上某种特色或色彩，突出产品的文化特色。同时，购物的便利性通常可以为商家培养忠诚的顾客。

4. 多样性的购买行为

对于那些产品价格低、对顾客利益影响不大，但是品牌之间差异较大的产品，网络顾客往往在购买时采用低度投入，经常变换购买品牌，即寻求多样化的购买行为。这种类型的购买行为在食品和家居用品的购买上比较常见，例如，顾客需要购买一瓶淋浴乳，他往往不会在挑选中耗费太多时间，而是经常会在下一次购买时换一种品种，但不一定是因为对上次购买不满意，而是为了寻求新产品。对这种购买行为，企业应该生产多种风格的同类产品，甚至可以采用多品牌的产品策略，在网络销售渠道策略上，采用多渠道促销，增加产品与顾客的见面机会；为了吸引顾客，低价格、免费试用、赠券、折扣及有关内容的广告等促销方式都是不错的选择。

（四）网络顾客购买决策行为

根据网络顾客购买决策过程，以及当前网络顾客行为的发展情况，现阶段网络顾客主要面临三类重要的决策行为：网络渠道选择行为、网络顾客信息搜寻行为、网络顾客购买行为。

1. 网络渠道选择行为

渠道选择是指顾客在购买决策过程中如何评价各种可用的渠道（如信息渠道、购买渠道）并从中做出选择。举例来说，顾客为满足自身信息需求，需要从各种信息渠道（如参考群体、报纸、电视、宣传册、网络等）中选择一种或多种以收集和获取信息。网络渠道选择行为重点关注的是顾客如何评价、选择使用网络渠道，也可以进一步细化到研究某个具体网站或 App，依据的理论主要为技术接受模型。需要指出的是，网络渠道选择行为研究中一般不特别区分到底网络是作为信息渠道还是购买渠道，而是把信息搜寻作为购买决策的一个组成部分，即网络渠道选择行为包括信息渠道选择和购买渠道选择

2. 网络顾客信息搜寻行为

网络顾客信息搜寻行为是指顾客为完成某一购买任务而付诸的从网络市场中获取信息的行动。市场营销的本质是企业与顾客之间的信息传播和交换，如果没有信息交换，交易也就是无本之源。在线购物的持续成功将取决于顾客在其购买决策中利用网络的程度，尤其是利用网络获取产品信息的程度，因为顾客的网络信息搜寻行为能够提高其满意度并增强其在线购买的意向。

获取信息是顾客使用网络的首要目的，网络的快速发展，一方面为顾客提供了低成本、快捷、丰富的信息来源，另一方面也产生了如下许多问题：

（1）信息质量下降

信息量快速增长并且未加以管理控制，使得信息提供商疲于维护资料，造成网络上的信息过时、不完整甚至不正确。

（2）信息过载

信息的快速扩散造成网络上充斥着海量而且可能重复的信息，网络顾客需要花费许多额外的精力去分析、判断和过滤所找到的资料。

（3）网络迷航

互联网通过超链接的方式连接到不同的文件和页面，这种非线性的浏览方式常使网络顾客迷失在庞大的网络空间中，不但失去方向，也不知道目前的位置。

基于这些因素，网络顾客信息搜寻行为已经成为网络顾客行为研究的重要课题之一。

3. 网络顾客购买行为

在线购买行为指的是通过网络购买产品或服务的过程。网络已经成为产品信息的重要来源，但是还存在一些因素阻碍着顾客从信息搜寻发展为网上购买，而网络顾客的购买行

为可能是在线销售商最为关心的问题。尽管网络销售增长率非常高，但是也有证据表明，有很多有购买意向的顾客在搜索访问零售商的网站或 App 后，却最终放弃了购买。研究网络顾客购买行为，发现影响网络顾客购买行为的因素及其作用机制，对于改进网站技术和营销策略有重要意义。

三、网络顾客购买过程分析

（一）确认需要

网络顾客需求的确认是整个网络购买的起点。需求构成了顾客的购买动机，这是顾客购买过程中不可缺少的基本前提。只有当顾客对某一产品产生了兴趣时，才会想要购买。如若不具备这一基本前提，顾客也就无法做出购买决定。

顾客的需求受内外部各种因素的影响。例如，人们想吃某种食品，不一定是由于饥饿，而可能是由于闻到了食品诱人的香味而产生的食欲。对于网络营销来说，目前诱发需求的动因只能局限于视觉和听觉。随着网络技术的不断发展，顾客的购买行为日趋理性化，简单的文字、图片和视频的刺激已经不再是唤起顾客需求的主导因素，而顾客的自身需要这一内在因素逐渐成为顾客需求的决定性因素。

从这方面讲，网络营销想要吸引顾客具有相当大的难度。商家被动迎合顾客的要求行不通，这就要求从事网络营销的企业或中介商注意了解与自己产品有关的实际需求和潜在需求，了解这些需求在不同时间的不同程度，了解这些需求是由哪些刺激因素诱发的，进而巧妙地设计促销手段去吸引更多的顾客浏览网页，诱导他们的需求欲望。

（二）信息搜寻

在购买过程中，顾客收集信息的渠道主要有两个，即内部渠道和外部渠道。内部渠道是指顾客个人以往所保留的市场信息，包括顾客以往购买商品的实际经验、对市场的观察等；外部渠道则是指顾客可以从外界收集信息的通道。在网络环境下，由于信息技术的快速发展和信息爆炸时代的来临，外部信息的来源与传统环境下相比有明显扩大的趋势。

一般来说，在传统的购买过程中，顾客通常是在被动的状况下进行信息收集的。与传统购买时信息的收集状况不同，网络顾客的信息收集带有较强的主动性。这就要求网络营销企业掌握顾客的信息渠道，并采用适当的方式给予顾客其所需要的信息，这种推广方式对企业来说既能达到效用的最大化也能降低推广成本。

不同的网络顾客，对于信息的需求有着不同的层次，主要有以下三个模式：

1. 普通信息需求

这一类信息需求的产生基础是顾客对其产生购买动机的产品或服务并没有深入的了解，也没有建立其严格的评判标准，只是对该产品或服务的类型或品牌产生了倾向。此时，顾客对于锁定的产品或服务有了一定的期许，比如对价格、售后、质量、品牌等各方面的期待。在这种情况下，网络营销企业应通过适当的渠道加强对产品或服务优势的宣传，加强顾客对于该产品或服务的兴趣。例如，一个顾客决定在某一图书销售网站上购买一些图书，在他对产品还没有详尽了解的情况下，网站上的一些促销信息和畅销排名等很可能影响他的购买倾向。

2. 有限的信息需求

处于优先信息需求模式的顾客，对于感兴趣的产品和服务已经产生了特定的评判标准，但还没有确定对网络商家或品牌的倾向。此时网络顾客会更有针对性地收集信息，例如，顾客打算够买一件正装，此时他已经对参评的类型有了比较严格的要求，在对特定类型的产品进行信息的收集后，可能最后会被其中的某一套正装的价格、款式、质地、精美图片等吸引，并选择购买。

3. 精确的信息需求

在这种模式下，顾客对于产生购买动机的产品或服务已经产生了明确的购买倾向，对其已经有了较为深入的了解，并积累了一定的经验。此时他所需要的是更精确的产品和服务信息，他会从这些详细的信息中找出自己的真正需求所在。此时他所需要的信息也是最少的。因此网站除了提供大量对产品优点的描述、宣传图片等信息之外，还应该提供产品和服务的本质信息，以供此类顾客选择。例如，顾客打算购买一台三星的游戏机，他已经对这个品牌有了很强的购买倾向，对游戏机产品也有自己的深入了解，他对此类游戏机的需求信息可能集中于游戏机的各项功能指标等，也就是说，他更关心游戏机的性能参数信息。

（三）备选产品评估

顾客需求的满足是有条件的，这个条件就是实际支付能力。没有实际支付能力的购买欲望只是空中楼阁，不可能导致实际的购买。为了使消费需求与自己的购买能力相匹配，评估选择是购买过程中必不可少的环节。顾客对各条渠道汇集而来的资料进行比较、分析、研究，了解各种产品的特点和性能，从中选择最为满意的一种。一般说来，顾客的综合评估主要考虑产品的功能、可靠性、性能、样式、价格和售后服务等。

网上购物不直接接触实物。顾客对网上产品的比较依赖于厂商对产品的描述，包括文字的描述和图片的描述。网络营销企业对自己的产品描述不充分，就不能吸引众多的顾客。而如果对产品的描述过分夸张，甚至带有虚假的成分，则可能永久地失去顾客。

（四）购买决策

网络顾客在完成对产品的比较选择之后，便进入到购买决策阶段。与传统的购买方式相比，网络顾客的购买决策有许多独特的特点。首先，网络顾客理智动机所占比重较大，而感情动机的比重较小。其次，网络购买受外界影响较小，大部分的购买决策是自己做出的或是与家人商量后做出的。最后，网上购物的决策行为较之传统的购买决策要快得多。网络顾客在进行产品购买决策时，一般必须具备三个条件：第一，对厂商有信任感；第二，对支付有安全感；第三，对产品有好感。所以，树立企业形象，改进货款支付办法和商品邮寄办法，全面提高产品质量，是每一个参与网络营销的企业必须重点抓好的三项工作。这三项工作抓好了，才能促使顾客毫不犹豫地做出购买决策。

（五）购买后行为

顾客购买产品后，往往会通过使用，对自己的购买选择进行检验和反省，重新考虑这种购买是否正确、效用是否理想以及服务是否周到等问题。这种购买后评价不仅决定了顾客今后的购买动向，也在很大程度上影响着其他潜在顾客的购买行为。因此企业及时地知悉并认真研究顾客的反馈也就成了提高自身竞争力、最大限度地占领市场的重要手段之一。

互联网为网络营销企业收集顾客购买后评价提供了得天独厚的优势。方便、快捷、便宜的电子邮件紧紧连接着企业和顾客。企业可以在订单的后边附上一张意见表。顾客购买产品的同时，就可以同时填写自己对企业、产品及整个销售过程的评价。企业从网络上收集到这些评价之后，通过计算机的分析、归纳，可以迅速找出工作中的缺陷和不足，及时了解顾客的意见和建议，随时改进自己的产品性能和售后服务。现代营销所研究的购买过程是无止境的，真正优秀的高质量营销应该是循环并向上延伸的，这就要求在每一次购买过程之间确立一个结点，对于企业来说是优良的售后服务，对于顾客来说就是购买后评价体系。网络营销企业应该及时收集顾客的反馈信息，通过对评价信息的分析归纳，找到自身的不足，随时改进自己的产品性能和服务品质。

第五章 网络营销方法

第一节 联盟营销与病毒营销

一、联盟营销

(一) 联盟营销概述

1. 联盟营销简介

联盟营销，也叫联属网络营销，是一种按照营销效果付费的营销模式，是商家利用第三方平台提供网站联盟服务，由个人或公司推广商家商品，以达到扩大销售空间以及增加销售额的一种新型网络营销模式。商家在第三方平台，如苏宁、唯品会、蘑菇街等投放产品，第三方平台通过渠道宣传，用户可直接在第三方平台购买，并获得佣金，或分享到朋友圈、QQ空间、社交平台等。有用户通过你的分享成功购买即可获得佣金，佣金即可提现。

商家通过联盟营销渠道产生了一定收益后，才需要向联盟营销机构及其联盟会员支付佣金。由于是无收益无支出、有收益才有支出的量化营销，因此联盟营销已被公认为最有效的低成本、零风险的网络营销模式，在北美、欧洲及亚洲、非洲等地区深受欢迎。

联盟营销包括三个要素：广告主、联盟会员和联盟营销平台。广告主按照联盟营销的实际效果（如销售额、引导数、点击数等）向联盟会员支付合理的广告费用，节约营销开支，提高营销质量。联盟会员则通过网络联盟营销管理平台选择合适的广告主并通过播放广告主广告提高收益，同时节约大量的联盟营销销售费用，轻松地把网站访问量变成收益。

2. 联盟营销形式

根据商家网站给联盟会员的回报支付方式，联盟网络营销可以分为三种形式：

（1）按点击数付费

联盟网络营销管理系统记录每个客人在联盟会员网站上点击到商家网站的文字的或者图片的链接（或者E-mail链接）次数，商家按每个点击多少钱的方式支付广告费。

（2）按引导数付费

访问者通过联盟会员的链接进入商家网站后，如果填写并提交了某个表单，管理系统就会产生一个对应给这个联盟会员的引导（Lead）记录，商家按引导记录数给会员付费。

（3）按销售额付费（Cost-Per-Sale，CPS）

商家只在联盟会员的链接介绍的客人在商家网站上产生了实际的购买行为后（大多数是在线支付）才给联盟会员付费，一般是设定一个佣金比例（销售额的10%到50%不等）。

上面三种方式都属于 Pay For Performance（按效果付费）的营销方式，无论对于商家还是对于联盟会员都是比较容易接受的。由于网站的自动化流程越来越完善，在线支付系统也越来越成熟，越来越多的联盟网络营销系统采用按销售额付费的方法。由于这种方法对商家来说是一种零风险的广告分销方式，商家也愿意设定比较高的佣金比例，这样就使得这种方式的营销系统被越来越多地采用。实际上，目前国内正在操作的联盟营销一般以 CPS 为主，主要的区分在于支付上，从一定程度上来说 CPA 与 CPS 有异曲同工之处，很多人会将这两个概念画上等号。

3. 联盟营销优势

建设一个成熟的联盟网络营销系统不是一件容易的事，需要很多技术、资金和人力的投入，但是它给商家带来的效益也是显而易见的。

（1）双赢局面

对于商家，这种"按效果付费"的营销方式意味着他们只需要在对方真正带来了"生意"时才付钱，何乐而不为？而对于联盟会员，只要有访问量，他们自己不需要有自己的产品就能挣钱——不需要生产，不需要进货，不需要处理订单，不需要提供售后服务。

（2）较低的客户成本和广告成本

对比麦肯锡公司对电视广告成本和杂志广告成本的统计，联盟网络营销所带来的平均客户成本是电视广告的 1/3，是杂志广告的 1/2。

（3）更广的网络覆盖面以及品牌强化

假设一下，对于某个特定市场（或者特定关键词），如果你排在谷歌搜索结果的第 21 名，而你的联盟会员网站却可能占据了前 20 位的一半，甚至包括前三位。你在他们网站上的链接和旗帜广告可以吸引你目标市场的大部分眼球，这对于提高访问量和强化品牌是非常有效的。

（4）集中精力进行产品开发和销售服务

由于通过这种方式可以基本上解决网站访问量的问题，商家可以集中精力于产品开发、客户服务以及销售渠道，可以大大提高工作效率。

（5）可计算的结果

联盟网络营销"按效果付费"的广告和分销方式相比传统方式的一个显著特点是，客户的每一个点击行为和在线进程都可以被管理软件记录下来，从而可以让商家知道每一分钱的用途，而且还可以通过对这些记录的分析来为产品开发和营销策略提供科学的决策依据。

（二）联盟营销技巧

许多卖家认为联盟项目的管理并非易事。这不取决于联盟会员是否转发分享产品链接，也不取决于产品是否流行，是否受网红博主喜欢，能否增加转化，这一切都是关于商家如何正确处理与联盟会员之间关系的问题。这意味着，商家无须等待大量的联盟商来投资并加入销售。事实上，随着印刷媒体和展示型广告数量的减少，许多垂直经营的公司早已通过调整线上销售策略，进行联盟营销来获取丰厚的利润。

以下是几个联盟营销的管理技巧：

1. 使用门户注册页面

门户注册页面允许商家通过联盟会员收集其他信息，例如联盟会员的网站或其他有用的资料。在联盟会员注册后，他们就可以自动登录到门户网站以便共享信息。门户注册页面是整个联盟项目成员的"家庭基础"。

2. 自动注册联盟会员

与联盟会员建立紧密联系，邀请他们进入已有项目中，共同参与销售的推进。

3. 主动启动项目

很少的联盟会员会主动参与推进项目。商家可以通过邮件来宣布项目的快速启动。

4. 建立项目登录页面

在登录页面上为联盟会员提供全面的项目概述。为了提高页面内容的可见性，链接可以在网站页脚或页眉。

5. 启用共享代码

允许联盟会员创建多个链接，让他们可以定制并重定向到特定的产品。通过门户网站访问的共享代码为联盟会员们提供一种简单的共享方式，同时方便商家熟知各类媒体资源的转化率。

6. 引入社交媒体

持续的社交媒体推广能够帮助商家吸引新的联盟会员，并提醒现有会员进行不断推广。而无论商家想要推行何种计划，社交媒体都是一个有影响力的联盟伙伴。

7. 提供促销资源

在门户网站中，商家可以向联盟提供相关资源，例如横幅广告、促销优惠和产品内容等，它们可以在联盟会员的博客或网站上嵌入。一旦嵌入，就可以追踪这些资源的点击率。

8. 创建教学指南或视频

商家可以在欢迎邮件中发送一个工具包和一份项目信息概述，以及一个联盟会员项目登录页的链接。页面内容包括需要推广的信息及方式、如何利用门户网站以及一些运营建议等。这也是介绍自己是项目负责人的一种很好的方式，并开始建立与联盟会员的关系。

9. 发送专门的电子邮件

通过在专门电子邮件中提供有用的项目信息来鼓励联盟会员参与推广。商家可以在这些电子邮件内附上一些关于项目推广的建议，甚至附上所需推广的内容和案例。

10. 编写博客

博客作为长文本的媒体渠道，可以更好地提供详细的项目相关信息。在编写博客后，商家可以通过社交媒体或邮件发送相关链接给联盟会员，再继续进一步的推广。

11. 销售额分红佣金

大多数联盟项目提供销售额分红作为佣金。PayPal 就是一个成功的典型例子。

12. 提供双重奖励机制

同时为联盟会员和新用户提供奖励有利于项目的推进。例如，商家可以在自己网站的注册欢迎页面提供优惠券代码的领取，以此提高转化率。

13. 建立多事件奖励机制

商家可以通过多事件的奖励方式来保持联盟会员在项目长期推进中的积极性。例如，为不同的任务金额分配不同数额的佣金。

联盟项目涵盖了用户购买的整个过程，其中，发现目标群体和维持目标用户是过程的关键。成功的联盟项目管理离不开长期稳定的联盟会员关系。一旦商家与联盟会员间建立起真正的伙伴关系，有了清晰一致的目标，联盟项目才能真正对品牌推进和产品营销起到作用。

二、病毒营销

（一）病毒营销概述

病毒营销（Viral Marketing，又称病毒式营销、病毒性营销、基因营销或核爆式营销），是利用公众的积极性和人际网络，让营销信息像病毒一样传播和扩散，营销信息被快速复制传向数以万计、数以百万计的观众，它能够像病毒一样深入人脑，快速复制，迅速传播，将信息短时间内传向更多的受众。病毒营销是一种常见的网络营销方法，常用于进行网站推广、品牌推广等。也就是说，病毒营销是通过提供有价值的产品或服务，"让大家告诉大家"，通过别人为你宣传，实现"营销杠杆"的作用。

病毒式营销也可以说是口碑营销的一种，它利用群体之间的传播，让人们建立起对产品或服务的了解，达到宣传的目的。由于这种传播是用户之间自发进行的，因此是几乎不需要费用的网络营销手段。病毒式营销已经成为网络营销最为独特的手段，被越来越多的商家和网站成功利用。

（二）病毒营销的特点

病毒营销具有一些区别于其他营销方式的特点。

1. 有吸引力的病原体

之所以说病毒式营销是无成本的，主要指它利用了目标消费者的参与热情，但渠道使用的推广成本是依然存在的，只不过目标消费者受商家的信息刺激自愿参与到后续的传播过程中，原本应由商家承担的广告成本转嫁到了目标消费者身上，因此对于商家而言，病毒式营销是无成本的。

2. 几何倍数的传播速度

大众媒体发布广告的营销方式是"一点对多点"的辐射状传播，实际上无法确定广告信息是否真正到达了目标受众。病毒式营销是自发的、扩张性的信息推广，它并非均衡地、同时地、无分别地传给社会上每一个人，而是通过类似于人际传播和群体传播的渠道，产品和品牌信息被消费者传递给那些与他们有着某种联系的个体。例如，目标受众读到一则有趣的flash，他的第一反应或许就是将这则flash转发给好友、同事，这样一传十、十传百，无数个参与的"转发大军"就构成了成几何倍数传播的主力。

3. 高效率的接收

大众媒体投放广告有一些难以克服的缺陷，如信息干扰强烈、接收环境复杂、受众戒备抵触心理严重。以电视广告为例，同一时段的电视有各种各样的广告同时投放，其中不乏同类产品"撞车"现象，大大减少了受众的接受效率。而那些可爱的"病毒"，是受众从熟悉的人那里获得或是主动搜索而来的，在接受过程中自然会有积极的心态；接收渠道也比较私人化，如手机短信、电子邮件、封闭论坛等（存在几个人同时阅读的情况，这样反而扩大了传播效果）。以上方面的优势，使得病毒式营销尽可能地克服了信息传播中的噪音影响，增强了传播的效果。

4. 更新速度快

网络产品有自己独特的生命周期，一般都是来得快去得也快，病毒式营销的传播过程通常是呈 S 形曲线的，即在开始时很慢，当其扩大至受众的一半时速度加快，而接近最大饱和点时又慢下来。针对病毒式营销传播力的这种衰减特点，一定要在受众对信息产生免疫力之前，将传播力转化为购买力，方可达到最佳的销售效果。

(三) 病毒营销的形式

1. 免费服务

一些大型的网站或公司会提供免费的二级域名、免费空间、免费程序接口、免费计数器等资源，这些资源可以直接或间接地加入公司的链接或者其产品的介绍，也可以是广告。这些服务都是免费的，对用户有着很大的吸引力。另外，当用户自己在使用并对外宣传的时候，就也为提供该服务的公司做了免费宣传。

2. 便民服务

便民服务不像免费服务一样需要一定的财力、物力，比较适合小公司或个人网站。在网站上提供日常生活中常会用到的一些查询，如公交查询、电话查询、手机归属地查询、天气查询等，把这些实用的查询集中到一起，能给用户提供极大的便利，会得到用户很好的口碑，有可能很快地在网民中推广开来。

3. 节日祝福

每当到节日时，可以通过 QQ、微信、微博、E-mail 等工具向朋友发送一些祝福，后面跟上网页地址或精美图片。由于节日里大家收到来自朋友的祝福和发祝福给朋友都很高兴，于是一个病毒链就这样形成了。

4. 精美网页

娱乐是人们生活中最本质的追求之一，不管定下什么目标，最终都是为了生活、娱乐。做一个精美的网页或将一个精彩的笑话发给朋友，朋友可能会很高兴，并很快发送给他的好朋友。

5. 口头传递

网络上使用最普遍的"口头传递"方式是"告诉一个朋友"或"推荐给你的朋友"等。这种病毒式营销启动成本低并能快速执行，其效果还可以通过引入竞赛和幸运抽签等形式得以增强。

6. 人际关系网络

互联网的网民同样也在发展虚拟社会中的人际关系网络，他们收集电子邮件地址，建立邮件列表与众人沟通，通过聊天室结交新的朋友。网络营销人员需要充分认识实体社会和虚拟社会中这些人际关系网络的重要作用，通过病毒式营销把自己的信息置于人们的各种关系网络之中，从而迅速地把促销信息扩散出去。

第二节　口碑营销与众筹营销

一、口碑营销

(一) 口碑营销概述

1. 口碑营销的定义

口碑营销是企业在调查市场需求的情况下，为消费者提供他们所需要的产品或服务，同时制订口碑推广计划，让消费者自动传播公司的产品或服务的良好评价，让人们通过口碑了解产品，企业通过口碑树立品牌，最终达到企业销售产品或提供服务的目的。口碑是目标，营销是手段，产品是基石。但事实上，口碑营销一词的走俏来源于网络，其产生背景是博客、论坛这类互动型网络应用的普及，并逐渐成为各大网站流量最大的频道，甚至超过了新闻频道的流量。

口碑营销的核心内容就是能"感染"目标受众的病毒体——事件，病毒体威力的强弱则直接影响营销传播的效果。在今天这个信息爆炸、媒体泛滥的时代里，消费者对广告，甚至新闻，都具有极强的免疫能力，只有制造新颖的口碑传播内容才能吸引大众的关注与议论。张瑞敏砸冰箱事件在当时是一个引起大众热议的话题，海尔由此获得了广泛的传播与极高的赞誉，可之后又传出其他企业类似的行为，就几乎没人再关注，因为大家只对新奇、偶发、第一次发生的事情感兴趣。所以，口碑营销的内容要新颖奇特。

2. 口碑营销的动机

(1) 生理需要

人们在购物后，特别是购买一些平常不太熟悉的产品后，会有一些紧张感，这时候人们就需要通过不同的方式来消除这种感觉，而向朋友、亲友诉说就是一种很好的方式。

(2) 安全需要

与上述情况相仿的是，人们在购买产品后会有一些不安全的感觉，比如认为自己受骗了或买贵了或跟不上潮流、太老土了等，这时候他希望通过对朋友、亲友的诉说一方面肯定自己的购买行为，另一方面希望朋友因自己的推荐而发生同样的购买行为，找到更多的安全感。

(3) 社交需要

很多时候，口碑传播行为都发生在不经意间，比如朋友聚会时闲聊、共进晚餐时聊天等，这时候传递相关信息主要是因为社交的需要。

(4) 尊重需要

在这个动机下，消费者传递信息是为了满足其某些情感的需要，如表明自己是先知者或者紧跟潮流，比较"时尚"，特别是当他人因自己的劝说而购买了相同产品时，会更加肯定自己并认为自己得到了他人的尊重。

(5) 自我实现需要

通过传递信息，与他人分享快乐并使朋友得到方便与利益（介绍了好的产品或服务），实现了自我满足。

3. 口碑营销的形式

（1）经验性口碑

经验性口碑是最常见、最有力的形式，通常在任何给定的产品类别中都占到口碑活动的50%～80%。它来源于消费者对某种产品或服务的直接经验，在很大程度上是在经验偏离消费者的预期时所产生的。当产品或服务符合消费者的预期时，他们很少会投诉或表扬某一企业。经验性口碑分正面和反面两种，反面的会对品牌感受产生不利影响，并最终影响品牌价值，从而降低受众对传统营销活动的接受程度，并有损自其他来源的正面口碑的效果；反过来，正面的口碑则会让产品或服务顺风满帆。

（2）继发性口碑

营销活动也会引发口碑传播。最常见的就是继发性口碑：当消费者直接感受传统的营销活动传递的信息或所宣传的品牌时形成的口碑。这些消息对消费者的影响通常比广告的直接影响更强，因为引发正面口碑传播的营销活动的覆盖范围以及影响力相对来说都会更大。营销者在决定何种信息及媒体组合能够产生最大的投资回报时，需要考虑口碑的直接效应以及传递效应。

（3）有意识口碑

不像前两种口碑形式那么常见，还有一种口碑是有意识口碑，如营销者可以利用名人代言来为产品发布上市营造正面的气氛。对制造有意识口碑进行投资的企业是少数，部分原因在于，其效果难以衡量，许多营销商不能确信他们能否成功地开展有意识口碑的推广活动。

对于这三种形式的口碑，营销商都需要以适当的方式从正反两个方面了解和衡量其影响和财务结果。计算价值始于对某一产品的推荐及劝阻次数进行计数。这种方法有一定的吸引力并且比较简单，但是也存在一大挑战：营销商难以解释说明不同种类的口碑信息影响的差异。显然，对于消费者来说，由于家人的推荐而购买某产品的可能性显著高于陌生人的推荐。这两种推荐可能传达同样的信息，而它们对接收者的影响却不可同日而语。事实上，高影响力推荐，如来自所信任的朋友传达的相关信息导致购买行为的可能性，是低影响力推荐的很多倍，这亦从另一侧面说明企业更好地利用口碑营销方式的重要性。

（二）口碑营销的策略

口碑营销每一个必经步骤都是营销人员可以发挥才能的地方。产品、服务的任何一点瑕疵都可能在市场上引起一场口碑风暴。好的用户体验才会激发用户评论，这是口碑营销的基石。那些要进行口碑营销的广告主，首先要做的功课就是为消费者提供非常好的产品或服务。经研究表明，如果消费者对产品、服务不满，只有4%的人会向厂商抱怨，而高达80%的人则选择向亲戚朋友倾诉。

以下五点策略，是口碑营销成功的必要条件：

1. 寻找意见领袖

倘若你是销售电脑的，那么邀请电脑专业媒体的记者来试用一番，通过他们的生花妙笔来传播产品信息，便可以较高的可信度征服消费者；如果产品的消费人群主要是青年学生，找到班上学习成绩最好的学生或者班长、班主任来体验你的产品，提供传播渠道帮助他们发布自己的使用心得、体会就是个不错的方法；要是你的企业主要生产农作物种子，那么找农业科技人员、村长来讲述你的品牌故事和产品质量，就是个很好的主意。在

Web2.0时代，每个人都可能是一个小圈子里的意见领袖，关键是营销人员是否能慧眼识珠，找到这些意见领袖。

意见领袖是一个小圈子内的权威，他的观点能为拥趸广为接受，他的消费行为能为粉丝狂热模仿。全球第一营销博客、雅虎前营销副总裁认为，口碑传播者分成强力型和随意型两种，强力型主导传播的核心价值，随意型扩大传播的范围。口碑营销要取得成功，强力型口碑传播者和随意型口碑传播者都不可或缺。

2. 制造"稀缺"，生产"病毒"

病毒营销中的"病毒"，不一定是关于品牌本身的信息，但基于产品本身的口碑可以是"病毒"，这就要求你的产品要有特点，要有话题附着力，这样才容易引爆流行，掀起一场口碑营销风暴。

还有哪个企业比苹果公司更擅长"病毒"制造和口碑传播吗？一提到 iPhone 这个名字，就能让无数苹果粉抓狂，让营销业内人士羡妒不已。这样一款产品虽然价格昂贵，但它提供众多个性化的设计，并且带有鲜明的符号，不让它的消费者讨论似乎都很难。在这里，消费者的口碑既关于产品本身，又是传播速度极快的"病毒"。重要的是，它总是限量供应，要购从速。拥有它的人就是时尚达人，仿佛一夜之间便与众不同，身价倍增，他们当然更愿意在亲朋好友间显摆、高谈阔论一番。

3. 整合营销传播

毫无疑问，传播技术的进步让消费者从获取消费信息到最后形成购买决策的整个过程发生了变化。传统的广告理论认为，消费者购买某个产品，要经历关注、引起兴趣、渴望获得产品进一步的信息、记住某个产品到最后购买5个阶段，整个传播过程是一个由易到难、由多到少的倒金字塔模型。互联网为消费者的口碑传播提供了便利和无限时空，如果消费者关注某个产品，对它有兴趣，一般就会到网上搜索有关这个产品的各类信息，经过自己一番去伪存真、比较分析后，随即进入购买决策和产品体验分享过程。在这一过程中，可信度高的口碑在消费者购买决策中起到关键作用，这在一定程度上弥补了传统营销传播方式在促进消费者形成购买决策方面能力不足的短板。然而，要让众多消费者关注某个产品，传统广告的威力依然巨大。因此，口碑营销必须辅之以广告、辅助材料、直复营销、公关等多种整合营销方式，相互取长补短，发挥协同效应，才能使传播效果最大化。

4. 实施各类奖励计划

天下没有免费的午餐，这样的道理或许每个人都明白，但人性的弱点让很多人在面对免费物品时总是无法拒绝。给消费者优惠券、代金券、折扣等各种各样的消费奖励，让他们帮你完成一次口碑传播过程，你的口碑营销进程会大大提速。销售成衣的电子商务企业对这一套可谓轻车熟路，只要消费者购买了产品，大概都能获得一张优惠券，如果把网站推荐给朋友，和朋友分享网站购衣体验，还有更多意想不到的收获。让大家告诉大家，消费者就这样不由自主地成了商家的宣传员和口碑传播者。

5. 放低身段，注意倾听

好事不出门，坏事传千里。因为没有对消费者的一篇关于电脑质量存在缺陷的博文及时做出反应，Dell 电脑业绩曾因此受到冲击，这并非杜撰，而是 Dell 电脑承认的事实。口碑营销的主要工作之一与其说是将好的口碑传播出去，不如说是管理坏口碑。遗憾的是，世界上还没有管理口碑的万能工具，但这不妨碍营销人员朝这个目标努力。

营销人员当然可以雇佣专业公司来做搜索引擎优化服务，屏蔽掉有关公司的任何负面信息。但堵不如疏，好办法是开通企业博客、品牌虚拟社区，及时发布品牌信息，收集消费者的口碑信息，找到产品或服务的不足之处，处理消费者的投诉，减少消费者的抱怨，回答消费者的问题，引导消费者口碑向好的方向传播。

值得注意的是，消费者厌倦了精心组织策划的新闻公关稿、广告宣传语，讨厌"你说我听""我的地盘我做主"的霸道，他们希望与品牌有个平等、真诚、拉家常式的互动沟通机会。在营销传播领域，广告失去了一位盟友，但品牌多了一个与消费者建立紧密关系的伙伴。

二、众筹营销

（一）众筹营销概述

众筹是指个人或者小企业通过互联网向大众筹集资金的一种项目融资方式。众筹并非为营销而产生，但基于社会化网络营销基础且具有明确的价值关系，实际上成为一种具有争议性的且不乏成功案例的网络营销模式。

众筹营销，英文叫作 Customer Planning to Customer（CP2C），字面上的意思是集中大家的智慧来做营销，具体含义是指由消费者发起产品的订购邀约以及提出一些 DIY 的柔性需求给厂家，生产厂家可以根据这些需求实现针对性生产，还可以全程给出生产排期和产品追踪。

（二）众筹营销的模式

1. 融资模式：新品曝光

以娱乐宝为代表，一批涉及影视、艺术、文学、科技研发、教育培训等多元化创新模式的众筹项目正在日益涌现，其中包括债券、股权、捐赠、回报等各种投资形式，以众筹融资为关键词的新兴思维正在互联网世界蔓延，众筹模式正在成为个人或小微企业通过网络渠道进行低成本融资的新式渠道。

2. 预购模式：消费者交互

根据来自百度百科的概念，众筹是指"用团购+预购的形式，向网友募集项目资金的模式"。从众筹的发展态势来看，这一概括难免显得狭隘，但并不妨碍"团购+预购"也成为众筹营销的一种重要模式。

这种模式也可被看作一种预消费模式，先让消费者掏腰包，再制造产品。更为有意思的是，一边是众筹营销，另一边则是众包设计，众筹的整个过程也是参与者对产品的 DIY 过程，迎合的也是当下的 C2B 趋势。互联网时代，消费者的需求更加个性化、碎片化，谁满足了用户的需求，可能谁就赢得了市场，市场权力逐渐倾向于消费者。

如乐视推出乐视盒子时，就采用了 CP2C 模式，在这一过程中，乐视 TV 根据对产能的精确判断，让消费者在下单时获知供货周期，乐视 TV 将会按照付款的先后顺序发货，真正实现订单驱动式供应。下一阶段将实现"客制化 DIY"，也就是典型的"众包设计"，产品的设计、研发、传播、销售、售后和运营，每一个环节均能全流程直达用户，并且用户能够深度参与到全流程的每一个环节。

从某种程度上来看，"众筹营销"与其说是一种销售模式，倒不如说是一种企业主动建立品牌形象的过程。

3. 赞助模式：主动传播

相信每个人都对微信集赞、微博集转发并不陌生吧，在社交网络兴起后，"人际网络"越发成为一种筹码。众筹，有时需要筹集的是亲朋好友的钱，有时只需筹集一种关注或是一种传播。在赞助模式下，很多产品看重的未必是真正集到的钱，而是在这个"赞助"过程中一传十、十传百的传播效应。而参与者得到的又是真正的优惠或是免费，这是主动参与的最好内在驱动。参与者得到实惠，赞助者投资情感，品牌方得到传播，整个众筹流程自然良性运转。

（三）众筹营销的意义

众筹之所以得以实现，与网络营销的思想密不可分。网络营销的思想以顾客价值为导向，利用适当的信息发布与传播渠道为用户提供有价值的信息，获得用户关注、参与或购买等预期结果。可见，众筹完全符合网络营销信息传递原理，因而具有网络营销的天然属性。

归纳起来，众筹网络营销的意义主要体现在以下五个方面。

1. 微社群资源

参与众筹的用户，出于对同一产品或服务的共同兴趣，是建立以兴趣为主导的微社群资源的有效途径。

2. 网络调研

新创意、新产品是否获得用户的关注和支持，用户关心的有哪些问题，在众筹的过程中可以充分收集用户的意见，众筹结果就是一份高质量的网络调查报告。

3. 可见度与可信度

企业在众筹平台发布的项目信息，作为一种网络信息分布与传播手段，对于增加企业网络信息的可见度、获得潜在用户的关注有独特的价值。如果项目众筹融资成功或超出预期，众筹项目还具有明显的网络公关效果，有利于提升企业网络可信度。网络可见度与可信度都是网络营销的核心要素。

4. 产品销售

通过众筹项目为用户提供高预期的附加值，实际上相当于以团购甚至更优惠的价格预购产品，企业提前获得顾客并筹集资金，用户则获得实际的优惠。

5. 顾客价值

顾客价值是网络营销的最高原则，包括信息价值、产品价值、参与和体验价值、顾客服务价值等，在众筹过程中都将得到充分的体现，这是其他网络营销方法所不具备的特点。

第三节　事件营销与饥饿营销

一、事件营销

（一）事件营销概述

1. 事件营销的定义

事件营销（Event Marketing）是企业通过策划、组织和利用具有新闻价值、社会影响以及名人效应的人物或事件，吸引媒体、社会团体和消费者的兴趣与关注，以求提高企业或产品的知名度、美誉度，树立良好品牌形象，并最终促成产品或服务销售目的的手段和方式。

简单地说，事件营销就是通过把握新闻的规律，制造具有新闻价值的事件，并通过具体的操作，让这一新闻事件得以传播，从而达到广告的效果。事件营销是近年来国内外十分流行的一种公关传播与市场推广手段，集新闻效应、广告效应、公共关系、形象传播、客户关系于一体，并为新产品推介、品牌展示创造机会，建立品牌识别和品牌定位，成为一种快速提升品牌知名度与美誉度的营销手段。

2. 事件营销的特点

（1）目的性

事件营销应该有明确的目的，这一点与广告的目的性是完全一致的。事件营销策划的第一步就是要确定自己的目的，然后明确通过怎样的新闻可以让新闻的接受者达到自己的目的。通常某一领域的新闻只会有特定的媒体感兴趣，并最终进行报道。而这个媒体的读者群也是相对固定的。

（2）风险性

事件营销的风险来自媒体的不可控和新闻接受者对新闻的理解程度。虽然企业的知名度提高了，但如果一旦市民得知了事情的真相，很可能会对该公司产生一定的反感情绪，从而最终伤害到该公司的利益。

（3）成本低

事件营销一般主要通过软文形式来表现，从而达到传播的目的，所以事件营销相对于平面媒体广告来说成本要低得多。事件营销最重要的特性是利用现有的非常完善的新闻机器来达到传播的目的。由于所有的新闻都是免费的，在所有新闻的制作过程中也是没有利益倾向的，所以制作新闻不需要花钱。事件营销应该归为企业的公关行为而非广告行为。虽然绝大多数的企业在进行公关活动时会列出媒体预算，但从严格意义上来讲，一个新闻意义足够大的公关事件应该充分引起新闻媒体的关注和采访的欲望。

（4）多样性

事件营销是国内外十分流行的一种公关传播与市场推广手段，它具有多样性，可以集合新闻效应、广告效应、公共关系、形象传播、客户关系于一体来进行营销策划。多样性的事件营销已成为营销传播过程中的一把利器。

（5）新颖性

事件营销往往是通过当下的热点事件来进行营销，因此它不像许多过剩的宣传垃圾广告一样让用户觉得很反感。毕竟在中国体制下，创意广告不多，而事件营销更多地体现了它的新颖性，吸引用户点击。

（6）效果明显

一般通过一个事件营销就可以聚集到很多用户一起讨论这个事件，然后很多门户网站都会进行转载，效果显而易见。

（7）求真务实

网络把传播主题与受众之间的信息不平衡彻底打破，所以事件营销不是恶意炒作，必须首先做到实事求是，不弄虚作假，这是对企业网络事件营销最基本的要求。

（8）以善为本

所谓"以善为本"，就是要求事件的策划和网络传播都要做到自觉维护公众利益，勇于承担社会责任。随着市场竞争越来越激烈，企业的营销管理也不断走向成熟，企业在推广品牌时策划事件营销就必须走出以"私利"为中心的误区，不但要强调与公众的"互利"，更要维护社会的"公利"。自觉考虑、维护社会公众利益也应该成为现代网络事件营销工作的一个基本信念。而营销实践也证明，自觉维护社会公众利益更有利于企业实现目标；反之，如果企业只是一味追求一己私利，反倒要投入更多的精力和财力去应付本来可以避免的麻烦和障碍。

（9）力求完美

"完美"就是要求网络事件策划注重企业、组织行为的自我完善，注意网络传播沟通的风度，展现策划创意人员的智慧。

在利用网络进行事件传播时，企业应该安排专门人员来把控网络信息的传播，既掌握企业的全面状况，又能巧妙运用网络媒体的特性，还能尊重公众的感情和权利，保护沟通渠道的畅通完整，最终保护企业的自身利益。

（二）事件营销的模式

1. 借力模式

借力模式就是组织将组织的议题向社会热点话题靠拢，从而实现公众对热点话题的关注向组织议题的关注的转变。要实现好的效果，必须遵循以下原则：相关性、可控性和系统性。

相关性就是指社会议题必须与组织的自身发展密切相关，也与组织的目标受众密切相关。最具代表性的就是爱国者赞助《大国崛起》启动全国营销风暴。《大国崛起》将视线集中在各国"崛起"的历史阶段，追寻其成为世界大国的足迹，探究其"崛起"的主要原因，对于中国的崛起有很着深远的启示。而中央台播出的每集节目出现的"爱国者特约，大国崛起"的字幕，同时画外音道白："全球爱国者为中国经济助力、为国家崛起奋进！"震撼了每一个中华民族的拥护者，也极大地提升了爱国者的品牌形象。

运动鞋本土品牌匹克赞助神舟飞船并没有成功，其关键原因就是相关性太低，人们不会相信宇航员好的身体素质源于匹克运动鞋，但人们会相信是喝蒙牛牛奶造就了宇航员的强壮体格。

可控性是指能够在组织的控制范围内，如果不能够在组织的控制范围内，有可能不能达到期望的效果。

系统性是指组织借助外部热点话题必须策划和实施一系列与之配套的公共关系策略，整合多种手段，实现一个结合、一个转化：外部议题与组织议题相结合；公众对外部议题的关注向组织议题关注的转化。

2. 主动模式

主动模式是指组织主动设置一些结合自身发展需要的议题，通过传播，使之成为公众所关注的公共热点。必须遵循以下原则：创新性、公共性及互惠性。

创新性就是指组织所设置的话题必须有亮点，只有这样才能获得公众的关注。正所谓狗咬人不是新闻，人咬狗及人狗互咬才是新闻。

公共性是指避免自言自语，设置的话题必须是公众关注的。

互惠性是指要想获得人们持续的关注，必须要双赢。

（三）事件营销的策划

1. 理解媒体

事件营销就是通过制造新闻事件，吸引媒体注意，通过媒体传播，达到预期的宣传目的。因此，理解媒体是进行事件营销的前提。

众所周知，国际媒体之间的竞争是非常激烈的，而我国媒体发展到今天，市场化的逻辑也正促其进行改变，首先是注重于媒体自我形象的重塑与包装，其次是努力通过各种方法和手段以强化媒体相关内容的"可售性"，如捕捉、营造新闻"卖点"，进行新闻炒作与新闻策划等。

以上变化反映了我国媒体之间的竞争正逐渐加剧，其显著的外在表现就是，媒体开始由原来的"等料"向主动"找料"转变，很多媒体力图通过各种渠道来获得新闻事件的"独家采访权"。各媒体纷纷把触角伸到社会的各个角落，去寻觅各类新闻事件，这无疑给善于制造新闻的企业提供了更大的宣传机会，企业可以利用自己身处新闻之中而得到更多注意这一事实，来达到自己的宣传目的。企业应充分利用媒体的这一特点。

事件营销策划应注意的一点是，特定媒体之间的竞争是在特定市场上进行的，有句话叫作"市场创造了媒体"，不同的市场创造了不同的媒体，市场可分为男性市场和女性市场、世界市场和区域市场、资本市场和商品市场、农村市场和城市市场等，不同的媒体是服务于不同市场的，当然其中也有些交叉。因此，企业在进行事件营销时首先要确定自己的目标受众，继而通过不同的媒体进行传播。

2. 解读新闻事件

新闻事件就是社会上新近发生、正在发生或新近发现的有社会意义的能引起公众兴趣的重要事实。新闻事件是一种投入产出效益非常可观的营销手段，也是事件营销的"载体"。但很多企业对运用新闻事件还很陌生，很多人不懂新闻，更不会写新闻稿。因此，我们需要对新闻的主要特性做一番解读：

新闻要典型，新闻要有代表性和显著性；

新闻要有趣，新闻要有让公众感兴趣的点；

新闻要新鲜，新闻应提供与众不同的信息；

新闻要稀缺，新闻应是难得一见、鲜为人知的事实；

新闻要贴近社会公众，越贴近公众，新闻性越强；

新闻要有针对性，紧扣某一事件；

新闻要有时效性，要在第一时间对事件做出反应。

满足受众的窥视欲和好奇心，是新闻事件运作的根本目的；新闻事件只有通过新闻传播才可以变为真正意义上的新闻，因此，新闻传播是新闻的本质。

3. 制造新闻事件

所谓"制造新闻"，又称新闻策划，是对新闻活动的一种创意性的谋划。通过营销人员大脑的创造，将一件本来可能不具备新闻价值的事件赋予其新闻性。或经过精心策划，有意识地安排某些具有新闻价值的事件在某个选定的时间内发生，由此制造出适于传播媒体报道的新闻事件。

新闻策划是指企业进行事件营销、树立企业品牌形象的新闻策划，它与真正意义上的媒体的新闻策划不是一个概念。所谓企业新闻策划，就是企业的营销策划人员，或者新闻工作者，从企业实际及营销需求出发，按照新闻规律，"制造"新闻事件和新闻热点，吸引新闻媒体注意和报道，以此来树立企业和品牌形象，营造企业良好的外部发展环境，创造产品市场，培养、培育消费需求，从而达到与其他企业的产品竞争、销售产品的目的。这是一种在商品质量、服务水平、经营管理策略等方面创造出有新闻价值的商业经济行为的活动。

企业新闻策划与媒体新闻策划的区别在于，媒体新闻是寻找新闻、发现新闻，而企业新闻策划则是在寻找、挖掘企业经营过程中的新闻的同时，人为制造或利用新闻事件，吸引新闻媒体和受众的眼球。然后由记者或内部策划人员站在客观公正的立场上，用事实说话，用事实报道，造成新闻现象与效应。

企业新闻策划与普通广告策划的区别在于，广告往往是艺术地、直接地、明显地宣传自己，而企业的新闻策划，则是策划人员或媒体的记者站在第三者的立场上用新闻事实说话，或者用公益活动感召消费者，不是自己说自己好，而是让公众、消费者说好；新闻与广告比较，最大的好处是容易拉近与消费者的距离，可信度高，感召力强，容易产生轰动效应；此外，新闻策划的另一个优点是费用较低，甚至可以不花钱，而广告往往要投入巨资。

总之，对事件营销策划要谨慎、要适度，"过犹不及"。有的企业切入点很好，但是过度渲染，会让公众产生审美疲劳。相反，如果企业能做到不偏不倚，客观的表述加上诚恳贴心的提醒，会让整个事件营销获得巨大的成功。

二、饥饿营销

（一）饥饿营销的定义

关于饥饿营销的定义，在营销学中存在许多不同的表述。目前，学术界比较认同的表述是：饥饿营销是指商品提供者有意调低产量，以期达到调控供求关系、制造供不应求假象、维持商品较高售价和利润率的营销策略。同时，饥饿营销也可以达到维护品牌形象、提高产品附加值的目的。其实，对于饥饿营销这一概念，我们并不感到陌生。中国经营网网站商业数据显示，饥饿营销起源于苹果公司产品 iPhone4 的销售，以此为起点，以小米手机为代表的手机行业，以《哈利·波特》为代表的图书行业，甚至以韩剧、美剧为代表的周播剧都开始频繁使用饥饿营销策略。至此，饥饿营销一跃成为企业销售活动中最炙手可热的营销方式。

（二）饥饿营销的实施基础

目前，饥饿营销已经在很多企业的营销活动中独当一面。不少企业通过此途径实现了高额利润，树立了过硬的品牌形象，但也有些企业因此陷入顾客退货、品牌效应恶化的局面。因此，运用饥饿营销策略的企业首先必须明确它的实施基础和应用条件。

1. 产品要具有独特性

"品牌"可以简单理解为产品的特性，在物质条件丰富的当今时代，千篇一律的产品不会再吸引消费者的眼球。具有独特性能和特征的产品才有机会受到更多消费者的青睐。成千上万的人排队苦求一部 iPhone 的很大一部分原因是苹果本身良好的性能。电池机身一体化、更智能美观、携带更方便这些不被其他手机品牌所具有的属性为苹果饥饿营销的成功提供了第一层面的保障。再以《哈利·波特》图书为例，《哈利·波特》系列丛书销量惊人的背后是 J. K. 罗琳笔下满足消费者需求的独一无二的故事。故事情节是小说的基本保障，《哈利·波特》丛书中每一个奇妙的、引人入胜的故事情节都为它的成功营销奠定了基础。因此，企业要运用饥饿营销策略就必须保证产品本身具有独特性，这也正是与消费者求新求异心理相符合的。

2. 产品要能满足消费者心理需求

市场营销学曾指出，消费者心理和营销策略是相辅相成的。企业的营销策略会引起消费者心理的变化和发展；反过来，消费者心理的变化也会直接影响企业的营销活动。马斯洛需求层次论对人的需求做出了生理需求、安全需求、社交需求、尊重需求、自我实现需求五种分类。当代市场营销活动中很多营销都是针对上述五种分类展开的。饥饿营销作为一种新型营销策略要取得成效，必须在满足消费者心理需求的基础上展开实施。众所周知，追求新鲜事物、互相攀比、崇尚名牌是社会人的本能。从成功实施饥饿营销策略并获利的企业来看，它们的产品基本上都能满足消费者追求新鲜事物的求新心理，探求未知事物的好奇心理，争强好胜的攀比心理以及崇尚名牌产品的求名心理。由此可见，对于企业而言，想要成功地运用饥饿营销策略，就必须奠定充分了解消费者心理需求及其变化的理论基础。

3. 产品要具有稀缺性

"物以稀为贵"，这主要说明产品替代品的数量在一定程度上决定了产品价格。替代品数量越少，产品越显得稀缺，价格自然也就越高，这时实施"饥饿营销"策略能够满足消费者的求名及攀比心理。一般来说，消费者都拥有向别人看齐甚至胜过对方的心理，这种心理往往与求名、炫耀心理相结合。正是由于这种心理，稀缺性产品才能在饥饿营销活动中脱颖而出。所以，饥饿营销必须选择市场竞争不充分的产品进行，这样才能在保证产品稀缺性的情况下抓住消费者心理并获取利润，赢得品牌形象。

（三）饥饿营销的优势

1. 提升消费者购买欲望

饥饿营销通过宣传发布产品信息，再在勾起消费者好奇心理的情况下调控产品供求，使消费者产生越是得不到越是想得到的强烈购买欲望，这种欲望的扩张会进一步加强企业的供不应求现象，使企业的销售活动具有更大的影响力。

2. 打响品牌知名度

饥饿营销中经常出现"一物难求""排队抢购"现象，依据消费者的求同心理可知，当消费者看到成千上万人排队抢购时，这种心理会驱使他们参与其中并进行进一步的谈论，这种一传十、十传百的宣传效应对于打响品牌知名度的帮助作用非同小可。

3. 利于企业获得高额利润

饥饿营销所采取的价格策略一般是高价策略，这利用了消费者的求名心理和从众心理。求名心理决定了消费者认为高价格意味着高质量和差异化，从众心理决定了消费者买涨不买跌，这两者共同的推动作用帮助企业保持产品的高价格，最终获得较高利润。

4. 可以维护品牌形象

饥饿营销出现的供不应求假象会给消费者错觉：这种产品供不应求，那必定是商品的性价比高、质量好。传统的消费意识认为品牌形象与高性价比、高质量有着密切联系，而供不应求假象带给消费者的错觉又于无形中推动了产品品牌形象。在企业不断的饥饿营销战略中，产品品牌不断被消费者接受，在接受和认可过程中，产品品牌进一步得到维护。

（四）饥饿营销的局限性

1. 危害企业诚信

诚信问题在当代企业数见不鲜，饥饿营销实则涉及诚信问题。调控供求关系，制造供不应求假象实际上企业利用信息不对称条件而对市场进行的蓄意操纵，这在一定程度上违背了市场对道德标准的要求，极端情况下会使企业卷入道德问题和诚信危机，致使企业再诚信可言。

2. 降低消费者忠诚度

消费者对于品牌和企业的忠诚度在一定程度上决定了饥饿营销能否顺利开展。饥饿营销能进行正是一定条件上利用了消费者对品牌的依恋和信赖，然而排队抢购却仍是一物难求的结果会打击消费者积极性，以至于引起他们对品牌的消极评价。当市场允许消费者有其他选择时，他们便会放弃该产品转而投向其他。

3. 实施具有难度，企业面临风险

饥饿营销的实施基础决定了企业必须对产品品牌和市场有充分的了解和把握，然而并不是每个企业都能对产品品牌、市场竞争和营销有准确的认识和操作。如果企业贸然使用饥饿营销策略，则可能会给企业带来损失。

（五）饥饿营销的策略

1. 饥饿营销要"饿"得适当

简单地说，饥饿营销中的重要方面是吊胃口，也就是"饿"市场和消费者。然而，饥饿营销对消费者和市场的"饿"应该适度，最好"七分饿，三分饱"。"饿"得少，达不到引起消费者消费欲望的效果；"饿"得太过，则会使消费者失去耐心，为竞争者创造机会。

2. 面对市场要灵活应变

市场是生产和消费的媒介，产品的消费发生在市场，企业能否获利也发生在市场。因此，面对瞬息万变的市场，企业的营销决策要灵活，要在密切关注市场环境和竞争对手表现的情况下，制订恰当的、切实可行的营销方案。

3. 提高产品性能，确保产品不可替代

饥饿营销策略中产品是核心。独特的产品设计、创新的产品技术是营销成功的关键。不断的产品创新才会产生区别于竞争者的差异，才会赢得消费者的关注，因此，企业在运用饥饿营销策略时还要注意使产品保持优质性能。

综上所述，饥饿营销是一种特殊的营销方式，它对企业提出了要求，它也是一把双刃剑。要成功地实施饥饿营销，就要准确理解和把握它的内涵、实施基础、局限性以及注意事项。只有在产品具有独创性，能够满足消费者心理时运用才有可能取得成功。同时，企业要注意对度的把握，保持危机意识，创新产品性能。兼具以上各方面，才能科学合理地运用饥饿营销策略为企业谋得新发展。

第四节　借力营销与软文营销

一、借力营销

（一）借力营销的定义

借力营销，就是指在内部资源或条件不足的情况下，利用各种手段，借助外部力量和资源为己所用的一种网络营销手段。相对于广告等传播手段，借力营销能够起到以小博大、花小钱办大事的作用，往往能取得四两拨千斤的传播效果。

现在很多公司都采用借力营销方法。比如产品外包给专业的营销团队公司、产品包装品牌输出公司、企业咨询顾问公司都是企业需要借的力。当企业的产品销售出现瓶颈，自己的营销团队达不到预期效果时，很多公司有专业营销团队帮企业实现营销目标。

（二）借力营销的手段

1. 人脉借力营销

人脉借力，是通过朋友、亲戚介绍的方法，将产品一传十、十传百地传播开去，这对于大学生来讲有点难度，但是对于久在职场或者商场的人来讲，都会做，这个不多讲。

2. 热点借力营销

互联网的盛行，让消息传播速度更快。当然也有热事件借力营销，比如"雾霾"让空气清新剂和口罩迅速成为热门。在未来，如果你能第一时间预知热门，巧妙布局，就会让你花极少的钱，做最大的事情。

3. 权威借力营销

借名人做宣传，请专家做宣传，拿资质，谈合作，都是将自己依附在权威的大树下，权威之下的营销是非常有说服力的。

4. 人流借力营销

"这么多人都买了，你买不买我不缺你这一单，最终吃亏你会比我大。"这就是威胁式的人流借力营销。商场要想火就需要人流，而有人流的地方就会产生成交，这是铁的概率。

新创业者一定要知道这样一个道理——哪边人多，你的店就要往哪边扎。

5. 技术借力营销

"微信""淘宝""网站"都仅仅是一门技术，而技术会通过各种便利的手段，吸引大量的人，此时依附于技术，用好技术，会让你的销量突飞猛进。如果将你比成伐木工，将市场比成大树，你要砍伐大树，则砍树的技巧就是营销，而技术就是工具，用的工具越好，技巧越高，砍的树就越多，做的家具就越好。

6. 大势借力营销

清楚自己的客户呈现什么趋势，顺应趋势比逆势而为要轻松得多。学习要逆水行舟，克服困难，而开拓市场就要知道顺势而为，小力大驱动，让你这艘小船在顺势浪潮中迅猛前进。很多人喜欢看新闻，新闻中透露出很多大势，短时间的"雾霾"是事件，长期的"雾霾"就是大势。"地震"引发了公益，"雾霾"引发了空气，"微信"引发了商业地震，在大势下面，我们所做的是借助它帮助企业成长，而不是将自己圈在固定思维之中。

二、软文营销

（一）软文营销的概念

软文是相对于硬广告而言，由企业的市场策划人员或专业网络营销公司的文案人员负责撰写的"文字广告"，是通过在报纸、杂志或网络等宣传载体上刊登的一种宣传性、阐释性文章，包括特定的新闻报道、案例分析等。与硬广告相比，软文的精妙之处就在于一个"软"字，好似绵里藏针，收而不露，通过文中带有"嵌入式广告"的文字，让读者受到感染，从而树立产品品牌，提高产品知名度。

软文营销是企业利用互联网技术，整合国内众多家网站优势资源，把企业的相关信息以软文的方式，及时、全面、有效、经济地向社会公众广泛传播的一种网络营销方式。软文营销采用的营销方式主要有企业、产品的新闻发布，论坛营销，QQ 或 MSN 等聊天工具营销，IM 及邮件营销，博客营销，SNS（Social Networking Services，社会性网络服务）营销等。

（二）软文营销的特点

1. 软文具有隐蔽性

软文不同于网络广告，没有明显的广告目的，而是将要宣传的信息嵌入文字，从侧面进行描述，属于渗透性传播。其本质是商业广告，但以新闻资讯、评论、管理思想、企业文化等文字形式出现，让受众在潜移默化中受到感染。

2. 内容丰富，形式多样，受众面广

文字资料的丰富性，使软文传递的信息极其完整，并且不拘泥于文体，表现形式多样，从论坛发帖到博客文章、网络新闻，从娱乐专栏到人物专访，从电影到游戏……几乎遍布网络的每个角落，因此，大部分的网络用户都是其潜在消费者。

3. 吸引力强，可接受度高

软文的宗旨是制造信任，它弱化或者规避了广告行为本来的强制性和灌输性，一般由专业的软文写作人员在分析目标消费群的消费心理、生活情趣的基础上，投其所好，用极具吸引力的标题来吸引网络用户，然后用具有亲和力或者诙谐、幽默的文字以讲故事等方式打动消费者，而且文章内容以用户感受为中心，处处为消费者着想，使消费者易于接受，尤其是新闻类软文，从第三者的角度报道，消费者从关注新闻的角度去阅读，对之信任度高。

4. 低成本，高效益

传统的硬广告受到版面限制，传播信息有限，投入风险大，成本较高。相比之下，软文营销具有高性价比的优势，信息量大，而且不受时间限制，可以在网站上永久存在。国外一份权威调查显示：企业在获得同等收益的情况下，对软营销的投入是传统营销工具投入的 1/10，而信息到达速度却是传统营销工具的 5～8 倍。此外，软文有非常好的搜索引擎效果，通过软文营销公司的网络整合营销服务，可以进行二次传播。

5. 以消费者为中心

作为网络营销的一种新方法，软文的写作和发布理论上离开了在传统营销理论中占主

导地位的 4P's（Product、Price、Place、Promotion、Strategy，产品、价格、渠道、宣传、策略）理论，以 4C's（Customer、Cost、Convenience、Communication、Strategy，客户、成本、便利、沟通、策略）理论为基础和前提，其主张的观点是：先不急于制定产品策略，企业软文营销部门或专业的软文营销组织先将重点放在研究消费者的需求和欲望上，以消费者为中心，按照消费者的需求去制定软文。暂时不考虑定价策略，而是研究消费者为满足其需求愿意支付的成本，然后进行双向沟通，直到达成双方都满意的价格。不考虑渠道策略，着重考虑给消费者提供方便以最省事省时的方式获取信息。抛开促销策略，用"拉"的营销方式让消费者主动参与，并着重加强与消费者的沟通和交流。

（三）软文营销的技巧

1. 软文的形式

软文之所以备受推崇，第一个原因就是硬广告的效果下降、电视媒体的费用上涨，第二个原因就是媒体最初对软文的收费比硬广告要低好多，在资金不是很雄厚的情况下，软文的投入产出比较科学合理。所以企业从各个角度出发愿意以软文试水，以便使市场快速启动。

软文虽然千变万化，但是万变不离其宗，主要有以下几种方式：

（1）悬念式

核心是提出一个问题，然后围绕这个问题自问自答。例如"人类可以长生不老?""什么使她重获新生?""牛皮癣，真的可以治愈吗?"等，通过设问引起话题和关注是这种方式的优势。但是必须掌握火候，首先提出的问题要有吸引力，答案要符合常识，不能作茧自缚，漏洞百出。

（2）故事式

通过讲一个完整的故事带出产品，使产品的"光环效应"和"神秘性"给消费者心理造成强暗示，使销售成为必然。例如"1.2亿买不走的秘方""神奇的植物胰岛素""印第安人的秘密"等。讲故事不是目的，故事背后的产品线索是文章的关键。听故事是人类最古老的知识接受方式，所以故事的知识性、趣味性、合理性是软文成功的关键。

（3）情感式

情感一直是广告的一个重要媒介，软文的情感表达由于信息传达量大、针对性强，当然更可以令人心灵相通。"老公，烟戒不了，洗洗肺吧""女人，你的名字是天使""写给那些战'痘'的青春"等，情感最大的特色就是容易打动人，容易走进消费者的内心，所以"情感营销"一直是营销百试不爽的灵丹妙药。

（4）恐吓式

恐吓式软文属于反情感式诉求，情感诉说美好，恐吓直击软肋——"高血脂，瘫痪的前兆!""天啊，骨质增生害死人!""洗血洗出一桶油"……实际上，恐吓形成的效果要比赞美和爱更具备记忆力，但是也往往会遭人诟病，所以一定要把握度，不要过火。

（5）促销式

促销式软文常常跟进在上述几种软文见效时——"北京人抢购×××""×××，在香港卖疯了""一天断货三次，西单某厂家告急""中麒推广免费制作网站了"……这样的软文或者是直接配合促销使用，或者就是使用"买托"造成产品的供不应求，通过"攀比心理""影响力效应"多种因素来促使消费者产生购买欲。

（6）新闻式

所谓事件新闻体，就是为宣传寻找一个由头，以新闻事件的手法去写，让读者认为仿佛是昨天刚刚发生的事件。这样的文体有对企业本身技术力量的体现，但是，文案要结合企业的自身条件，多与策划沟通，不要天马行空地写，否则，多数会造成负面影响。

2. 软文营销的技巧

（1）具有吸引力的标题是软文营销成功的基础

软文文章内容再丰富，如果没有一个具有足够吸引力的标题也是徒劳，文章的标题犹如企业的 Logo，代表着文章的核心内容，其好坏甚至直接影响软文营销的成败。所以创作软文的第一步，就要赋予文章一个富有诱惑、震撼、神秘感的标题，如《还没开始用手工皂？你太 OUT 了》，通过反问和热门词"OUT"的组合，给爱美的女士一个充满神秘新鲜的标题，获得了大量的转载。这里提醒一下大家，标题虽然要有诱惑力，但是切忌变成标题党，导致给人货不对板、挂羊头卖狗肉的感觉。

（2）抓住时事热点，利用热门事件和流行词为话题

自从"郭美美"事件一炮打响后，各大网站、报纸就开始刊登有关的新闻报道，搜索引擎的搜索量也会增加，所以谁先抓住时事热点，谁就成功了。时事热点，顾名思义就是那些具有时效性、最新鲜、最热门的新闻。

（3）文章排版清晰，巧妙分布小标题，突出重点

高质量的软文排版应该是严谨而有条不紊的，试想一下，一篇连排版都比较凌乱的文章，不但令读者阅读困难，而且会给人一种作者思维混乱的感觉。所以，为了达到软文营销的目的，文章的排版不可马虎，需要做到最基本的上下连贯，最好在每一段话题上标注小标题，拎出文章的重点，让人看起来一目了然。在语言措辞方面，如果是需要说服他人的，最好加入"据专家称""某某教授认为"等，以提高文章的分量。

（4）广告内容自然融入，切勿令用户反感

要把广告内容自然地融入文章是最难操作的一部分。因为一篇高境界的软文是要让读者读起来一点都没有广告的味道，就是要够"软"，读完之后读者还能够受益匪浅，认为你的文章为他提供了不少帮助。要在写软文之前就要想好广告的内容、广告的目的，而且如果软文的写作能力不是很强的话，最好把广告放在开头第二段，让读者被第一段吸引之后能够掉进软文的陷阱。如果没有高超的写作技巧，软文的广告切勿放在最后，因为文章内容如果不够吸引人，读者可能没有读到最后就已经关闭了网页。

第六章 网络营销工具

第一节 即时通信工具

即时通信工具（Instant Message，简称 IM）是指互联网上用以进行实时通信的系统服务，允许多人使用即时通信软件实时传递文字信息、文档、语音及视频等信息流。

综合类即时通信软件的用户群体以及用途并没有明显特征，该类型最典型的软件是腾讯 QQ 和微软 MSN Messenger。从软件的历史分析，综合类即时通信软件出现时间较早，在功能以及用户规模上均有较好的积累，而这种积累也为其潜在价值的挖掘创造了便利条件。

跨网络即时通信软件指其信息传输网络除了互联网之外，还将传统电信网络纳入其中。受国家电信政策的影响，目前真正实现跨网络的即时通信软件并不多，其中最典型的是 Skype。

垂直即时通信的用户针对性较强，其往往由其他互联网服务带动兴起，如门户型即时通信工具网易泡泡、新浪 UC。而随着电子商务的兴起，一批新即时通信工具也应运而生。其中，阿里旺旺尤为突出。

一、QQ

（一）营销 QQ 概述

营销 QQ 是在 QQ 即时通信的平台基础上，专为企业用户量身定制的在线客服与营销平台。它基于 QQ 海量用户平台，致力于搭建客户与企业之间的沟通桥梁，充分满足企业客服稳定、安全、快捷的工作需求，为企业实现客户服务和客户关系管理提供解决方案。

（二）营销 QQ 的使用技巧

1. 基础对话功能

（1）多人在同一窗口聊天。（2）支持保存数百条快捷回复：常用回复内容，双击即可发送；同时可通过"设置共用快捷回复"统一管理；快捷回复支持两级文件夹结构，方便管理；共用回复内容保存在云端，所有工号同步更新。（3）访客分流。（4）未接入客户管理。（5）工号间或企业间可建立联系：营销 QQ 用户可添加其他营销 QQ 为好友，实现企业间的资源共享；企业间可通过营销 QQ 进行会话；同一企业工号间可进行内部会话。（6）营销 QQ 邮箱：营销 QQ 邮箱是系统为每个开通营销 QQ 服务的企业，统一分配的一个与其账号一一对应的邮箱账号；支持离线文件发送，上传完毕之后可以分享和保存至网盘等。（7）远程协助，音视频沟通：由客户发起远程协助请求，客服端即可进行操作；支持营销 QQ 与客户之间进行音频或视频通话，提供多媒体沟通方式。

2. 网站功能整合与增强

（1）嵌入在线咨询代码

按需生成营销 QQ 在线咨询图标，若选择使用 QQ 聊天风格的在线状态，如果客户电脑上安装了 QQ，则点击在线咨询图标时会要求客户登录 QQ 与企业交流；如果客户电脑上未安装 QQ，则会打开匿名聊天窗口与企业匿名交流。客户登录 QQ 之后可保证其 QQ 号码、消息记录等相关通信息完整保存在营销 QQ 中，便于企业维护客户关系，对客户分类主动营销。

（2）查看网站用户及详细信息

实时查看当前网站访客列表；选定单个访客，可查看访客来源及浏览页面信息；针对网站访客设置手动或自动发起邀请。

（3）网站访问统计辅助

为企业提供腾讯站点统计工具；整合展示会话量数据等信息。

3. 客户接待与信息维护

（1）一号对外，多人在线。（2）对于跟进型客户可设置独占：二次来访客户仅能被"第一次接待来访的客服"看到和回复以确保跟单过程万无一失。（3）支持将会话无缝转接：可将来访客户转接给对应的客服工号；接到他人转接的客户，可查看之前消息记录。（4）实时查看访客来访轨迹：会话中实时查看客户来访信息，包括所在地、点击来源、正在浏览页面、过往接待与服务记录等。（5）便捷迁移现有客户：快捷安全批量导入 QQ 客户；有的放矢地按条件筛选 QQ 客户。

4. 服务监控与客服管理

（1）消息记录漫游与查看

消息记录可漫游及保存至云端，重装系统或者更换电脑也不会丢失；同时可以根据接入工号和消息类型等进行筛选。

（2）会话中支持抢接

客服主管在查看客服接待情况时，可以将服务质量不到位的会话抢接，为客户提供更完善的服务。

（3）工作日报查看

可以查看工号的工作情况图表，根据工号和日期来进行不同数据筛选，时时对客服人员的服务水平进行评估。

（4）访客满意度报表

可按需设置满意度调查内容；会话结束后会向用户发出调查；登录账户中心查看或导出统计报表。

5. 主动营销与业务推广

（1）在线访客主动邀请

可展示当前在线访客数与可邀请数，并与在线代码紧密结合，向用户弹出邀请。

（2）一键群发消息

群发功能可实现向海量用户一键发送消息，可以定期向海量客户发送通知、促销信息或节日问候；还支持向特定的客户分组发送消息，通过群发功能，可以快速精准地向客户传递信息，及时收集用户反馈。

二、Skype

（一）Skype 概述

Skype 是一款即时通信软件，具备 IM 所有的功能，比如视频聊天、多人语音会议、多人聊天、传送文件、文字聊天等。它可以高清晰与其他用户语音对话，也可以拨打国内国际电话，无论固定电话、手机均可直接拨打，并且可以实现呼叫转移、短信发送等功能。

（二）Skype 的使用技巧

中国 MSN 用户目前已经可以顺利转移到 Skype 上，并且可以正常通信。通过微软官方下载的 Skype 支持简体中文，用户还可以通过信用卡充值，直接在 Skype 上拨打好友电话或者发送短信给好友。

（1）先下载 Skype 最新的应用程序，下载后双击应用程序，进行安装。（2）安装之后，就出现了登录界面，选择使用 Microsoft 账号登录即可。（3）使用 MSN 账号登录的界面，输入账号和密码，点击登录。（4）点击继续，或者设置头像。（5）如果想和好友通话，Skype 会出现充值界面。（6）充值界面有详细信息。（7）拨打电话界面。（8）即时聊天界面，与 MSN 操作一样。（9）如果想要通过 Skype 查找客户，打开 Skype，选择搜索 Skype 用户。（10）比如要找德国 LED 产品客户，就输入 LED GmbH（GmbH 是有限责任公司的德语缩写），就能搜索到信息。（11）这样可以直接找出几个对口公司。对于有网站的 Skype 对口客户，可以直接发邮件，有名字的客户，对方的阅读机会就大很多。也可以直接给对方电话进行开发。还可以输入产品名，然后通过看客户账户，搜索客户账户确认是否对口。

三、阿里旺旺

（一）阿里旺旺概述

阿里旺旺是淘宝旺旺与阿里巴巴贸易通整合在一起的新品牌，是淘宝网和阿里巴巴为买卖双方量身定做的免费网上商务沟通软件，它能帮助企业轻松寻找客户，发布、管理商业信息，及时把握商机，随时洽谈生意。

（二）阿里旺旺的使用技巧

1. 使用好签名

阿里旺旺有签名功能，在与客户沟通的时候，这个签名会出现在客户聊天界面的最顶端位置，客户第一时间就可以看到。签名字数最好控制在 15 个字内，言简意赅，让客户看一眼就明白。

2. 建立"组"

学会在阿里旺旺上建立"组"，能够很好地对好友（包括客户）进行有效的分类管理。比如，建立"意向客户""成交客户""商界好友""阿里网友 1""阿里网友 2""阿里网友 3""阿里网友 4""阿里网友 5"。其中，"阿里网友"都是普通的网友，数量最多。每个"组"最好只保留 200 人，这是为了保证顺利群发消息。建立"组"的具体操作步骤是：在旺旺的空白处，点击右键，然后选择点击"添加组"，然后对"组"进行命名。

3. 群发文章

写好了文章，可以把文章群发给阿里旺旺上的网友，让他们一起分享。首先要用光标按住组名，然后点击右键，选择点击"向组员群发消息"。旺旺的系统规定，如果要顺利群发消息，每个"组"只允许有 200 个人，如果超出 200 个人，要把其他人移到其他的"组"里去。在群发的时候，通常是粘贴上文章的标题和链接地，还可以贴上一小段广告语。这里要特别注意一点的是：很多网友不喜欢收到群发文章，所以要在群发消息里写上一句"如有打扰，请告知"。对方如有回应，明确表示不希望再收到群发消息，那么你有两个处理方式：一是建立一个"组"，这个"组"专门用来放置不希望再收到群发消息的网友；二是直接删除对方。

4. 建立"群"

要学会使用群来做营销。QQ群营销跟旺旺群营销是一样的。你要多建立几个群，让你的潜在客户加入群里来，然后集中向他们推销产品。建群很简单，在旺旺上找到"我的群"，根据提示，双击，然后命名群名称，并且要对群进行精准的分类。

（1）认真选择群

想要运用群来实施营销活动，首先要认识到潜在客户是什么群体，哪些人最有可能购买产品。

（2）建立自己的群

首先，要不断沉淀积累自己的客户，建立自己的群，只有这样才会形成稳定的圈子，要想自己的群营销能够有效，就必须在群里聚集一定的人气；其次是群里人的活跃度，活跃度越高的群，大家都积极参与，受众接受的概率越高。

（3）群内做广告

①不要做太直白的广告，让群友觉得你唯利是图。②要为群友提供有价值的信息，而不是一味地推销产品。③要对所经营的行业了如指掌，以专家的身份给予意见。

第二节　电子邮件营销工具

一、邮件群发软件

（一）邮件群发软件概述

邮件群发软件是适用于各种需要发送邮件到大量地址的应用，如电子报刊发行、邮件列表订阅发送、多客户企业联系、论坛版主、网站管理员等。

（二）邮件群发软件功能

1. 主菜单栏

包含双翼软件所有功能菜单。

2. 主工具栏

包含常用的功能按钮。

3. 任务目录

共包含四个目录，括号中数字表示目录中的任务数量。

4. 任务列表

显示任务目录中的所有任务。

5. 常用连接

显示常用的连接，这些连接对使用和了解双翼软件有很大帮助。

6. 任务线程列表

显示正在发送任务使用的线程。

7. 任务线程进度

显示线程的过程，显示正在使用哪个邮箱发送，正在发送哪封邮件，是否发送成功。

8. 状态栏

当鼠标移动到界面的某个区域，或者某个菜单上时，显示相应的提示信息；"自动关机"状态，灰色图标表示没有启动自动关机，红色图标表示已经启动自动关机，双击图标可以切换。"登录身份"状态，灰色图片表示没有登录，也就是没有设置密码。彩色图标表示已经登录，后面的文字显示登录身份：管理员、用户。双翼图标可以锁定双翼软件。

（三）双翼邮件群发软件的使用流程

双翼邮件群发软件的操作步骤如下：

1. 建立发送邮箱账户

发送邮箱账户是用于发送邮件的邮箱，所有的邮件都是通过账户邮箱发出去的。

操作步骤：在主界面的工具栏选择账户"发送邮箱"，打开发送邮箱账户管理界面，进行添加账户操作或导入账户。

2. 建立邮件地址

双翼软件提供"地址簿"管理，所有接收者邮件地址都放在地址簿中。

操作步骤：在主界面的工具栏选择地址簿"接收邮箱"，打开地址簿管理界面，进行添加邮件地址操作或导入邮件地址。

3. 群发邮件

建立邮件群发任务来完成邮件群发。

操作步骤：在主界面的工具栏选择新群发任务"新任务"，打开群发任务界面，选择发件人、收件人，录入标题、邮件内容。

（四）双翼邮件群发软件的使用技巧

1. 防止被拦截

进入收件人的垃圾邮箱、收件人拒收、发送邮箱禁止发送（发送失败），这些情况都是被拦截。被拦截的因素很多，发送邮件内容是一个主要的因素：大量发相似、相同的内容，例如包含相同的关键词、相同的图片、相同的网址。双翼软件在新建群发任务时，按邮件主题下方的"防被拦截"按钮，打开"高级"选项中的"宏变量"，可以设置多个宏，让邮件内容多变，防止被拦截。

2. 使用地址簿、地址组

地址簿一般作为大的分类，比如一个国家、一个行业，这样可以很好地判断地址是否重复，避免重复给客户发信（给客户多次发送同样的信是不礼貌的）。组一般作为小的分类，如上个月的客户、第一批客户、对某个产品感兴趣的客户，对客户准确分类，方便管理。

3. 编辑网页（HTML）邮件

双翼邮件群发软件可以发送图文并茂的网页（HTML）邮件，在建立群发任务时可以直接编辑，在邮件模板中也可以直接编辑。

4. 发送测试邮件

单击"测试邮件"，出现发送测试邮件窗口，"消息"框中将显示完整的测试过程。如果发送失败，将出现错误码及错误信息，根据这些错误信息可以判断错误的原因。

二、邮件列表

（一）邮件列表概述

邮件列表（Mailing List）的起源可以追溯到 1975 年，它是互联网上最早的社区形式之一，也是互联网上的一种重要工具，用于各种群体之间的信息交流和信息发布。早期的邮件列表是一个小组成员通过电子邮件讨论某一个特定话题，一般称为讨论组。早期联网的计算机数量很少，讨论组的参与者也很少，随着计算机及信息技术的发展，互联网上产生数以十万计的讨论组，讨论组很快就发展演变出另一种形式，即有管理者管制的讨论组，也就是现在通常所说的邮件列表，其最大的特点是简单方便、传播广泛。只要能够使用 E-mail，便可使用邮件列表。

邮件列表不仅广泛应用于企业业务的联络、同学亲友的联系，而且拓展到技术讨论、邮购业务、新闻的发布、电子杂志等，涉及社会的方方面面。

正是由于具有方便快捷的特点，符合了当今社会人们追求个性化的需求，所以邮件列表自问世以来，就受到广大网民的青睐。邮件列表的市场由于蕴涵着巨大商机，更成为各大网站趋之若鹜的对象。目前，国内比较专业的邮件列表服务商有希网、索易、通易、好邮等，而 Sohu、163、腾讯等综合性网站也相继开通了邮件列表的服务。

（二）邮件列表的功能

无论是专业性邮件列表网站，还是综合性的邮件列表网站，主要都提供以下两种服务：一是用户申请邮件列表用户，成为某个邮件列表的管理者，向其他用户提供邮件列表服务；二是普通用户订阅邮件列表，成为信息的接收者。

（三）邮件列表的设置操作流程

下面以网易邮箱为例，详细介绍创建、管理和订阅（邮件列表）方面的使用流程：（1）打开浏览器并登录已有的网易邮箱账户，然后点击菜单栏的"通讯录"按钮。（2）单击左侧菜单栏中最下方的"邮件列表"项。（3）点击右侧的"创建邮件列表"按钮。（4）输入邮件列表的详细情况，包括邮件列表的账号、名称、分类、描述及隐私设置等，点击下方的"创建邮件列表"按钮。（5）这样，邮件列表就创建成功了。此时可以复制最下方的链接地址给好友，邀请好友加入。（6）还可以在邮件列表的主菜单上单击下方的"邀请"按钮，然后复制下面地址给好友，邀请加入；或者通过从通讯录中选择已有好友邀请加入邮件列表，这样等到对方看到邀请信后，就会加入。

（四）邮件列表营销方法及主要问题

电子邮件营销的出色效果早已为网络营销界所认可，而邮件列表是实现 E-mail 营销的主要手段。邮件列表不同于群发邮件，更不同于垃圾邮件，是在用户自愿加入的前提下，通过为用户提供有价值的信息，同时附带一定数量的商业信息，实现网络营销的目的。

在决定采用邮件列表营销时，首先要考虑的问题是：是建立自己的邮件列表呢，还是利用第三方提供的邮件列表服务？应该说这两种方式都可以实现电子邮件营销的目的，但是这两种方式各有优缺点，需要根据实际情况选择。

如果利用第三方提供的邮件列表服务，一般要支付费用，有时代价还不小，而且，不可能了解潜在客户的资料，邮件接收者是否是公司期望的目标用户，也就是说定位的程度有多高，事先很难判断，邮件列表服务商拥有的用户数量越多，或者定位程度越高，通常收费也越贵。另外，也可能受到发送时间、发送频率等因素的制约。

由于用户资料是重要资产和营销资源，因此，许多公司希望拥有自己的用户资料，并将建立自己的邮件列表作为一项重要的网络营销策略。在创建和使用邮件列表时应该重点考虑三个方面的问题。

1. 建立邮件列表的目的和表现形式

每一项营销活动或每一种营销计划都有其特定的目的，邮件列表也不例外。按照邮件的内容，邮件列表可分为新闻邮件、电子刊物、网站更新通知等类型，不同类型的邮件列表表达方式有所区别，所要达到的目的也不一样。当建立自己的邮件列表时，首先应该考虑，为什么要建立邮件列表。

就目前环境来看，大部分网站的邮件列表主要是前两个目的，因为，一般网站的邮件列表规模比较小，靠出售广告空间获利的可能性较小，而提供收费信息服务的条件还不太成熟。不过，这些目的也不是相互孤立的，有时可能是几种目的的组合。

确定了建立邮件列表的目的之后，接下来要规划通过什么表现形式来建立邮件列表。这个问题和用户的需求行为有关。比如，作为促销工具的邮件列表，要了解用户对什么产品信息感兴趣，并在邮件内容中重点突出该产品的特点、优惠措施等；而一个注重与用户交流的邮件列表，则通常会告诉用户，网站有什么新的变化，更新了哪方面的内容，增加了什么频道等。例如，亚马逊网上书店就有这么一项服务，用户只要告诉网站对哪个作者的新书感兴趣，只要该作者有新书到货时，用户就会收到亚马逊网上书店发来的通知。这种服务对增加顾客忠诚度和公司长期利益无疑有良好效果。

2. 如何发行邮件内容

（1）采用群发邮件程序的邮件列表

严格说来，这并不是真正意义上的邮件列表，不过由于这种方式被许多小型网站所采用，因此也可以理解为一种简单的邮件列表形式，通常适合于用户数量比较小的情况，网上经常有此类共享或免费程序可以下载，当然，如果通过正式渠道购买原版软件更好。方法很简单，可以在自己的网页上，设置一个供用户提交电子邮件地址的订阅框，通过表单或 E-mail 的形式将用户输入的电子邮件信息传送给服务器后台管理区或者网站管理员的邮箱中，然后，在需要发送邮件内容（比如新闻邮件或电子杂志）时，利用群发邮件程序将欲发送的内容同时发送给所有订阅用户的邮箱地址。当然，有些程序可能对每次最大发行数量有一定的限制，如果邮件列表订户数超出了最大数量，分若干次发送就可以了。

这种发行方式最大的缺点是需要人工干预，因此，错误在所难免，可能出现漏发、重发、误发、没有按照用户要求及时办理退订手续等情况。因此，在一个网站的邮件列表拥有一定数量用户之后，最好不要利用这种方式。

（2）利用第三方邮件列表发行平台

这是大多数网站邮件列表采取的形式。通常的方法是，在邮件列表发行商的发行平台注册之后，可以得到一段代码，按照发行商的说明，将这些代码嵌入自己网站需要放置的地方，于是，在网页上就出现了一个"订阅"选项（有的同时还有一个"退订"选项），用户可以通过在网页上输入自己的电子邮件地址来完成订阅或者退订手续，整个过程一般由发行系统自动完成。

不同发行商提供的服务方式有所不同，有些发行系统除在网页上完成订阅之外，同时还可以提供利用电子邮件直接订阅或退订的功能，有的则可以提供自动跟踪和抓取等先进技术，有些则允许为用户提供个性化服务。例如，用户不仅可以自己设定邮件的格式（纯文本格式、HTML 格式、RICH MEDIA 格式等），而且还可以设定接收邮件的日期，并决定是否允许通过手机通知邮件到达信息等。

利用第三方邮件列表发行平台的最大优点是减少了烦琐的人工操作，提高了邮件发行效率，但同时也附带了一些明显的影响，尤其在选择的是免费发行平台时。

第一，大部分发行商会在提供的代码中插入类似"由×xx（发行商）提供"等字样，并在网页上设指向该发行商网址的链接，这种情况对于非商业性网站或者个人主页来说，也许没有什么影响，但是，对于商业网站，有时会严重影响企业形象，正如使用免费邮箱和免费网页空间对企业造成的影响一样。因此，商业性网站应慎重，不能因为贪图便宜而损害到自己企业的形象。通常，通过和发行商的联系和协商，在达成一定协议的条件下，这种情况是可以解决的。

第二，也许是最麻烦的一点，当用户输入邮件地址，并点击"订阅"或"提交"按钮后，反馈的是发行商服务器上的确认内容，确认订阅的邮件通常也直接来自发行商的邮件服务器，这样不仅会给用户造成一种错觉，似乎是点击错误而进入了一个不相干的网页，而且，确认页面通常没有可以返回到刚刚浏览网站的链接。解决这个问题的办法是和发行商协商订制一个专用的反馈页面，或者选择一个可以提供自己订制反馈页面的发行平台。

第三，无法预计的插入广告。第三方邮件列表发行商吸引其他网站利用其发行系统的主要目的是向邮件列表中的用户投放广告，这本来是互惠互利的合作，但是在某些情况下，由于无法知道发行商将要在邮件中投放的广告数量和字节大小，可能会造成邮件字节数过大而收到用户投诉，或者，如果邮件内本来已经包含广告，再加上发行商投放的广告而显得广告数量过多，一方面影响整个邮件的美观，同时也会使用户对企业产生负面印象。

第四，管理和编辑订户资料不方便。各发行平台大都不同程度地存在着这样或那样的问题，与采用群发邮件方式相比，通常要麻烦一些。例如，无法查看每天加入和退出用户的详细资料、不能批量导入或导出用户资料、不能获取发送不到的用户地址的详细信息等。

除了上述几种主要不方便或不利之处外，也有发行系统会设立用户人数限制，遭受某些邮件服务器的屏蔽，存在发行系统功能缺陷等，需要在实际运用中认真测试和跟踪，并及时排除因邮件列表发行系统可能带来的影响。

实践证明，采用第三方邮件列表发行系统的确存在各种各样的问题，因此，在选择服务商时需要慎重，同时考虑到将来可能会转换发行商，要了解是否可以无缝移植用户资料，同时还要考察服务商的信用和实力，以确保不会泄露自己邮件列表中的用户资料，并能保证相对稳定的服务。

3. 如何吸引用户加入

（1）将邮件列表订阅页面注册到搜索引擎

如果有一个专用的邮件列表订阅页面，可将该页面的标签进行优化，并将该网页提交给主要的搜索引擎。

（2）其他网站或邮件列表的推荐

正如一本新书需要有人写一个书评一样，一份新的电子杂志如果能够得到相关内容的网站或者电子杂志的推荐，对增加新用户必定有效。

（3）提供真正有价值的内容

一份邮件列表真正能够取得读者的认可，靠的是拥有独特的价值，为用户提供有价值的内容是最根本的要素，是邮件列表取得成功的基础。

第三节　网络营销客户服务工具

一、电子邮件

（一）电子邮件概述

电子邮件（E-mail）是企业提供客户服务的一个非常重要的工具。企业的客户服务人员可以通过电子邮件向客户发送调查问卷、客户反馈意见及广告，甚至通过电子邮件进行市场开发。现在很多市场促销活动的信息是通过网络传递的。不少人已经将电子邮件作为与企业沟通的首选工具，企业使用电子邮件也带来更多的便利性与效益。例如，电子邮件不需要实时回答，一些常用的内容也可以采用剪贴的方法而不用逐字输入。但是随着电子邮件应用的推广，客户受到各类垃圾邮件的困扰，因此在使用电子邮件时，应该掌握一定的使用规律。

（二）电子邮件的功能

1. 建立对话掌握用户意图

也许我们习惯给新用户发送关于自己产品的邮件，但没有意识到这样做是试图把产品卖给根本不了解的人。如果没有足够的、真正有用的定性数据，邮件营销很难达到理想的效果，没有正确的邮件内容信息，很难打动用户。所以在执行常规的邮件营销活动或系列邮件营销之前，可以先发送一封简单的对话电子邮件，旨在帮助我们了解用户。

2. 处理客户所投诉的问题

电子邮件能很方便地保存和记录客户的投诉，逻辑性强、证据性高、主观意识少。当投诉部门收到客户投诉邮件时，可以第一时间向客户表达抱歉之意，也可以向客户清楚说明该投诉处理需要走的流程。

3. 对客户的询问做出答复

客户的询问内容可能涉及企业各业务部门的工作内容，采用电子邮件答复可以给客服人员保留充足的时间收集客户询问的相关信息，确保回复的准确性。

4. 广而告之公司的相关事宜

企业广而告之的事宜多用于品牌宣传、新品上市时，以引发购买、增加品牌认知或增进产品的区别性为目的，电子邮件不仅能全面展示企业信息，而且用户对于信息接收与否有主动权，较之于其他手段更易为用户接受。

（三）电子邮件的管理技巧

1. 安排邮件通路

要实现确保每一位顾客的信件都能得到认真而及时答复的基本目标，首要措施是安排好顾客邮件的传送通路，以使顾客邮件能够按照不同的类别有专人受理。正如很多公司服务热线的接线员所感受到的那样，顾客期望他们的问题得到重视。无论是接线员直接为顾客解决问题，或是公司有关负责人解决问题，顾客都希望接线员热心地帮助他们。在顾客电子邮件管理中，存在同样的情况，即如何有效地进行顾客邮件的收阅、归类与转发等管理工作问题。例如，把公司所有的 E-mail 地址放在同一网页上，嵌入"邮向"（"mail to"）指示器发给相关负责部门。

2. 预先对顾客问题分类并落实回答部门

对于顾客提出的各种各样的问题，可按两个层次分类进行管理。

（1）把顾客电子邮件所提出的问题按部门分类

可分为以下几类：

销售部门：关于价格、供货、产品信息、库存情况等。

顾客服务部门：如产品建议、产品故障、退货、送货及其他服务政策等。

公共关系部门：如记者、分析家、赞助商、社区新闻、投资者关系等。

人力资源部门：如个人简历、面试请求等。

财务部门：如应付账款、应收账款、财务报表等。

（2）为每一类顾客电子邮件分派专人仔细阅读，同时还必须对这类信件的紧急程度进行划分

可分为以下几个等级：①给公司提出宝贵意见的电子邮件，需要对顾客表示感谢。②普通紧急程度的电子邮件，需要按顺序排队，并且应在 24 小时内给予答复。③特殊问题的电子邮件，需要专门的部门予以解决。④重要问题的电子邮件。⑤紧急情况的电子邮件。

根据以上划分优先级的方式，大部分信件可归入普通紧急程度的优先级中。对于此类问题，在公司的数据库中应准备好现成的答案，这样就可以迅速解决绝大部分问题，并且，应该在回信中告诉顾客，当下一次遇到同样问题时，顾客自己如何在网站上寻找解决问题的答案。特殊问题意味着在公司现有的数据库中还没有现成的答案，这就需要由有关部门或个人，如产品经理、送货员等给予答复。对于答复问题，需相应部门的高层决策者的力量。此时往往需要不断通过电话或其他方式提醒他们，直到他们真正意识到该信件的重要性，并认真阅读和考虑解决答案。紧急情况是很少出现的。如果出现紧急情况，问题严重时，就需要跨部门的商议和决策。因此，应该把紧急情况信件发送到相关的各个部门，公司领导应立即召开部门负责人会议，共同解决。虽然这种紧急情况很少出现，但却需要投入更多的精力对过程进行预先设计，否则，一旦发生将可能使整个公司陷入混乱。

3. 主动服务客户来信

（1）E-mail 大宗信息群发功能

当企业要在短时间内将与企业或产品相关的信息通过 E-mail 邮件发送给客户或合作伙伴时，需要发送大宗 E-mail 邮件。

（2）运用电子邮件新闻，主动为客户服务

尽管随着移动互联网时代的到来，我们的阅读习惯日渐手机化；但并不是所有的内容都适应在手机屏上进行阅读，比如，当你需要阅读 3000 字的长文时。这也正是许多知名媒体，如 Vogue 至今还保留新闻信这一形式的原因。

4. 采用自动应答器，实现客户 E-mail 的自动答复

为了提高回复顾客电子邮件的速度，可以采用计算机自动应答器，实现对顾客电子邮件的自动答复。自动应答器给电子邮件发出者回复一封预先设置好的信件，这样做的目的是让发出电子邮件者放心，并说明邮件已经收悉。这种自动答复可以采用某种特定格式，如"本公司经理对您的建议很感兴趣，并十分感谢您为此花费了宝贵的时间"。采取这一方法是因为经理实际上无法抽出时间来一一阅读这些信件，而电子自动应答系统则可以更好地实现这一功能。自动应答信件或长或短，可以写得非常得体且幽默。当然过度使用自动答复也可能导致答不对题的情况，当需要对某一方面的问题进行详细解答时，自动应答将无能为力。

（四）电子邮件的使用技巧

1. 及时回复 E-mail

收到他人重要邮件后，即刻回复。紧急重要邮件理想回复时间控制在 2 小时内，要注意，不是每封邮件都应立即处理，那样占用时间太多。复杂邮件不能及时确切回复时，不要让对方苦苦等待，及时回应，哪怕只是确认一下收到并告知对方正在处理中等。

2. 针对性回复

当回复问题列表邮件时，应把问题单抄上，并逐一附上答案，进行必要阐述，让对方一次理解；避免反复交流，浪费资源。

3. 回复认真对待

对方发来一大段邮件时，回复字数不能过少，"是的""对的""好的""收到"等字眼，非常不礼貌。

4. 同一问题的交流回复最好不超过 3 次

如果收发双方就同一个问题多次回复讨论，只能说明交流不畅，一方或双方没说清楚。此时应在电话沟通后进行判断。

5. 及时总结

较复杂问题，多个收件人频繁回复发表看法后，应立即对讨论结果进行小结，突出有用信息。

6. 区分 Reply 和 Reply All

如果只需一人知道，Reply；如果发信人提出的要求需要有结论，Reply All。如果你对发件人提出的问题不清楚或有不同意见，不要当着所有人的面不停地回复，应与发件人单独沟通，有结果后再告诉大家。不要向上司频繁发送没有确定结果的邮件。

7. 主动控制邮件往来

避免将细节性讨论意见发给上司，特别是上司不了解的业务细节。

8. 建立有效的签名

E-mail 信件可以通过签名文件来实现邮件的自动签名，与传统信件不同的是，电子邮件的签名可以包括若干行内容，而且可以通过设置对不同邮件给予不同的签名。

二、FAQ

(一) FAQ 概述

FAQ（Frequently Asked Questions）即常见问题解答，是一种在线帮助形式，主要为顾客提供有关产品、公司的情况，它既能够激发那些随意浏览者的兴趣，也能帮助有目的的顾客迅速找到他们所需要的信息，获得常见问题的现成答案。以前，每个消费者的意见都会通过电话、传真或邮件等方式反馈给企业，企业需要一一进行服务，如果时间滞后，就会导致服务不及时；另外，公司也想把众多的信息提供给顾客，在实施网络营销后，为了解决双方的需要，经过讨论和研究，把这些问题的答案及信息汇总整理，列在一起，形成页面或者栏目，这就是FAQ。现在，FAQ是网上顾客服务的主要工具和重要内容之一。

(二) FAQ 功能

在网络营销中，FAQ被认为是一种常用的在线顾客服务手段，一个好的FAQ系统，应该至少可以回答用户80%的一般问题。这样不仅方便了用户，也大大减轻了网站工作人员的压力，节省了大量的顾客服务成本，并且增加了顾客的满意度。因此，一个优秀的网站，应该重视FAQ。

(三) FAQ 的设计技巧

FAQ页面设计要做到为用户节约访问时间，保证页面的内容清晰易读，易于浏览。做好FAQ页面设计要从以下几个方面入手：

1. 保证 FAQ 的效用

经常更新问题、回答客户提出的热点问题，问题要短小精悍（重点问题在保证准确的前提下尽量简短）。

2. 使 FAQ 简单、易寻

在主页上应该设有一个突出的按钮指向FAQ，进而在每一页的工具栏中都设有该按钮。FAQ也应能够链接到网站的其他文件上去，这样客户就可以通过FAQ进入产品及其他界面。主页还应提供搜索功能，可通过关键词搜索查询到问题，FAQ搜索功能要适应网站的需求，从客户的角度去设计搜索引擎的关键词。问题较多时，采用分层式目录结构组织问题，将客户最常问的问题放在最前面，对复杂问题可以通过设置超级链接的方式予以解答。

3. 选择合理的 FAQ 格式

FAQ的格式设置一般将问题分成几大类，并且每类问题对应相应的区域，指引客户查询信息。一般网站的FAQ的分类主要有以下几种：（1）关于产品的常见问题。（2）关于产品升级的常见问题。（3）关于订货、送货和退货的常见问题。（4）关于获得单独帮助的常见问题。

4. 信息披露要适度

FAQ为客户提供了有关企业的重要信息，但不必把所有关于产品、服务和公司的情况都刊载上去，问题回答要适度，既要满足用户对信息的需要，又要防止竞争者利用给出的信息。

（四）FAQ 的内容技巧

FAQ 的内容主要来源于客户提问，收集客户提问最多的问题，分析出客户提问的真正目的，并将问题进行汇总整理，形成 FAQ 清单。

如果将 FAQ 的内容按照客户角度来划分，则可以分为以下几个方面：（1）针对潜在客户设计的 FAQ，提供产品和服务特征的 FAQ，激发购买需求。（2）针对新客户设计的 FAQ，提供新产品的使用、维修及注意事项的 FAQ，主要用来帮助解决问题。（3）针对老客户设计的 FAQ，提供更深层次的技术细节和技术改进等信息，主要用来提高用户的忠诚度。

三、 Call Center

（一）Call Center 概述

Call Center（呼叫中心），是为用户服务的服务中心，所以，又叫客户服务中心，它基于计算机电话集成技术（Computer Telephony Intergration，CTI），充分利用通信网和计算机网的多项功能集成，并与企业连为一体的一个完整的综合信息服务系统。随着通信技术的不断发展，呼叫中心的概念已经扩展为可以通过电话、传真、互联网、E-mail、视频等多种媒体渠道进行综合访问，实现综合客户服务功能和市场营销功能的客户服务及营销中心。

（二）Call Center 的功能

企业呼叫中心最根本的目的在于利用现有的各种先进的通信手段，有效地为客户提供高质量、高效率、全方位的服务：对外有效提高客户服务质量，增加收入；对内大幅提高员工生产力，降低成本。

呼叫中心能为整个企业内部的管理、服务、调度、增值起到非常重要的统一协调作用。呼叫中心可以提高服务质量和用户的满意程度，增加业务代表处理的呼叫数目；可以降低客户服务费用，降低销售开销，减少业务代表培训费用，从而增加企业收入。

（三）Call Center 的分类

1. 外包呼叫中心

（1）优势

①系统开通较为迅速，没有系统建设成本

用户可以依托外包呼叫中心较为快速开通呼叫中心业务，省略了烦琐复杂的呼叫中心系统及设备的选型，而且没有一次性成本投入。

②运维由外包公司负责

外包公司一般有相应的运维人员，可以提供良好的运营维护，保障系统的稳定运行。呼叫中心系统涉及通信技术及 IT 技术等多方面的集成技术，对于具备一定规模的呼叫中心，运维难度大，对运维团队要求较高。

③外包呼叫中心提供整体呼叫中心业务方案

外包呼叫中心提供包括系统、场地、人员的整体呼叫中心业务方案，客户只需要把项目需求提交给外包呼叫中心，日常运营的开展完全由外包商负责。

④呼叫中心规模有一定的灵活性

由于采用外包模式，呼叫中心座席数量可以具有一定的灵活性，在增加座席数量上更为便捷。

⑤更为专业的呼叫中心运营管理

外包呼叫中心提供的外包服务，更为突出的是其专业的呼叫中心运营能力和人力资源，在呼叫中心的运营管理方面优势明显。

（2）劣势

①价格比较昂贵

并不是所有的业务都适合利用外包呼叫中心，通常那些非核心业务、阶段性业务、简单重复业务、尝试性业务、缺乏足够人力支持的业务、没有能力或不愿意提供"7×24 小时"服务的业务，可考虑外包给第三方呼叫中心来开展。

②安全无法保障

选择外包，企业客户资料的安全性及保密性是令人担心的问题，无法保障自身的数据不被泄露。

③管理存在隐患

由于业务具体开展人员是外包呼叫中心员工，在具体业务管理上面存在不小的难度，无法达到实时调度，实时管理。

2. 自建呼叫中心

（1）优势

①系统构建选择空间大

呼叫中心厂商及系统集成商数量庞大，企业可根据自己的需求选择。

②符合传统项目建设模式

采购自建是惯用的系统建设模式，尤其是政府及事业单位更适应自建模式。

③系统管理维护自主性高

对于有丰富运营呼叫中心经验的企事业单位及政府相关职能部门来讲，自建模式能更好地发挥其在呼叫中心运营过程中所构建的庞大运维团队的作用。

（2）劣势

①建设成本很高，周期很长

对于系统功能升级，需要原厂商配合集成商二次开发。在建设前期需要对自身需求准确分析，并对产品选型、供货商、集成商进行反复论证考察。建设过程中，需要把大量的人力、物力从主营业务中抽调出来，参与系统建设，经常会发生系统成功上线运行，却发现由于缺乏呼叫中心运营经验，系统功能与实际需求有很大差异。

②维护困难

呼叫中心是非常专业的通信系统，且跨越多个专业技术领域，普通 IT 人员管理和维护起来有很大的困难。大多数企业并不具备这样的专业技术人员，系统出现问题后，只能不断地求助于原厂商和集成商。

③功能无法根据需求变化而实时变化。自建呼叫中心由于系统构建的灵活性差，在座席数量及座席分布上很难做到根据企业需求的变化而变化。

3. 托管呼叫中心

（1）优势

①可有效控制呼叫中心建设成本

托管模式投入成本低，初期投资为零，座席数量可随需增减。

②与企业其他系统融合更为顺畅

托管模式提供更为开放、友好的第三方系统接口，可保证与企业 CRM（客户关系管理）、ERP（企业资源计划）等管理系统无缝融合。

③对企业个性化需求反应更快

托管模式更突出专业化服务，对客户个性化需求可以即时响应。

④系统建设周期大幅缩短，呼叫中心部署更为灵活

托管模式由于无须初期建设投资，企业决策更快；而且系统开通迅速，一般没有特殊的要求，一个工作日即可开通服务，座席没有空间限制，可放置于与任何数据网络和电话网络通达的地方。

⑤系统更为安全稳定

在托管模式下，所有系统的维护工作都由专业技术专家负责。呼叫中心系统放置在专业的电信机房里面，保证"7×24 小时"稳定运行。

⑥系统维护成本大幅缩减

企业只需要担负本地客户数据库等简单日常维护，与传统自建模式维护成本相比，托管模式企业维护成本几乎可忽略。

（2）劣势

①长期使用费用高

使用托管呼叫中心，由于设备及系统维护人员都是向供应商租用，随着呼叫中心运营的持续，运营成本会大大超过自建型呼叫中心的初期建设投资。

②品牌强度较低

托管呼叫中心在经营中的作用相对较弱，由于主控制权归供应商所有，在个性化方面，企业就没有绝对的主控权来操作系统。

③资料安全性存在隐患

企业呼叫中心的运营数据及服务数据全部由供应商服务器存储，如果供应商的安全措施不到位，很有可能被他人窃取，从而给企业造成损失。

（四）Call Center 的服务方式

呼入方式（Inbound）：被动接受客户咨询、处理用户异议。

呼出方式（Outbound）：由客户服务代表对目标客户群进行某种产品、服务的营销或进行市场调查。

（五）Call Center 的解决方案

1. Call Center 系统组成

PBX／ACD：负责处理电话的接续（呼入、呼出、路由分配）。

IVR：自动语音应答设备，进行语音引导、自动查询及语音播报等。

CTI 中间件：核心软件，负责电话交换机和计算机网络之间的通信接口。

Rec：记录座席的通话语音。

2. Call Center 的系统解决方案

（1）按系统平台分类

①PBX 解决方案

内置 CTI-Link，须外挂语音/传真服务器、CTI 服务器、录音服务器。

②一体化解决方案

板卡型，可编程交换机型，一体机型。

③IPCC 解决方案

属于一体化融合通信的一种，平台厂商提供设备，具有 VoIP 语音网关功能，支持基于 H.323 的 IP 语音通信功能，可以搭建基于 IP 技术的分布式呼叫中心。

（2）按组网模式分类

①集中式呼叫中心

在公司总部建设一个呼叫中心系统，将分布于不同地理位置的业务集中到此中心统一处理，不再建立各地的分中心。在这种模式下，系统只需要建设一个，建设的成本相对较小。所有的座席人员和数据都集中在一起，管理起来也比较容易。

②分布式呼叫中心

在企业中心建立一个 IP 呼叫中心平台，而在各分支机构建立分布式呼叫中心，各区中心之间通过 ATM 或 DDN 专线与中心的平台相连，从而实现语音和数据的传递和共享。整个系统所需的各种服务器都设在总中心，各分中心仅需 IP 网关和能上网的电脑即可。

此外，网络营销客户服务工具还包含微信、微博灯社交工具，这里不再一一介绍。

第七章　网络营销策略

第一节　网络营销产品策略

一、互联网产品与产品策略

（一）互联网产品的概念

市场营销学所讲述的产品概念是指商品交换活动中，企业为消费者提供的、能满足消费者需求的、所有有形或无形因素的总和。相应的，互联网产品就是指网络营销活动中，消费者所期望的、能满足自己需求的、所有有形实物和无形服务的总称。

（二）互联网产品的分类

互联网产品分为实体和虚体两大类，主要是根据产品的形态来区分。实体产品是指具有物理形状的物质产品，如服装、食品等。在网络上销售实体产品的过程与传统的购物方式有所不同，在这里已没有传统的面对面的买卖方式，网络上的交互式交流成为买卖双方交流的主要形式。

虚体产品与实体产品的本质区别是虚体产品一般是无形的，即使表现出一定形态也是通过其载体体现出来，而产品本身的性质和性能必须通过其他方式才能表现出来。在网络上销售的虚体产品可以分为两大类：软件和服务。

软件包括计算机系统软件和应用软件以及数字化的资讯与媒体商品，如电子报纸、电子杂志等，是非常适合通过互联网营销的。线上软件销售商常常可以提供一段时间的试用期，允许用户尝试使用并提出意见，好的软件很快能够吸引顾客；但同时，软件销售也存在风险，比如盗版现象屡禁不止，计算机专家一直在寻找解决的办法，如对软件的加密；立法机构也在不断地推出各类保护措施。

可以通过互联网提供的在线服务大致可分为三类。第一类是情报服务，如股市行情分析、金融咨询、电子新闻、电子报刊、资料库检索等；第二类是互动式服务，如网络交友、电脑游戏、远程医疗、法律救助等；第三类是网络预约服务，如火车票预订、入场券预定、饭店旅游服务预约、医院预约挂号等。通过网络这种媒介，顾客能够尽快地得到所需要的服务，免除恼人的排队等候的时间成本。同时，消费者利用浏览软件，能够得到更多更快的信息，提高传递过程中的效率，增强促销的效果。

（三）网络营销产品策略

网络营销产品策略就是通过市场调研，找到现有的或者研发出新的网络适销实物产品和信息产品，并围绕它们实施网络营销策略组合的全过程。

二、互联网产品层次策划

（一）核心产品层

核心产品层，也称核心利益层，是指产品能够提供给消费者的基本效用或益处，是消费者真正想要购买的基本效用或益处。营销学有句著名的话，顾客购买的不是钻头，而是墙上的洞气这个墙上的洞即是顾客在购买钻头时所需要的基本效用或益处。通俗地说，消费者要买的不是某个产品，而是需要通过这个产品来达到某种目的，或者完成某个任务。同理，顾客购买化妆品不是为了瓶子，而是为了美，为了让肤色更漂亮。

（二）有形产品层

有形产品层是核心利益或服务的物质载体，是产品在市场上出现时的具体物质形态，对于实物产品，它主要由产品的品质、材质、特征、式样、商标、包装等因素构成；对于服务产品，则由服务的程序、服务人员、地点、时间、品牌等构成，服务的程序可以以网站、App 等形式呈现。

（三）期望产品层

期望产品层也称个性利益层，不同消费者对同种产品所期望的核心效用或利益一般是相同的，但除核心利益外，不同消费者对产品所期望的其他效用又会表现出很强的个性化。同时，不同细分市场或不同个体消费者所追求的产品利益又是富有个性的。在网络营销中，顾客处于主导地位，消费呈现出个性化的特征，不同的消费者可能对产品的要求不一样，因此产品的设计和开发必须满足顾客这种个性化的消费需求。

（四）延伸产品层

延伸产品层也称附加利益层，这一层产品的内容是为了满足消费者因获得前三个层次的产品利益而派生出的延伸性需求，同时也是为了帮助用户更好地使用核心利益和服务。它通常包括售后服务、保证、优惠、信贷、赠品等内容。在网络营销中，对于物质产品来说，延伸产品层主要提供满意的售后服务、送货、质量保证等；对于无形产品，如音乐、软件等，其延伸利益的重点是质量保证、技术保证以及一些优惠政策等。

（五）潜在产品层

潜在产品层是在延伸产品层之外，由企业提供能满足消费者潜在需求的产品层次，它主要是产品的一种增值服务。它与延伸产品层的主要区别是，即使顾客没有得到产品的潜在利益层，仍然可以很好地满足其现实需求，但得到潜在利益层，消费者的潜在需求会得到满足，消费者对产品的偏好程度与忠诚程度会大大强化。在商品同质化程度越来越高的时代，潜在产品层就越来越重要。

三、互联网产品组合策略

再好的产品也会进入衰退期、淘汰期，企业在尽量延长产品生命周期的同时，也要做好产品组合策略，不致因为单一产品淘汰而陷入运营困境。

（一）产品组合的概念

产品组合（服务性企业也称业务组合），即企业的业务范围与结构，实践中也叫企业产品结构。它是指网络营销企业向网上目标市场所提供的全部产品或业务的组合或搭配。产品组合中的全部产品可以分成若干条产品线，每条产品线中又包括多个产品项目。产品线，指产品组合中所有产品根据某一分类标准划分成的产品大类。产品项目，指每一产品大类中所包括的每一种产品。

（二）产品组合决策

产品组合决策就是企业根据市场需求、竞争形势和企业自身能力对产品组合的宽度、长度、深度和关联性方面做出的决策。

产品组合的深度＝一条产品线项目数。

产品组合的长度＝所有产品项目总数。

产品组合的宽（广）度＝生产线的条数。

产品组合的关联性（黏度）＝各条产品线在最终使用、生产条件、分销渠道或其他方面相互关联的程度。

产品组合的宽度、长度、深度和关联性在营销策略上有着重要的意义。

1. 宽度

可以充分发挥企业的特长，使企业资源、技术得到充分利用，提高经营效益，还可以减少风险。

2. 长度和深度

可以迎合消费者的不同需要和爱好，以招彳来、吸引更多顾客。

3. 关联性

可以节省成本，提高企业在某一地区、行业的声誉。

企业确定产品组合后仍要定期分析产品组合是否健全、平衡，是否需要增加、修改或剔除产品项目，是否需要延伸、缩减或淘汰产品线，以此来保持最佳的产品组合。

（三）产品组合决策工具

1. 销售额及利润比较

判断产品组合决策是否合理最直接的方法是比较每条产品线的每个产品项目的销售额和利润，销售额和利润长期低迷的产品项目或产品线应该考虑是否要淘汰。

2. 波士顿矩阵模型

波士顿矩阵又称市场增长率，相对市场占有率矩阵、四象限分析法等，是美国著名的管理学家、波士顿咨询公司创始人布鲁斯·亨德森于20世纪70年代初首创的一种分析和规划企业产品组合的方法。该矩阵认为市场引力与企业实力是决定产品结构的基本因素，市场引力指标主要包括利润高低、竞争对手强弱、目标市场容量和销售增长率四个方面，其中销售增长率是市场引力最主要的综合指标，它是决定企业产品结构是否合理的首要外因。企业实力主要包括技术、资金、设备和相对市场占有率四个指标。其中相对市场占有率是决定企业产品结构的首要内因，是企业竞争实力的综合体现。销售增长率和相对市场占有率既相互影响，又互为条件。以销售增长率和相对市场占有率两个指标进行考察就构成了波士顿矩阵。

根据"销售增长率"和"相对市场占有率"这两个指标，可以把企业所经营的产品组合分为四种类型，即"明星产品群""山猫产品群""金牛产品群"和"瘦狗产品群"。

明星产品：高市场份额、高增长率，该产品处于产品生命周期中的发展期，为公司重点投资产品。

金牛产品：销售增长率较低，但是拥有较高的市场占有率，处于产品生命周期中的成熟期，应努力保持和延长金牛产品的生命周期。

山猫产品：市场占有率低，但是拥有较高的销售增长率，说明该产品处于产品生命周期中的导入期或发展期。如果市场和销售策略得当，山猫产品很有可能转换为明星产品或金牛产品；反之，也有可能转换为瘦狗产品，所以对山猫产品在扶持的同时应关注到它的风险。

瘦狗产品：该产品不但市场占有率低，而且增长缓慢或停滞，处于产品生命周期中的衰退期，几乎无任何盈利能力。对于这类产品要么进行升级换代，使其成为新产品，重新打入市场；要么减产或停产，直至放弃。

四、品牌策略

（一）品牌的表现形态

品牌的表现形态是品牌视觉识别系统与听觉识别系统的统一体，其中品牌命名、logo等视觉形象、声音标识占有极重要的地位。企业通过品牌形象体系设计，对内可以获得员工的认同感、归属感，加强企业凝聚力，对外可以树立企业的整体形象，有目的地将企业的信息传达给受众，通过视觉和听觉符码，全方位地强化信息传达，从而获得受众认同。

1. 品牌命名

品牌命名是创立品牌的第一步。对于一个企业，品牌名称一经登记注册，就拥有了对该名称的独家使用权。一个好的品牌名字是一个企业、一款产品拥有的一笔永久性的财富。一个好的品牌名字应具备至少两个特征：易于记忆、易于传播。易于理解并易于发音和拼写的品牌名字才有利于记忆和传播。如果品牌名字可以体现产品属性、产品价值、企业文化等信息，那么将更有利于消费者的理解。例如谭木匠，虽然只有几十年的历史，但该品牌名字及古朴的形象给人以"百年老店"的感觉；济民可信药业的"黄氏响声丸"则给人一种强有力的联想黄氏给人一种中华中药世家古老字号的联想，借着中药的名号增加了自己产品的文化附加值，而"响声丸"三个字则强有力地说明了功效，并且给人以亮嗓开声的联想。品牌名字确定后可进行消费者测试，以确信品牌选择是否合适。

2. 品牌 logo

logo 不仅是一个精心设计的图案，而且是一个具有商业价值并兼具艺术欣赏价值的符号，能更好地将企业文化、企业精神、经营理念、战略目标等通过特殊的图形形式固定下来，从而令消费者看到 logo 而对企业产生认同。logo 必须有独特的个性，容易使公众认识及记忆，给人留下良好深刻的印象。只有特点鲜明、容易辨认和记忆、含义深刻、造型优美的标志，才能在同行业中突显出来，使受众对企业留下深刻印象。

3. 其他视觉形象设计

除了品牌名字、品牌 logo，品牌还包括其他的形象设计。品牌的形象设计是指品牌的外观、品牌的包装、品牌的广告、品牌代言人等，如绝对伏特加独特的瓶子包装、哈根达斯浪漫系的海报设计、刘翔为耐克代言、脑白金的跳舞小人、黑色基调包装的椰树牌椰汁……形象是品牌的根基，企业必须十分重视塑造品牌形象。

4. 声音标识

品牌传播中，声音标识的运用已经十分普遍，其重要性日益显现。由于品牌竞争的激烈，目前可视标识已经减弱了品牌传播的效果。声音标识能跨越语言文字障碍而进行沟通，能弥补可视标识在品牌传播中的不足。例如英特尔推出首个广告语"Intel Inside"，而它同时让人们深刻记住的还有"登……等登等登"这段音乐。

5. 其他网络品牌形式

一个品牌之所以被认知，首先应该有其存在的表现形式，也就是可以表明这个品牌确实存在的信息，除品牌名字、logo 等形式外，网络品牌还具有可认知的、在网上存在的表现形式，如域名、官方网站、官方微博、企业电子邮箱、企业二维码、微信公众号等。

（二）品牌内涵

品牌不只是一个简单的标志符号，它具有更复杂的内涵。菲利普·科特勒指出一个品牌具有六层含义，即属性、利益、价值、文化、个性和使用者。随着品牌竞争的加剧，顾客对品牌的需求不再局限于属性、利益层次，还追求品牌所特有的价值、文化和个性，追求品牌的情感内涵。同样，企业对品牌的发展也应定位在更高层次上。

1. 品牌属性

品牌属性指品牌产品在性能、质量、技术、定价等方面的独特之处。例如，"奔驰"代表着昂贵、工艺精湛、马力强大、高贵、转卖价值高、速度快等。多年来"奔驰"的广告一直强调它是"世界上工艺最佳的汽车"。所以，一旦人们想拥有这样的汽车，肯定会想到奔驰这个品牌，因此会理性地去关注这个品牌，选择这个品牌，这种选择是一种客观的判断，而不是主观的情感决定的。

2. 品牌利益

顾客追求的不仅是所购买产品的属性，还有产品带来的利益。企业要将属性需要转换成功能与情感利益，如戴比尔斯钻石饰品，由于钻石选料精良，打磨加工精致，戴尔比斯挖掘出了钻石恒久不变的情感价值，所以其成为诠释钻石饰物象征永恒情感的代言品牌。

3. 品牌价值

品牌价值，是品牌向消费者承诺的功能性、情感性及自我表现性利益，体现了制造商的某种价值感。品牌价值是一种超越企业实体和产品以外的价值，是与品牌的知名度、认同度、美誉度、忠诚度等消费者对品牌的印象紧密相关的、能给企业和消费者带来效用的价值，是产品属性的升华。例如，"高标准、精细化、零缺陷"是海尔体现的服务价值。品牌价值需要通过企业的长期努力，使其在消费者心目中树立一种形象，再通过企业与客户之间保持稳固的联系加以体现。

4. 品牌文化

品牌也可能代表着一种文化，如万宝路香烟品牌代表了开拓、进取、自由、驰骋的文化；海尔也体现了一种高效率、高品质的文化。消费者会根据他们所喜爱的文化来选择，这也是一种感性的选择。

5. 品牌个性

品牌个性指品牌形象人格化后所具有的个性。从深层次来看，消费者对品牌的喜爱是源于对品牌个性的认同。海尔最突出的品牌个性是真诚。

6. 品牌使用者

品牌使用者指品牌所指向的用户种类或目标市场细分，品牌暗示了购买或使用产品的消费者类型。

品牌的内涵在于它除了向消费者传递品牌的属性和利益外，更重要的是它向消费者所传递的品牌价值、品牌个性及在此基础上形成的品牌文化。这里以奔驰轿车为例，来诠释品牌内涵的六个层次。

品牌属性：昂贵、制作精良、技术精湛、耐用、高声誉、高二手价、高车速。

品牌利益：昂贵＝用户受尊重，制作精良＝用户安全，耐用＝无须频繁换新。

品牌价值：高性能、安全性强、高声誉。

品牌文化：德国人的文化，即有组织性、讲效率、讲质量。

品牌个性：像知趣和不爱啰嗦的人，像威严的雄狮，像不奢华的宫殿。

品牌使用者：资深高管人员。

（三）品牌定位

1. 品牌定位的基本原则

品牌定位应满足清晰、有效、持久三项原则。

（1）清晰

只有清晰准确的定位才有可能在短时间内抓住人们的眼球，进入人们的头脑，留下认知的痕迹。

（2）有效

有效既针对竞争对手，区别于对手所具有的独特差异点，又针对消费者，这种差异点的确能够吸引他们，满足他们的需求。

（3）持久

品牌定位在一开始就应该全面分析市场、竞争格局和品牌自身，从中找到可以长久占领消费者心理空间的独特优势，避免朝令夕改，摇摆不定。

2. 品牌定位方法

凯文·莱恩·凯勒在《战略品牌管理》中指出，有效的定位必须高度差异化，确定最佳定位需要考虑的三个因素与品牌评估的三个视角密不可分，那就是消费者、公司和竞争。据此，主要有以下定位方法。

（1）以产品特点为导向

以产品特点为导向进行品牌定位时，要注意产品特点与品牌的关系，既要使品牌定位与产品特点相关联，又要使品牌定位具有差异性。

①功能定位

产品首先满足的是消费者的使用价值需求，所以消费者对产品的关注第一步是功效，以强调产品的功效即产品利益点为诉求是品牌定位最基本的形式。当产品具有多个利益点时，传达一个产品利益点还是多个应该有所选择。一般而言，最突出的利益点更能打动消费者。

例如，宝洁公司旗下的产品多以功能定位，海飞丝：去屑（头屑去无踪，秀发更出众）；飘柔：柔顺（飘柔，顺起来）；舒肤佳：除菌（爱心妈妈，呵护全家）。

②价格/质量定位

质量与价格是一对姊妹。质优价高，质劣价低，这是消费者的一般认知。不管价格如何，人们都愿意获得高质量的产品，质量/价格定位即从这个认知出发，要么强调高质，与之相对应的是尊贵的享受、卓越的性能、品位的象征，即使价格惊人，大家认为物有所值，高价有理；要么表现平价质优，主要针对大众消费者。例如，家乐福："天天平价"；雕牌："只买对的，不买贵的。"

③服务定位

强调产品层次之外的服务特色，体现企业和品牌"以人为本"的理念，实现消费者对产品需求层次之外的额外增值。例如，海尔："真诚到永远"；IBM："IBM 就是服务"；小天鹅："全心全意小天鹅"。

（2）以竞争为导向

以竞争为导向的品牌定位具有排他性的特点，在肯定品牌的同时否定其他竞争品牌。

①类别定位

通过给品牌重新归类，使之明显区别于竞争品牌，从而与竞争品牌划清界限，占领消费者心中的新位置。例如，五谷道场："非油炸，更健康"；泰诺："为了千千万万不宜使用阿司匹林的人们，请大家选择泰诺"；七喜："非可乐"。

②关联定位

关联定位，也称比附定位。若第一的位置已经被他人占领了，失去了最有利地形，那就和第一名建立某种联系。当消费者由于心智阶梯的指引想到第一品牌时，就能想到与之密切相关的品牌。关联定位是通过与竞争品牌比较来确定自身市场地位的一种定位策略，即借竞争者之势，衬托自身的品牌形象。例如，宁城老窖："塞外茅台"；蒙牛初创期："做内蒙古第二品牌，为民族工业争气，向伊利学习。"

（3）以目标消费者为导向

以目标市场为导向的定位瞄准的是消费者，了解消费者希望得到什么样的利益和结果，公司能够创造和提供与之相适应的产品和利益。

①目标消费者定位

直接以产品的消费者为诉求对象，用某类人士专用的优越感突出消费者的身份归属，从而获得目标消费者群的认同。

②使用情景定位

情景定位是将品牌与使用环境、场合、使用情况等联系起来，以唤起消费者在特定情景下对该品牌的联想，从而产生购买欲望和购买行动。

③情感定位

情感诉求是中外品牌广告中运用最多的手段之一。人是情感动物，一切以情感基调的表现都能引起人们的共鸣。通过将人类情感中的亲情、友情、爱情、关怀、牵挂、思念、温暖、怀旧等情感内涵融入品牌，让消费者在使用产品的过程中获得这些情感体验，从而唤起消费者内心深处的认同和共鸣，最终获得对品牌的喜爱和忠诚。

④文化定位

文化定位是指文化内涵融入品牌定位之中，形成文化上的品牌差异，文化定位有助于提升品牌的内涵、修养以及品味，使其更加具有特色。品牌采用文化定位，有利于消费者形成某种身份认同，提升品牌形象的同时，有助于形成较为稳定、忠实的消费群体。从这个角度考虑，可将文化定位归于目标消费者为导向的定位类别。

（四）品牌传播

品牌具备了表现形式和内涵后，还需要一定的信息传播手段。仅有品牌的存在并不能为用户所认知，还需要通过一定的手段和方式向用户传递品牌信息，才能为用户所了解和接受。

品牌传播（或品牌推广）是指整合一切资源和手段，向利益相关者传递品牌信息，以提升品牌知名度、美誉度和忠诚度，最终打造出强势品牌的过程。品牌传播的要点有五个方面：一是整合哪些资源和手段；二是向谁传递信息；三是传递哪些信息；四是实现哪些目标；五是如何管理整个传播过程。

第二节　网络营销价格策略

网络营销价格是指企业在网络营销过程中买卖双方成交的价格。价格是营销策划中的重要一环，其形成过程较为复杂，受到诸多因素的影响和制约，包括传统营销因素和网络自身因素。

一、网络营销价格的影响因素及特点

影响企业定价的因素是多方面的，如企业的长期发展目标与短期生存目标、企业的生产效率、国家的经济形势、同行业竞争环境、市场需求水平、供求双方的议价能力等。市场营销理论认为，产品价格的上限取决于产品的市场需求水平，产品价格的下限取决于产品的成本费用，在最高价格和最低价格的幅度内，企业如何对产品定价，则取决于竞争对手同种产品的价格水平、买卖双方的议价能力等因素。

由于网络营销减少了中间环节，节省了一定的经营成本，加上互联网及时性、互动性、跨时空和信息自由的特点，企业、消费者和中间商对产品的价格信息都有比较充分的了解，这使得网络营销在价格策略方面呈现出与传统营销不同的特点，如全球性、低价位定价、顾客主导定价等。

导致网上存在价差的原因主要是以下几个方面。

（一）产品的不可比较性

如果比较的商品不完全相同，它们的价格有些差异也就不足为奇。即使是同一种商品，它们也不是完全可替代的，因为它们可能出现在不同的场合和时段。商品的不可比性不仅表现在它的物理性质上的不同，还可以是附加在它身上的商业服务的不同。

（二）购物的便利程度及购物体验

如符合顾客浏览习惯的商品信息、方便的结算方式、快捷的物流配送、周到的服务等都可能成为产生价格差异的原因。

（三）商家的知名度

每个商家的知名度都需要企业付出和投入大量的心血、精力和金钱，之后经过长时间的市场验证和公众的认可。所以，顾客选择知名度高的商家降低了购买过程中可能出现的风险，一部分人愿意为此付费。

（四）公众对品牌和商家的信任度

顾客如果对某个品牌或商家比较信任，就不太在乎合理的价格差异。这种信任可能来自产品的销量、好评率以及之前的购物经验等。

（五）顾客锁定

商家施行一系列工具性条件反射操作，如提高顾客转换成本、消费奖励计划等。

（六）价格歧视

有时有的商家会对顾客进行分类，使不同顾客在同一时间浏览同一商家同一商品时看到的是不同的价格。比如，商家针对不同级别的顾客显示不同的折后价格。

二、网络营销定价目标

定价目标是指企业通过制定产品价格所要达到的目的。企业在为产品定价时，首先要有明确的目标。不同企业、不同产品、不同市场、不同时期有不同的营销目标，因而也就要求采取不同的定价策略。但是，企业定价目标不是单一的，而是一个多元的结合体。在网络营销中，企业定价目标主要有以下几种。

（一）以维持企业生存为目标

当企业经营管理不善，或由于市场竞争激烈、顾客的需求偏好突然发生变化等原因，造成产品销路不畅、大量积压、资金周转不灵，甚至濒临破产时，企业只能为其积压了的产品定低价，以求迅速出清存货收回资金。但这种目标只能是企业面临困难时的短期目标，长期目标还是要获得发展，否则企业终将破产。

（二）以获取当前理想的利润为目标

追求当前利润的最大化，而不考虑长期效益。选择此目标，必须具备一定的条件，即当产品声誉好并在目标市场上占有竞争优势地位时方可采用，否则还应以长期目标为主。

（三）以保持和提高市场占有率为目标

市场占有率是企业经营状况和企业产品竞争力的直接反映，它的高低对企业的生存和发展具有重要意义。一个企业只有保持或提高市场占有率，才有可能生存和发展。因此，这是企业定价选择的一个十分重要的目标。一般要实行全部或部分产品的低价策略，以实现提高市场占有率这一目标。

（四）以应付或抑制竞争为目标

有些企业为了阻止竞争者进入自己的目标市场，而将产品的价格定得很低，这种定价目标一般适用于实力雄厚的大型企业。中小型企业在市场竞争激烈的情况下，一般是以市场为导向，随行就市定价，从而也可以缓和竞争、稳定市场。

（五）以树立企业形象为目标

有些企业的定价目标是"优质优价"，以高价来保证高质量产品的地位，以此来树立企业的形象。

企业定价目标一般与企业的战略目标、市场定位和产品特性相关。企业价格的制定应主要从市场整体来考虑，它取决于需求方的需求强弱程度和经济能力，取决于市场接受程度及来自替代性产品的竞争压力的大小。在网络营销中，现阶段许多企业进入网络市场的主要目的是占领市场以求得更多的生存和发展机会，其次才是追求企业的利润。因此，目前网络营销产品的定价一般都是低价，甚至是免费，以期在快速发展的市场中寻求立足机会。

三、网络营销的定价策略

（一）低价渗透策略

低价渗透策略，就是企业把产品以较低的价格投放网上市场，吸引网上顾客，抢占网上市场份额，提高网上市场占有率，以增强网上市场竞争优势。低价能使企业取得最大市场销售量，并且能够有效阻碍竞争者的跟进与加入。

1. 直接低价定价策略

直接低价定价策略就是公开价格时一定要比同类产品的价格低，定价时大多采用成本加一定利润，有的甚至是零利润，这种策略一般是由制造商在网上进行直销时所采用。采取这种策略一方面是因为企业产品通过互联网直销可以节省大量的成本费用；另一方面是为了扩大宣传，提高网络市场占有率。

2. 折扣定价策略

折扣定价策略即在原价基础上打折来定价，让顾客直接了解产品的降价幅度以促进购买。在实际营销过程中，网上折扣定价策略可采取会员折扣、数量折扣、现金折扣、自动调价、议价策略等。例如，为鼓励消费者多购买本企业商品，可采用数量折扣策略；为鼓励消费者按期或提前付款，可采用现金折扣策略；为鼓励中间商淡季进货或消费者淡季购买，也可采用季节折扣策略等。目前绝大多数网上商城都要求消费者成为会员，按会员资格在购物时给予折扣。

3. 促销定价策略

企业为打开网上销售局面和推广新产品时可采用除折扣策略之外的促销定价策略，如有奖销售和附带赠品销售等。严格意义上说，折扣定价也属于促销定价策略的一种。

（二）撇脂定价策略

撇脂定价策略是指在产品生命周期的投入期，企业产品以高价投放市场，以攫取高额利润，犹如从牛奶中撇走奶油一样。例如，在新药品刚刚上市时，以高价出售尽快收回投资，以后随着产品生命周期的演变，再分阶段降价。采用这种策略，可使企业在短期内获取尽可能多的收益。

采用撇脂定价策略要注意以下三点：第一，产品的质量应与高价相符；第二，市场有足够多的顾客能接受这种高价，并愿意支付高价购买；第三，竞争对手在短期内不易打入该产品市场。

（三）定制生产定价策略

按照顾客需求进行定制生产是网络时代满足顾客个性化需求的基本形式。定制生产定价是在企业能实行定制生产的基础上，帮助消费者选择配置或者自己设计能满足自己需求的个性化产品，同时承担自己愿意付出的价格成本。

（四）使用定价策略

使用定价策略是顾客通过互联网注册后可以直接使用某公司产品，顾客只需要根据使用次数或使用时间进行付费，而不需要将产品完全购买。这既减少了企业为完全出售产品进行大量生产和包装的费用，又可以吸引那些有顾虑的顾客使用产品，扩大市场份额。采用这种定价策略，一般要考虑产品是否适合通过互联网传输，是否可以实现远程调用。目前比较适合的产品有软件、音乐、电影等。

（五）拍卖竞价策略

拍卖竞价是消费者通过互联网轮流公开竞价，在规定时间内价高者赢。比较适合网上拍卖竞价的是企业的一些原有积压产品，也可以是企业的一些新产品，可以通过拍卖展示起到促销作用。

同拍卖竞价类似的还有竞价拍买与集体竞价。竞价拍买是降价拍卖的反向操作，它是由买方引导卖方竞价实现产品销售的过程；集体竞价是由买卖者集体议价的交易方式，如团购就是一种典型的集体竞价。

（六）免费定价策略

免费定价策略是将企业的产品和服务以零价格形式提供给顾客使用，满足顾客的需求。免费定价策略又可细分为完全免费、部分免费、限制免费、捆绑式免费等多种形式。

1. 完全免费

产品和服务完全免费，即产品（服务）在购买、使用和售后服务所有环节都实行免费服务。

2. 部分免费

对产品和服务实行部分免费。例如，一些著名研究公司网站公布的研究成果，只有一部分内容免费，其余部分需付费。

3. 限制免费

对产品和服务实行限制免费，即产品（服务）可以被有限次或有限期免费使用。例如，一些软件可免费使用 30 天，一些书籍可以免费阅读前面的章节。

4. 捆绑式免费

对产品和服务实行捆绑式免费，即购买某产品或者服务时赠送其他产品和服务。例如，充话费送手机。

5. 小众付费

产品和服务对大多数消费者免费，但部分消费者愿意为额外的体验而付费，这种收费模式多出现在网络游戏中。

6. 广告商付费

由广告商为用户和流量付费，如各大搜索引擎。这种付费方式对普通消费者来说是完全免费的，所以从某种意义上说也属于完全免费。

（七）动态定价策略

动态定价策略是指企业根据单个交易水平的供给状况即时确定购买（出售）产品或服务的价格。

（八）其他定价策略

除上述定价策略外，还有尾数定价、整数定价、谐音定价、系列定价等一些常见的心理定价策略。

1. 尾数定价

保留价格尾数，采用零头标价。例如9.98元而不是10元，一方面给人以便宜感，另一方面又因精确的定价给人以信赖感。

2. 整数定价

把价格定成整数或整数水平以上，给人以较高一级档次的感觉。例如10元而不是9.98元。

3. 谐音定价

定价时可多使用大多数消费者偏爱的数字，如88，66。

4. 系列定价

针对消费者比较价格的心理，将同类产品的价格有意识地分档次拉开，形成价格系列，使消费者在比较价格中能迅速找到各自习惯的档次，得到"选购"的满足。

第三节　网络营销渠道策略

一、网络营销渠道概述

（一）网络营销渠道的含义

营销渠道是产品或服务从生产者向消费者转移过程的具体通道或路径，营销渠道本质上是对使产品或服务能够被使用或消费的一系列相互依存的组织的研究。随着市场环境的变化，企业的营销渠道在建立、应用、发展的过程中也在不断地变革和演化。互联网是一种新的营销渠道，网络营销渠道即是以互联网为通道实现商品或服务从生产者向消费者转移过程的具体通道或路径。目前，很多企业通过自建网站，或是一些网络平台售卖自己的商品，从而达到开拓市场的目标。

在商品经济条件下，产品必须通过交换，发生价值形式的运动，使产品从一个所有者转移到另一个所有者，直至消费者手中，这称为商流；伴随着商流还有产品实体的空间移动，称为物流；付款、转账等货币的转移过程，称为货币流；咨询、谈判、签约等信息的流转，称为信息流。商流与物流、信息流、货币流相结合，使产品从生产者到达消费者手中，便是分销渠道或分配途径，对此环节的规划、协调便是营销策划的主要内容之渠道策划。营销渠道的畅通与否，市场分布面的广阔或狭窄，对于企业的竞争力和发展前景有着重要影响。同时，企业对于营销渠道的选择策略，还会在一定程度上影响企业及其产品的声誉，所以无论是在传统营销时代还是在互联网营销时代，都必须在营销渠道的选择和布局上进行认真的决策和策划。

（二）网络营销渠道的功能

一个完善的网络营销渠道应具有沟通、订货、结算以及配送四大功能。

1. 沟通功能

随着网络技术的普及和营销观念的发展，营销渠道在生产商和最终消费者之间所起的信息搜寻、传递媒介、售后服务的作用日益被人们所认识，这部分功能包括调研、促销、联系、谈判、售后服务等。

2. 订货功能

当前订货功能的实现通常由购物车完成，购物车的作用与超市中的购物篮相似，消费者选购商品后，将其放入购物车中，系统会自动统计出所购物品的名称、数量和金额，消费者在结算后，生成订单，订单数据进入企业相关数据库，为产品生产、配送提供依据。

3. 结算功能

结算功能指通过网络收取货款的功能。消费者在购买商品后，可以通过多种方式进行方便的付款，因此企业应该有多种结算方式。目前国内常用的结算方式有网上银行、第三方支付、邮局汇款、货到付款、公司转账等。

4. 配送功能

配送功能指将顾客在网上购买的产品发送到目的地的功能。一般来说，产品分为有形产品和无形产品。对于无形产品（如服务、软件及音乐等），可以直接通过互联网进行配送。而有形产品的配送，则需要仓储和运输。企业可以委托专业的物流公司完成配送业务，如 DELL 公司将美国货物的配送业务都交给联邦快递完成；企业也可以利用自己的力量建设物流配送系统，如 IBM 公司的蓝色快车就拥有自己的"e 物流"。

（三）网络营销渠道的类型

互联网可以直接把生产者和消费者连到一起，将商品直接展示在顾客面前，回答顾客的疑问，并接受顾客的订单。这种直接互动与超越时空的电子购物，无疑是营销渠道上的革命。同时，目前许多企业在网络营销活动中除了自建网站外，还可通过中介商信息服务、广告服务、撮合服务、交易服务等扩大企业影响、完成商品销售。例如天猫、京东，以及一些行业网站，如中国化工网、纺织网等，能帮助企业顺利地完成从生产者到消费者的整个转移工程，进而使企业达到开拓市场的目标。所以，网络营销渠道可以划分为网络直销与网络间接营销两种类型。

传统营销中，按流通环节的多少，可将分销渠道划分为直接渠道与间接渠道，间接渠道又分为一级、二级和三级渠道。直接渠道与间接渠道的区别在于有无中间商。

二、网络直销

在传统营销渠道中，中间商占有非常重要的地位。因为利用中间商能够在广泛提供产品和进入目标市场方面获得最高的效率。中间商凭借其业务往来关系、经验、专业化和规模经营，提供给公司的利润经常高于企业自营商店的利润。但互联网的发展和应用，使得传统中间商凭借地域因素获得的优势被互联网的虚拟性所取代，从而实现了网络环境下新的分销渠道。企业可按照不同的需求，使用不同的网络分销渠道策略。

（一）网络直销概述

网络直销是指生产者通过网络直接推广销售自己的产品。在网络直销渠道中，生产者可以通过自己的网站或 App 等，让顾客直接订货，再通过与一些电子商务服务机构如网上银行合作，直接在网上实现支付结算，简化了过去资金流转的问题。在配送方面，对数字产品可以选择利用互联网技术直接向用户传输产品；对非数字产品，一般可以通过与专业的第三方物流公司合作，建立高效的物流系统。

目前有许多企业都建有自己的网站或 App 进行网络直销。因为网络直销不仅为企业打开了一个面向全球市场的窗口，给中小型企业提供了和大型企业平等竞争的机会，还有许多其他优点：

第一，生产者能够直接接触消费者，获得第一手的资料，进而开展有效的营销活动。

第二，网络直销减少了流通环节，给买卖双方都节约了费用，产生了经济效益。网络直销大大降低了企业的营销成本，使企业获得价格优势；同时，消费者在节约了决策购买时间的同时又买到了低于现货市场价格的产品。

第三，网络直销使企业能够利用网络工具（如电子邮件、即时通信工具等）直接联系消费者，及时了解用户对产品的需求和意见，从而针对这些要求向顾客提供技术服务，解决难题，提高产品的质量，改善企业的经营管理。

第四，生产者直接对接消费者，可以有效防止假冒伪劣商品的出现，保障了消费者权益，维护了企业形象。

网络直销也有其不足的方面：

第一，网站出头难。随着互联网的发展，越来越多的企业建立了自己的网站。面对大量网站，消费者很难有耐心一一访问，大部分的网络访问者都是走马观花地扫一眼。对于那些不知名的中小型企业，网站的访问者更是寥寥无几，网站并没有产生预期的效果。同样，对于新出现的 App，愿意下载的消费者更是少之又少。

第二，独立建设管理网站和 App 的费用成本较高。建设与维护网站及 App 需要人力成本与经济成本，尤其对一些中小型企业来说，人力资源不足，经济负担较重，难以实现网络直销。

第三，会引起渠道冲突。去中介化给公司带来直销机会的同时，也会威胁到现有合作者的分销安排。渠道冲突会涉及利益相关者，如销售代理商。所以当康柏公司决定是否采用 DELL 公司的直销模式时，考虑到其目前的销售十分依赖于代理渠道，为了避免影响其目前的销售额，最终还是放弃了这一计划。

因此，互联网确实使企业有可能直接面对所有顾客，但这又仅仅只是一种可能，面对数以亿计的网站，只有那些真正有特色的网站才会有访问者，直接销售可以多一些，但绝不是全部。

（二）网络直销渠道建设

由于销售对象不同，网络直销渠道也是有区别的。一般来说，网络直销主要有两种方式，一种是 B2B，即企业对企业的模式，这种模式每次交易量很大、交易次数较少，并且购买方比较集中，因此网络直销渠道建设的关键是建设好订货系统，方便购买企业进行选择；由于企业一般信用较好，通过网上结算实现比较简单；同时由于量大次数少，因此配送时可以进行专门运送，既可以保证速度也可以保证质量，还可以减少中间环节造成的损失。第二种方式是 B2C，即企业对消费者模式，这种模式每次交易量小、交易次数多，而且购买者非常分散，因此网络直销渠道建设的关键是结算系统和配送系统。

有些产品易于数字化，可以直接通过互联网传输，如大多数的无形产品都可以通过互联网实现远程传输，可以脱离对传统配送渠道的依赖。但对于大多数有形产品，还必须依靠传统配送渠道来实现货物的空间移动，对于部分产品依赖的渠道，可以通过互联网进行改造，最大限度提高渠道的效率，减少渠道运营中的人为失误和时间耽误造成的损失。

在具体建设网络直销渠道时，还应考虑到以下几个方面。

首先，从消费者角度设计渠道。只有采用消费者比较放心、容易接受的方式才有可能吸引消费者网上购物，以克服网上购物所产生的不信任感。

其次，设计订货系统时要简单明了，不要让消费者填写太多信息，而应该采用现在流行的"购物车"方式模拟超市，让消费者一边看物品比较选择，一边选购。在购物结束后，一次性进行结算。另外，订货系统还应该提供商品搜索和分类查找功能，以便于消费者在最短时间内找到需要的商品，同时还应对商品提供消费者想了解的信息，如性能、外形、品牌等重要信息。

再次，在选择结算方式时，应考虑到目前的实际发展状况，尽量提供多种方式方便消费者选择，同时还要考虑网上结算的安全性，对于不安全的直接结算方式，应换成安全的间接结算方式。目前，在国内流行的支付宝、微信支付是众多网上企业选择的比较安全可靠、操作也较为简便的支付结算方式。

最后，关键是建立完善的配送系统。消费者只有看到所购买的商品到家后，才真正感到踏实，因此建设快速有效的配送服务系统是非常重要的。目前，国内配送体系相对成熟，企业应注意选择适合自己产品的配送服务。

三、网络间接销售

网络间接销售，也称网络中介交易，是企业借助于网络中间商将自己的产品销售给消费者的一种渠道模式。网络间接销售克服了网络直销的缺点，使网络商品交易中介结构成为网络时代连接买卖双方的枢纽。首先，因为一些专业的网络中介机构知名度高、信誉好，并且可以解决"拿钱不给货"或者"拿货不给钱"的问题，从而降低买卖双方的风险，确保了双方的利益。其次，由于网络中介机构汇集了大量的产品信息，消费者进入一个网站（中介机构）就可以获得不同厂家的同类产品的信息，生产者只需要通过同一个中间环节就可以和消费者产生交易关系，这大大简化了交易过程，加快了交易速度，使生产者和消费者都感到方便。

（一）网络中间商的类型

网络中间商就是生产者通过因特网向消费者出售产品时的中介机构，是执行组织、实施或协助商品所有权顺利转移的组织或机构。按照网络中间商的性质可以划分为网络经销商、网络代理商、网络交易市场等。

1. 网络经销商

经销商，就是在某一区域和领域进行商品销售或提供服务的单位或个人。经销商具有独立的经营机构，拥有商品的所有权（买断制造商的产品/服务），获得经营利润，多品种经营，经营活动过程不受或很少受供货商限制，与供货商责权对等。

2. 网络代理商

代理商，仅仅是作为企业与市场之间的中介，来帮助企业将产品销售到市场上，并不具有该产品的所有权，只能得到相应的佣金酬劳。阿里巴巴的 1688 分销客采用的即是按交易效果付费的网络代理商模式，商家设置商品佣金，分销客进行推广，交易成功后，商家再支付给分销客相应的佣金收入。

3. 网络交易市场

通过网络交易市场，可以改变传统贸易中一对一或一对多的模式，变成多对多模式，并创造众多买卖商家聚集的在线交易空间。

（二）选择网络中间商的标准

网络中间商在整个渠道中具有重要作用，在选择时必须慎重，否则同样会给生产商带来不利后果。企业必须在对网络中间商进行评估的基础上，了解网络中间商的类型、业务特征、功能，再根据自身产品的特性、目标市场的定位和企业整体的战略目标，正确选择可以合作的网络中间商。选择网络中间商的标准主要有以下几个方面。

1. 服务水平

网络中间商的服务水平包括独立开展促销活动的能力、与消费者沟通的能力、收集信息的能力、物流配送能力以及售后服务能力等。

2. 成本

这里的成本主要指企业享受网络中间商服务时的费用。这些费用包括：生产企业给商品交易中间商的价格折扣、促销支持费用，在中间商服务网站建立主页的费用，维持正常运行时的费用，获取信息的费用等。对这些费用，不同的中间商之间的差别很大。

3. 信用

由于网络的虚拟性和交易的远程性，买卖双方对于网上交易的安全性都不确定。在目前还无法对各种网站进行有效认证的情况下，网络中间商的信用程度就至关重要。在虚拟的网络市场里，信誉就是质量和服务的保证。生产企业在进行网络分销时只有通过信用比较好的中间商，才能在消费者中建立品牌信誉和服务信誉。

4. 特色

网络营销本身就体现了一种个性化服务，要更多地满足网络消费者的个性化需求。企业在选择中间商时，必须选择与自己的目标顾客群的消费特点相吻合的特色网络中间商，才能真正发挥网络销售的优势，取得经济效益。

5. 网站流量

网站流量的大小反映了网站客流量的大小，是实现网上销售的重要前提。选择网络中间商时，应尽量选择网站流量大的网络中间商，以促进网上销售，并扩大公司在网上的知名度。

6. 经营实力与经营水平

经营实力包括中间商的资金状况、人员素质、仓储设施等；经营水平包括中间商适应市场变化的能力、推销商品的创新能力和对顾客购买商品的吸引力等。

四、网络营销渠道建设与管理

企业在进行产品定位，明确目标市场后，就需要进行渠道设计，确定具体的渠道方案。

（一）选择渠道模式

选择渠道模式即对直接渠道和间接分销渠道的选择。企业可根据产品的特点、企业战略目标的要求以及其他各种影响因素，决定采用哪种类型的分销渠道：网络直销还是网络间接销售。企业也可以在采用网络直销的同时开辟网络间接销售渠道，这种混合销售模式正在被许多企业采用。因为在目前的买方市场条件下，通过多种渠道销售产品比通过一条渠道更容易实现"市场渗透"，增加销售量。

（二）确定中间商数量

确定中间商数量，即确定分销渠道的中间商的数目。在网络分销中，分销渠道大大缩短，企业可以通过选择多个中间商如信息服务商或商品交易中间商来弥补短渠道在信息覆盖上的不足，增加渠道的宽度。在确定网络中间商的个数时，有以下三种策略可供选择。

1. 密集型分销渠道策略

即选择尽可能多的分销商来销售自己的产品，这种策略使顾客随时随地都能购买到产品，它提供的是一种方便，一般适合于低值易耗的日用品。

2. 选择型分销策略

即只选择有限的几家经过仔细挑选的中间商来销售自己的产品，中间商存在有限竞争，它提供给顾客的主要是一种安全、保障和信心，一般适合于大件耐用消费品。

3. 独家型分销策略

只选择一家经过仔细挑选的中间商来销售自己的产品，它提供的是一种独一无二的产品或服务，而且价值昂贵，顾客稀少。

（三）明确渠道成员的责任和权利

在渠道的设计过程中，还必须明确规定每个渠道成员的责任和权利，以约束各成员在交易过程中的行为。例如，生产企业向网络中间商提供及时的供货保证、产品质量保证、退换货保证、价格折扣、广告促销协助、服务支持等，中间商向生产者提供市场信息、各种统计资料、落实价格政策、保证服务水平、保证渠道信息传递的畅通等。在确定渠道成员的责任和权利时要仔细谨慎，要考虑多方面的因素，并取得有关方面的积极配合。

（四）渠道管理

在选择好渠道的分销模式和确定了具体的渠道方案后，渠道就进入了一个相对成熟的阶段。这时生产商还有一项十分重要的工作要做，那就是对渠道进行管理，必要时还要对渠道进行调整。

第四节　网络促销策略

一、网络促销概述

（一）网络促销的概念

1. 网络促销的含义

促销指营销人员通过各种方式将有关企业及产品的信息传递给目标顾客，以促进其了解、信任，并达到刺激需求、促成购买、扩大销售的一系列活动。促销的实质是企业与现实、潜在顾客之间进行信息沟通的过程。网络促销是指利用现代化的网络技术向市场传递有关产品和服务的信息，以启发需求，引起消费者的购买欲望和购买行为的各种活动。

2. 网络促销与传统促销的区别

（1）时空观念的变化

以产品流通为例，传统的产品销售和消费者群体都有一个地理半径的限制，网络营销大大地突破了这个原有的半径，使之成为全球范围的竞争；传统的产品订货都有一个时间的限制，而在网络上，订货和购买可以在任何时间进行。这就是最新的电子时空观。企业的促销人员必须认识到这种时空观念的变化，调整自己的促销策略。

（2）信息沟通方式的变化

在网络上信息沟通方式是十分丰富的。在网上可以传输多种媒体的信息，它提供了近似于现场交易过程中的产品表现形式；同时这种双向、快捷、互不见面的信息传播又能够将买卖双方的意愿表达得淋漓尽致，也留给对方充分的时间思考。

（3）消费者群体和消费行为的变化

在网络环境下，消费者的概念和客户的消费行为都发生了很大的变化。网络消费者是一个特殊的消费群体，与传统消费者的消费需求不完全相同。首先，他们有足够的时间仔细比较商品的性能、质量、价格和外观，能从容地做出自己的选择。其次，购买者常常是独自坐在计算机前浏览、选择，大部分购买决策是自己做出或与家人商量后做出的，受外界影响少。因此，网上购物的决策行为较之传统的购买决策要更加理性。

网络促销虽然与传统促销在促销观念和手段上有较大差别，但由于它们推销产品的目的是相同的，因此整个促销过程的设计具有很多相似之处，所以，对于网络促销的理解，一方面应当站在全新的角度去认识这一新型的促销方式，理解这种依赖现代网络技术、与顾客不见面、完全通过互联网交流思想和意愿的产品促销形式；另一方面则应当通过与传统促销的比较去体会两者之间的差别，吸收传统促销方式的整体设计思想和行之有效的促销技巧，打开网络促销的新局面。

（二）网络促销的作用

网络促销对于消费者的作用，主要体现在以下几个方面。

1. 告知功能

将企业的产品、服务、价格等信息通过网络传递给消费者，以引起他们的注意。

2. 说服功能

网络促销的目的在于通过各种有效的方式，解除潜在消费者对产品或服务的疑虑，说服其坚定购买的决心。例如，在许多同类商品中，顾客往往难以察觉各种产品间的微小差别。企业通过网络促销活动，宣传自己产品的特点，使消费者认识到该产品可能给他们带来的利益或特殊效用，进而选择本企业的产品。

3. 创造需求

运作良好的网络促销活动，不仅可以诱导需求，而且可以创造需求，发掘潜在的消费者，拓展新市场，扩大销售量。

4. 反馈功能

结合网络促销活动，企业可以通过在线填写表格或电子邮件等方式及时地收集和汇总消费者的意见和需求，迅速反馈给企业的决策管理层。由此所获得的信息准确性和可靠性高，对企业经营决策具有较大的参考价值。

5. 稳定销售

在企业的产品销售量波动较大、市场地位不稳的情况下，通过适当的网络促销活动，树立良好的产品形象和企业形象，往往有可能改变消费者对企业及产品的认识，提高产品的知名度和用户对本企业产品的忠诚度，达到锁定用户，实现稳定销售的目的。

二、网络促销的形式

网络促销的形式主要有网络广告、网络销售促进和网络公共关系策略等。

（一）网络广告

网络广告主要是通过网上知名站点、免费电子邮件服务，以及其他网络营销工具来发布企业的产品信息，对企业及企业产品进行宣传推广。

（二）网络销售促进

网络销售促进是指企业运用各种短期诱因，在网上市场利用销售促进工具刺激顾客对产品或服务的购买和消费使用的促销活动。网络销售促进在刺激产品销售的同时，还可以与顾客建立互动关系，了解顾客的需求和对产品的评价。网络销售促进主要是用来进行短期性的刺激销售，一般主要有以下几种形式。

1. 网上折价促销

折价又称打折、折扣，是目前网上最常用的一种促销方式。网上销售商品不能给人全面、直观的印象，也不可试用、触摸等原因，再加上配送成本和付款方式的复杂性，影响人们网上购物和订货的积极性，而幅度较大的折扣则可以促使消费者进行网上购物的尝试并作出购买决定。

2. 网上赠品促销

赠品促销目前在网上的应用也很常见，一般在新产品推出试用、产品更新、对抗竞争品牌、开辟新市场情况下，利用赠品促销可以达到比较好的促销效果。

赠品促销时应注意不要选择次品、劣质品作为赠品，否则只会起到适得其反的作用；明确促销目的，选择适当的能够吸引消费者的产品或服务；注意预算和市场需求，赠品要在能接受的预算范围内，不可过度赠送赠品而造成营销困境。

3. 网上抽奖促销

抽奖促销是以一个人或数人获得超出参加活动成本的奖品为手段进行商品或服务的促销。网上抽奖活动主要附加于调查、产品销售、扩大用户群、庆典、推广某项活动等。消费者或访问者通过填写问卷、注册、购买产品或参加网上活动等方式获得抽奖机会。

网上抽奖促销活动应注意以下几点：奖品要有诱惑力，可考虑大额超值的产品吸引人们参加；活动参加方式要简单化和有趣味性，太过复杂和难度太大的活动较难吸引匆匆的访客；保证抽奖结果的真实性、公正性、公平性，由于网络的虚拟性和参加者的广泛地域性，对抽奖结果可请公证人员进行全程公证，并及时通过公告等形式向参加者通告活动进度和结果。

4. 积分促销

积分促销在网络上的应用比起传统营销方式要简单和易操作。网上积分活动很容易通过编程和数据库等来实现，并且结果可信度很高，操作起来相对较为简单。积分促销一般设置价值较高的奖品，消费者通过多次购买或多次参加某项活动来增加积分以获得奖品。积分促销可以增加上网者访问网站和参加某项活动的次数，可以增加上网者对网站的忠诚度，可以提高活动的知名度等。目前，很多航空公司、移动运营商、银行、网上商城都有积分兑换业务。

（三）网络公共关系策略

公共关系策略，是指利用各种传播手段唤起人们对企业及企业产品的好感、兴趣和依赖，争取人们对企业经营理念的理解，树立企业形象的一种营销工具。网络公共关系即借助互联网作为媒体和沟通渠道，通过与企业利益相关者（包括供应商、顾客、中间商、雇员、社会团体等）建立良好的合作关系，为企业的经营管理营造良好的环境。网络公共关系既要收集信息、传递信息，还要反馈信息，是一种双向的交流，作为营销沟通的手段，在提升企业形象、赢得顾客信任、为企业发展创造良好的外部环境方面发挥着越来越重要的作用。

（四）其他促销方式

除以上常用的三种形式外，还有一些其他促销方式，如事件营销、活动营销等，也被很多企业所应用。

三、网络促销的实施

对于任何企业来说，如何实施网络促销都是网络营销人员必须面对的挑战。营销人员首先必须深入了解商品信息在网络上传播的特点，分析网络信息的接收对象，设定合理的网络促销目标，然后通过科学的实施程序，打开网络促销的新局面。根据国内外网络促销的大量实践，网络促销的实施流程可以按以下六个步骤进行。

1. 确定网络促销对象

网络促销对象是指在网络虚拟市场上可能产生购买行为的消费群体。要确定他们是新的潜在顾客还是老顾客，是直接消费者还是间接使用者（如决策者、影响者），是早期采用者还是落后采用者等。

2. 设计网络促销内容

网络促销的最终目标是希望引起购买。这个最终目标是要通过设计具体的信息内容来实现的。消费者的购买过程是一个复杂的、多阶段的过程，促销内容应当根据购买者目前所处的购买决策过程的不同阶段和产品所处的生命周期的不同阶段来决定。

3. 决定网络促销组合

网络促销活动可以通过前述三种形式展开。但由于企业的产品种类不同，销售对象不同，促销方法与产品种类和销售对象之间将会产生多种网络促销的组合方式。企业应当根据每种促销方法各自的特点和优势，结合自己产品的市场情况和顾客情况，扬长避短、合理组合，以达到最佳的促销效果。

有的促销方法主要实施"推战略"，其主要功能是将企业的产品推向市场，获得广大消费者的认可，如网络广告促销；有的促销方法主要实施"拉战略"，其主要功能是将顾客牢牢地吸引过来，保持稳定的市场份额，如网络销售促进。

4. 制订网络促销预算方案

在网络促销实施过程中，使企业感到最困难的是预算方案的制订。所有的价格、条件都需要在实践中不断学习、比较和体会，不断地总结经验。只有这样，才可能用有限的精力和有限的资金获得尽可能好的效果，做到事半功倍。

5. 衡量网络促销效果

网络促销的实施过程到了这一阶段，必须对已经执行的促销内容进行评价，衡量促销的实际效果是否达到了预期的促销目标。对促销效果的评价主要依赖于两个方面的数据。一方面，要充分利用互联网上的统计软件，及时对促销活动的好坏作出统计。这些数据包括主页访问人次、点击次数等。因为网络宣传不像报纸或电视那样难以确认实际阅读和观看的人数，在网上，可以很容易地统计出站点的访问人数，也可以很容易地统计广告的阅览人数。利用这些统计数据，网上促销人员可以了解自己在网上的优势与弱点，以及与其他促销者之间的差距。另一方面，可以通过销售量的增加情况、利润的变化情况、促销成本的降低情况，判断促销决策是否正确。同时，还应注意促销对象、促销内容、促销组合等方面与促销目标的因果关系的分析，从而对整个促销工作作出正确的判断。

6. 网络促销过程的综合管理和协调

为保证网络促销的效果，科学的管理起着极为重要的作用。在衡量网络促销效果的基础上，对偏离预期促销目标的活动进行调整是保证促销取得最佳效果的必不可少的程序。同时，在促销实施过程中，不断地进行信息沟通和协调，也是保证企业促销连续性、统一性的需要。

第八章　新媒体营销

第一节　微信营销

一、微信营销概述

（一）微信营销的概念和特点

1. 微信营销的概念

微信营销是网络经济时代企业对营销模式的创新，是伴随着微信的迅猛发展产生的一种网络营销方式，是社会化媒体营销中运用非常广泛的手段之一。

具体来说，微信营销是基于微信进行的营销，包括销售、公共关系维护、品牌形象塑造、客户服务等一系列营销形式。只要注册有微信账号的用户都可以进行微信营销，因为一旦成为微信用户，就意味着与所有已经注册的人形成某种联系。这种联系就犹如一张大网，一方面可以在他人的平台上订阅自己所需的信息、享用自己所需的服务，另一方面也可以为对方提供相关的信息和服务，从而实现互动式的双向营销。

2. 微信营销的特点

微信营销作为一种新型的营销方式，有很多自身的特点，是以往纸媒、传统网络营销方式所不具备的。这些特点集中体现在以下4个方面。

（1）营销形式灵活多样

微信是一个可以实现多功能营销的平台，且不同的功能各具特色，能达到不同的营销效果。通过朋友圈发布文字、图片；通过微信群实现一对一或一对多的互动；通过二维码添加朋友；通过公众号发布文章等。

（2）传播更精准

微信沟通模式是点对点的沟通，从社会学角度看，代表着一对一的强关系，具有私密性，可使每条信息都能一对一推送，让每个参与者都有机会接收到所推送的信息。这对营销而言就意味着可以获得大批的精准客户。

微信营销的精准性还表现在：作为连接一切的入口，可使相关产品和服务能直接与客户需求对接，直接或间接地带动多行业的升级。

（3）互动更及时

互动的双方可进行文字、图片、音频等多种形式的沟通，有利于信息的高效传递。之前的微博、博客其实也具有较强的互动性，但缺点是无法即时送达。大多数时候只是一方向另一方的延时传递，如果不天天守在计算机面前很难做到即时反馈。而微信就不一样了，无论对方在哪里，只要带着手机就能够轻松地收到信息，完成整个沟通过程。

（4）强有力的关系网

微信点对点的产品形态注定了其能够通过多层面的互动将人与人之间的关系拉得更

近，与用户建立起牢固的联系，形成强有力的关系网，从而带动产品更大范围、更快速度地传播、推广与销售，为用户答疑解惑，提供信息和服务，甚至娱乐。微信让企业和更多的消费者逐步形成了一种强关系。企业用一切形式与消费者形成朋友关系，因为谁都可以不相信陌生人，但不会不信任自己的"朋友"。当朋友越来越多，越来越稳固时，传播面就会越来越广。随着微信的普及，微信用户的增多，微信用户之间的关系越来越紧密，这也为微信营销奠定了坚实的用户基础。

（二）微信营销的价值

1. 刺激产品销售

这是微信营销最基本的价值。不论是基于熟人经济的微商，还是基于个人品牌效应的微店，"人"都成了新的商业入口。通过个人微信的朋友圈发布产品信息，用微信聊天为买家提供咨询沟通服务，用微信支付功能完成付款……就是这样实现了"社交电商"。

2. 输出个人品牌

以微信为代表的社交软件的出现，让个人可以成为传播载体，人们能够在社交软件上展示自己鲜明的个性和情感特征，在符合大众的消费心理或审美需求下，成为可转化为商业价值的一种注意力资源。

3. 维护客户关系

微信是人与人之间便捷沟通的一种手段。如果由于业务关系添加了很多客户的微信好友，通过聊天联系或朋友圈互动，就有了与客户加深情感连接、让客户有进一步了解你的机会。

（三）微信营销的优势和劣势

1. 微信营销的优势

不少企业和个人都从微信营销中尝到了甜头，微信营销的发展前景也非常广阔。相对于一些传统的网络营销，微信营销具有下列优势：（1）微信营销具有庞大的腾讯用户基数。（2）信息交流的互动性更加突出。（3）稳定的人际关系。（4）方便的信息推送。

2. 微信营销的劣势

（1）微信二维码安全问题值得关注

二维码安全问题越来越成为关注的焦点，如果二维码被有心之人利用，加入一些有害的东西，甚至是病毒进去，那么将对用户手机安全和隐私带来极大的隐患。

（2）公众平台与微信用户要求不匹配

用户在关注某公众号后常常被动接收很多不需要的信息，这些信息常常给用户带来困扰和不便。

（3）形成"骚扰"式垃圾信息

微信虽然推出了分组分地等功能，但实际上公众平台账号无法针对每个用户提供个性化推送。由此衍生的问题是，微信推送的"精选"消息，能在一定程度上满足用户的差异化要求，而对于商户发来的消息，很大程度上成为"骚扰"式的垃圾信息。

（4）缺乏可量化的数据指标

在可量化的数据指标上，微信缺乏微博"转发""评论""热度""影响力"等指标。

二、微信朋友圈营销

（一）朋友圈营销技巧与注意事项

1. 朋友圈营销技巧

先要给自己一个明确的定位，然后围绕定位展开一系列的产品运营和营销。

（1）产品定位

如果想要通过朋友圈来卖货，那么就要弄清楚要卖的产品应该针对什么样的消费群体。应该怎么根据这些消费群体的需求来提供产品。

（2）产品选择

卖什么不重要，关键是怎样卖，怎样在卖的过程中不断地优化运营方式。产品宜精不宜多，不要选择代理已经成熟的品牌，也不要选择代理全新的小品牌，而要选择有潜力和发展空间的品牌去代理，既能保证自己现有的生存空间，又能保证未来的发展空间。

（3）营销有节操

防止微信朋友圈为了提高自己产品的曝光率，无节制地推送产品信息，严重骚扰用户。这样做的后果只有一个，就是被拉黑。朋友圈营销是"熟人社交经济"，要做的是建立信任，在这个基础上达到营销目的。

2. 朋友圈营销注意事项

微信朋友圈营销是一种很典型的强关系营销。强关系营销中的"强关系"一词是指个人的社会网络同质性较强（即交往的人群从事的工作、掌握的信息都是趋同的），人与人的关系紧密，有很强的情感因素维系着人际关系。在强关系营销中，营销活动能够使用户免去购买环节中"考虑"与"比较"的环节，而直接进入"体验"与"购买"的环节，从而大大减少营销的传播时间，能够更好地达到营销目的。

在朋友圈中进行营销信息发布时，对于发布的营销信息的内容必须要谨慎，如果不进行思考就随意发送内容，只会引起朋友的反感而造成不好的效果。

（1）信息内容不宜过长

在朋友圈中，发布的信息内容如果太长，朋友圈默认会将多余的字自动收起，而且移动端用户在看朋友圈内容的时候，也懒得点开查看黑压压一片的文字内容。所以在发送内容的时候，需要考虑好发送内容的字数。

（2）内容表达尽量图文并茂

网络上常有一句话说，"有图有真相"。在朋友圈进行营销活动，图片是极为重要的"道具"。在朋友圈中发送的内容最好配合使用产品图片或者其他相关图片，这样可以增加信服力，并且好的图片也可以对营销内容进行更好地说明。

（3）信息发送不宜太频繁

持续发送朋友圈营销信息会为朋友带来一些阅读上的影响。如果发送消息的频率过高，那么往往会因为信息太过冗杂而被直接忽略，更有甚者，会选择直接屏蔽这些朋友圈信息或举报。一般，发送营销消息一天不要超过4次，再多就会给别人留下不好的印象。

（4）产品种类不宜过多

如果在朋友圈中发送的产品种类过多，就没办法给用户留下主体印象，很难产生记忆点。最好发送几个精品商品，并且处于同一类别的商品分类中。

（二）开展朋友圈营销活动

以在朋友圈推广服装为例，叙述朋友圈营销活动的流程。

1. 编辑个人信息

开展微信朋友圈营销活动之前，首先要做的是编辑好个人信息。

完善的资料信息和一个清晰的产品诉求，是任何一种营销方式必备的基本基础。做微信朋友圈营销，至少让添加的朋友看到你的头像、名称和签名等能直接反映出你是做什么的，然后才会看你朋友圈发送的内容对他们有没有帮助。头像的设置要具有特色，用自己的真人头像或者设置成销售的商品。名字排在越前面，越方便客户快速寻找到你；也可以用真实名字，显得更加具有信任感。个性签名处能让好友清晰地了解你的业务范畴。

登录微信，点击"我"模块，然后点击个人信息设置栏。在个人信息设置页面中，将头像替换成一张服装图片。然后依次设置名字、性别、地区和个性签名等项目，设置内容。

2. 添加好友

虽然微信的用户很多，但是如果不将别人添加为自己的好友，那么再高的人气也与你无关。因此在编辑好个人信息之后，还要为自己添加尽可能多的好友，这些好友就是营销的对象。其具体步骤如下：（1）使用"添加朋友"功能。可点击"通讯录"模块，然后点击屏幕右上角的"添加好友"按钮打开，也可以采用"微信"模块右上角的快捷方式打开。（2）进入"添加朋友"页面，可以在文字框中输入账号直接进行账号查找。除此之外，还可以通过"雷达加朋友""面对面建群""扫一扫""手机联系人"来获取微信好友。最后还可以通过点击"公众号"按钮来搜索想要关注的公众平台账号。（3）在搜索框中输入朋友的账号或手机号码以后，点击下方的"搜索"按钮，打开"详细资料"页面，页面中会显示好友的基本资料，点击"添加到通讯录"按钮。（4）进入"朋友验证"页面，在此页面中可添加问候语和设置查看朋友圈的权限。设置完成后，点击"发送"按钮。对方同意后，可在"微信"模块接收到对方消息，点击"消息"按钮进入对话框，确认添加好友即可。

3. 撰写信息内容

在利用朋友圈营销宣传的时候，首先要搞清楚微信好友普遍的喜好，或者自己要达到什么样的宣传目的，再来定位发布内容。

信息内容应该主要是和商品相关的，也可以偶尔发布一些无关的（一些段子或生活情景），内容最好是你的目标好友感兴趣的东西，或者是能够给他们带来一定帮助的话题。尽量将自己塑造成一个积极向上的、幽默的、鲜活的、有个性的人，而不是一个消极、负面的、低级趣味的一个人。具体发布步骤如下。

点击"发现"模块，进入朋友圈。点击右上角的"相机"按钮后，点击选择"从相册选择"按钮，从手机相册中选择准备好的广告素材图片并预览，点击"完成"，回到编辑页面，编写如下介绍：品牌折扣女装，时尚与优雅并存！最后点击"发表"按钮。

4. 规划信息发布时间

信息发送的时间选择上也有技巧。发送信息需要利用不同的时间段，不能同时发送六七条信息。信息发送的时间可以选择在早上8点左右、中午11点半到12点半、晚上7点到9点这几个时间段。

对于自己编写的内容每天都可发送，转发链接文章则控制在一条，毕竟没有人喜欢一个刷屏的微信好友。

5. 信息的群发

当我们需要推送一些需要很多好友知道，但又不太方便推送到朋友圈的消息时，一个一个通知好友会非常浪费时间，这时就可以用到微信的群发消息功能。其具体步骤如下：（1）在"我"模块中，依次点击"设置"→"通用"→"功能"，在已启用的功能区域中点击"群发助手"栏目，然后点击"开始群发"按钮，进入群发助手页面；（2）在群发助手页面底部，点击"新建群发"按钮，进入选择收信人页面，选中需要发送消息的联系人，然后点击"下一步"按钮；（3）在群发编辑页面中的文字输入框中输入消息内容，点击"发表"按钮即可。

三、微信群营销

（一）微信群增粉技巧

开展微信群营销的前提是要添加对方为好友，微信群增粉的方式主要有自建群和加入群两种。

1. 自建群增粉技巧

自建微信群增粉，即通过组建微信群，将具有相同属性和需求的消费者聚集到一起，开展营销活动的方式。因为微信群都是基于某一个共同的兴趣、关系、特征而聚集在一起的，如妈妈群、旅游群等，所以通过组建精准的微信群，所加的好友都是精准的目标客户。

（1）雷达加好友

当一群好友在一起时，使用"雷达加朋友"将会事半功倍。只要在场的人同时点击"雷达加朋友"，就会扫描出此刻一定距离内打开雷达的好友，有绿色对勾标志的表示已经是好友状态，没有绿色对勾标志的表示还没有加为好友，然后只需要单击头像即可批量添加。

（2）面对面建群

"面对面建群"也是一个非常快速建群的方法。只要在现场的人打开"面对面建群"，输入同样的四个数字，就会进入同一个微信群中，非常方便快捷。

（3）线下活动建群

上述两种方法需要目标群在同一个现场，因此，需要开展线下活动吸引目标人群参与，在活动开展过程中自然建立群组关系，通过已入群的目标人群口碑传播，还可以吸引更多的目标消费者。如：汽车销售公司，通过组织车友会线下自驾游活动，自然地就形成了车友微信群圈子，树立了良好的品牌形象。

（4）多平台引流

可以在QQ、微博、论坛、美拍、抖音、B站等社交短视频平台上留下自己的微信号，只要你乐于互动，喜欢分享，与目标群的偏好一致，能够为用户提供有用的资源，就一定会有人通过搜索微信号将你加为好友。

电子邮件落款处留下微信号或者二维码方便别人添加，也是一个非常好的方法。可以精心设计一个落款模板，在电子邮箱的功能中设置好，之后每次写邮件都会添加上微信号或者二维码，非常省事省力。

写文章或者引用他人的文章，在分享过程中，加入自己的微信号或二维码，然后发布到自己的微信公众平台、博客、各大与产品相关的论坛和贴吧等，这种方法是效果最快，所加好友最精准、黏度最高的一种方法。

此外，还可以将带有微信号或者二维码的软文推广到百度系列产品里，如百度知道、百度经验、百度文库等，可以使利用百度检索相关产品信息的用户搜索到，提高展现量。

（5）线下送礼品

可以通过线下送小礼品的方式吸引目标用户关注个人微信。例如，在微信卖面膜生意的一个微商，就是通过与外卖小哥、肯德基、麦当劳、快餐店合作，是女性客户订餐就送一张面膜，并通过要求这些拿到面膜的用户，扫描面膜上贴的该微商的二维码加为好友，领取更多礼品的申领流程，一个月时间，积累了五万好友，而且绝大部分都是精准用户。

线下送礼品活动的前提条件是：一定要找准目标群体，及时转化加入微信的目标群体，否则会出现一些为了领取礼品加入的用户，这样微信粉丝流失率会比较高。

2. 加入群增粉技巧

（1）搜索社群

可以直接使用 QQ 群搜索相关关键词查找相关的群。在百度搜索"×××QQ 群""×××交流群"等关键词。使用 QQ 的"附近的群""兴趣部落"等功能进行检索。搜索相关明星、核心人物的微博、论坛等社交平台信息，从中找寻线索。

（2）口碑式推广

借助一定的名气、有威望的人的推荐，或者借助朋友的口碑推广，通过建立良好的信任关系，也能快速吸引粉丝。

口碑式推广的前提是：个人微信一定要有专业性，在某一个方面是有价值的信息的提供，否则尽管加了很多好友，也不能提升转化，反而还伤害了朋友的信誉。

（3）参加交流会

参加一些交流会、线下论坛、行业交流等线下活动，多与客户进行交流，建立关系，拿到他们的微信，这种方式添加的人黏度很高，信任度也很高。

（二）微信群粉丝转化技巧

在组建起微信群以后，需要对群内粉丝进行商业变现，将客户锁定在一个封闭的群空间内进行一对多的服务和理念灌输，让客户感受到企业的诚意和态度，最终转化为忠实粉丝。

1. 设置欢迎语

当用户刚加入微信群时，往往会有陌生感和紧张感。这时，可以设置欢迎语，如"欢迎××进入我们这个大家庭"等。这样一来，可以消除新用户的紧张感，二来可以增加新用户对微信群的好感度，提升微信群的活跃度。

2. 制定群规则

无规矩不成方圆，制定一定的微信群规则，并使群成员遵守规则，有利于微信群的健康发展。制定群规则时，既要在用户加入时就告知规则，还要每隔一段时间在群里发布规则，以巩固用户对群规则的印象。

3. 打造群文化

当前的微信群，仅仅靠共同利益来连接和维护是不够的，还应该树立群成员的共同理念和追求，打造积极向上的群文化，这样才能让微信群长久存在下去。群文化包括：共同的目标、共同梦想、正面品质。

4. 增加实用性

用户在加入微信群时，往往是抱着学习知识、拓展社交关系、了解新鲜资讯的目的。因此，微信群若想变得壮大起来，就需要尽量满足群成员的这三种需求，为群成员提供详细的资料、互动活动、新闻资讯等内容。

5. 更改群名称

微信群的名称如果长期不变，容易造成群成员的审美疲劳，使微信群的活跃度降低。所以每隔一段时间，可以将群名称进行更换，使群名称更符合自己现有的特点。这样可以激发群成员的兴趣，提高微信群的活跃度。

6. 制造新噱头

在微信群营销活动中，可以适当制造一些新噱头，以达到吸引人眼球的目的。这样可以激发群成员的兴趣，引起群成员的广泛议论和关注，从而提高群的活跃度。

7. 删除无效成员

在微信群中，具备东拉西扯、万年潜水、传播负能量等属性的成员，属于无效成员，需要定期清理，维持群内氛围的活跃、积极、向上。

（三）微信群互动营销活动

微信群重新定义了品牌与用户间的互动方式，传统的营销推广方式中，是通过各种媒体把产品以广告的形式推出去，推送者并不知道：自己的产品被谁关注、关注多少、什么时间被关注、什么地方被关注，也无法与用户进行交流；而通过微信群将产品营销推广出去，当产品得到目标用户关注后，便可与用户达到几乎100%的交流，用户的黏性与精准的营销数据远远超过了传统的推广方式。下面以某社区水果店微信群营销为例，具体说明微信群互动营销活动的开展。

1. 用户需求定位

微信群营销的关键点在于抓住用户需求的"痛点"，用户才会心甘情愿加入微信群，并且不会屏蔽。社区水果店在开展微信群营销之前，首先会对所在小区房价、楼龄、入住率、竞争度等方面进行具体调研分析，了解该小区住户群体类型。例如某小区的住户都是白领精英人士，这类人群对日常生活品质有较高要求，但缺乏时间外出采购，既有一定的经济基础，又有开展微信群营销的条件，且在调研中发现，采购水果等食材，基本以女性为主。

2. 拉群裂变

建微信群就是在建立自己的圈子，要深耕这个圈子，让这个圈子的人都有信任感。在定位了用户需求以后，水果店首先建立了自己微信群，并取名为"欢乐时光美味团"，将微信群的二维码打印出来，写明：新店开张，邀请3人加群，可1元领水果一份，分发到小区住户手中。在分发传单过程中，特别注意选择年龄在30～40岁的女性客户。女性消费者本身具有爱热闹的特点，因此，通过每人拉3人进群的方式，在短短1天时间内群成员增加到500多人。

3. 目标人群筛选

加群的不一定都是精准的目标客户。因此，水果店对群成员进行了仔细的筛选，不做图便宜、高要求的客户的生意，用价格把非目标人群挡在门外，重点满足高端客户需求。并且只做高端水果，该水果店只做精品水果，且品类控制在 20 种以下，低单价的常规品类一般不做。如：榴梿、芭乐、莲雾、黑提、小番茄、珠宝李、蜜瓜、小黄瓜、点心和部分干货。

4. 群互动

微信群是一个增加互动的入口，要想用户产生信任感还需要经营好自己的朋友圈。在朋友圈要不定期晒采购水果的过程、撰写水果营养知识的推文，使微信群目标客户相信所有的水果都是最新鲜的，慢慢与客户形成朋友关系。在微信群少打广告，可以通过做互动小游戏进一步增粉。

此外，微信还可以通过公众号、微信广告灯渠道进行营销，篇幅所限这里不再一一介绍。

第二节　微博营销

一、微博营销概述

（一）微博营销的概念和特点

1. 微博营销的概念

微博营销是指个人或企业借助微博平台进行的包括品牌推广、活动策划、形象包装、产品宣传等一系列的营销活动。每个微博用户都有自己的独特粉丝，每个粉丝都会成为微博营销的对象。企业通过更新自己的微博内容向潜在客户传播企业信息、产品信息，及时与用户互动，或发布一些消费者普遍感兴趣的话题，以吸引消费者眼球，这样的方式就是所谓的微博营销。

微博营销注重价值的传递，其互动性强、营销布局全面、对潜在客户定位准确，移动端的庞大用户规模也保证了营销效果的最大化，因此强烈地吸引着广告主们的关注。

在移动互联网营销中，基于微博的功能优势，借助微博平台展开客户服务、策划营销活动等成为企业开展市场营销的热门选择。同时，微博是中国社交网络当中唯一一个跨PC 和移动端双端的产品。依托于新浪网和新浪博客，新浪微博的媒体特征明显，用户使用微博之后，可以实时了解到社会上的各类热点问题。同时，作为一种社会化媒体，微博的互动性和娱乐性特征也非常强，用户可以随时在微博上发布消息，与博友开展互动，或者参与各类媒体、企业、机构举办的互动活动。

2. 微博营销的分类

（1）个人微博营销

很多个人的微博营销是由个人本身的知名度来得到别人的关注和了解的，知名演员、成功商人或者是社会中比较成功的人士，他们运用微博往往是为了让自己的粉丝更进一步地去了解自己和喜欢自己，微博对于他们是用于平时抒发感情的，功利性并不是很明显，他们的宣传营销目的一般是由粉丝们跟踪转帖来达到的。

（2）企业微博营销

企业一般是以营利为目的的，他们运用微博往往是想通过微博来增加自己的知名度，最后达到销售自己的产品的目的。往往企业微博营销要困难许多，因为知名度有限，短短的微博不能让消费者对商品有一个直观的理解，而且微博更新速度快，信息量大。企业微博营销时，应当建立起自己固定的消费群体，与粉丝多交流，多互动，多做企业宣传工作。

3. 微博营销的特点

（1）高速度

微博最显著的特征之一就是裂变式传播方式，可以说是病毒式的传播速度，信息被瞬间传播扩散，以及爆发式的影响力。一条关注度高的微博在发出后在很短的时间内转发量就可以达到几十万，在极短的时间内被最多人阅读。许多品牌推广在微博上一经曝光就能够形成爆炸式的传播，传播速度之快可以秒杀其他任何一种传播媒介，其影响力不可估量。

（2）立体化

随着互联网技术的高速发展，微博的展现形式日臻丰富与完善，比如长微博的诞生、相关图片、音频、视频的链接，推动微博有效突破了 140 字的局限，从而使得微博营销可以借助先进多媒体技术手段，以文字、图片、视频等展现形式对产品进行描述，从而使潜在消费者更形象直接地接收信息。

（3）便捷性

微博具有媒体属性，是将信息广而告之的媒介，但是与其他媒体相比，微博注册免费、操作界面简洁、操作方法简易（所有操作都基于信息发布、转发、评论），又有多媒体技术使信息呈现多样形式。而运营一个微博账号，不必花大价钱架构一个网站，不必有十分专业的计算机网络技术，也不需要专门拍一个广告，或向报纸、电视等媒体支付高额的时段广告费用等，充分利用微博的"自媒体"属性，做好"内容营销"即是微博营销的王道。

（4）低成本

在微博上营销无须投入过多的资金成本，相对于传统的广告行业，微博无疑节省了大量的人力、财力和物力。虽然传统媒体仍然有公信力强、显性效果容易检测等传播上的优势，在传播中占有很大的份额，但是其巨额的广告推广费越来越让商家望而却步，并逐渐转移到微博这块沃土上。微博营销低成本，甚至零成本的优势已经获得越来越多的企业青睐，微博营销已经成为微时代下企业开展营销的不二选择。

（5）广泛性

微博通过粉丝的关注形式进行病毒式的传播，影响面极广；同时，微博的名人效应能够使简单的事件传播量呈几何级放大。微博的裂变式传播加上名人效应，使得微博营销的价值实现了最大化。比如 OPPO 手机的成功就在于善于借助微博营销的广泛性的特点，利用电视演员影响力广进行营销，通过知名演员的微博帮助 OPPO 进行活动宣传，得到粉丝们的关注与积极参与，他们发布的微博少则获得十几万的转发量，多则达到几百万，其影响之广泛不言而喻。

（二）微博营销的价值及常用策略

1. 微博营销价值

（1）客户服务

微博可以为企业提供用户追踪服务，在追踪模式中，可以开展对产品、品牌的信息传播，并与顾客进行对话，缩短了企业对客户需求的响应时间。

（2）互动形式

与传统的互动营销相比，微博互动形式可以搭配地域人数的限制，全国乃至全球的受众都可能成为互动营销的参与者，更重要的是来自不同地区的志趣相投者可以实时沟通，进行更加深入的交流，品牌的烙印会在体验与关系互动中更加深刻。

（3）硬广形式

刺激用户热情，以许可式、自主式进行广告，根据爱好人群，定位精确，营销效果更好。

（4）公关服务

营销团队可通过微博客平台，实时监测受众对于品牌或产品的评论及疑问，如遇到企业危机事件，可以通过微博对负面口碑进行及时的正面引导，使搜索引擎中有关的负面消息尽快淹没，使企业的损失降至最低。

（5）客户管理

微博作为一个营销平台，拉近了人与人的距离，自然也可以拉近企业与客户的距离。在微博上，企业可以时时刻刻掌握客户的状态和需求，根据客户的需求将客户进行分类，然后有针对性地分类精确管理，能够更有效地维护和管理客户关系，这是传统的营销方式无法做到的。

3. 微博营销常用策略

（1）活动营销

微博最善用免费、促销模式。免费的东西和促销活动，无疑对萌动的消费者来说有着重量级的杀伤力，而微博比博客迷你且灵活，而且很大的一个特点就是可以迅速传播。

（2）意见领袖

网络无权威，但是有意见领袖。他们在女性、互联网、美食、休育、旅游等领域掌握着强大的话语权，时刻在潜意识里影响着数以万计的围观群众。如果想让品牌、产品传播得快，那么一定要锁定重要的意见领袖，并引导意见领袖去讨论、传播产品。

（3）内容营销

微博的迅速发展模式是迄今为止传播最为便利的工具。基于用户喜欢你的内容从而产生值得一看、值得一读的需求，真正与用户达成情感上的共鸣。

（4）情感营销

品牌的塑造不仅包括产品、符号、个性，还有很重要的一点就是企业本身，空洞刻板的企业文化很难与消费者沟通，而在互联网上的微博有着无可比拟的亲和力，它少了些教条，多了些人性化。企业选择微博这种轻松的互动方式，可以调动用户参与其中，深入用户的内心，用情感链条连接起品牌的营销力。

二、微博营销步骤与技巧

（一）微博营销步骤

1. 方向确定

进行微博营销时，首先需要确定整体方向，即商业目标、营销传播目标和目标受众。商业目标或经营目标，即在一定时期企业生产经营活动预期要达到的成果。营销传播目标即市场营销及传播活动希望实现的目标。目标受众是业务及营销传播所针对的群体。

2. 微博营销现状分析

微博营销至少需要分析 4 个方面：一是微博平台；二是企业希望与其进行沟通的目标用户；三是企业的直接或潜在的竞争对手；四是企业自身，如现有企业微博。

（1）微博平台分析

以新浪微博企业版为例，相比于新浪微博个人版，新浪微博企业版提供了更丰富的个性化页面展示功能、更精准的数据分析服务，以及更高效的沟通管理后台，特有的蓝色"V"字认证，更能使粉丝和消费者产生信赖。在微博中的企业能够更便捷地与目标用户进行互动沟通，提升营销效果转化，挖掘更多商业机会。对这些功能的了解，必然有助于发现对企业有价值的机遇和营销方式。同时，量化公开的业界报告对于给公司提供重要数据和信息也非常有效。

（2）目标用户分析

对目标用户在微博上的心理及行为特点进行全面分析，了解其喜好，从而投其所好，满足其需求，实现精准营销传播。通过微博用户发微博、评论和转发，按周和 24 小时的具体时间分布，有助于了解企业应该在什么时间发布微博或与用户进行互动。

建立用户的兴趣图谱可以帮助微博营销快速识别目标用户并开展适当的宣传活动。所谓兴趣图谱，就是粉丝的性别、年龄、地域和主要关注对象等一系列信息的集合，建立用户兴趣图谱最简单的方式就是对具有同样目标客户群的企业微博粉丝进行分析。

（3）竞争对手分析

了解竞争对手的微博运营情况也是非常重要的，可以按照行业情况，竞争对手的粉丝数、关注数、微博总数、首次发博时间、话题分布等基本指标进行考察。企业也可以据此制定活动相关指标的度量。

（4）企业自身分析

如果企业自身已经拥有官方微博，那么对企业自身的微博现状进行分析必然是一个重要环节。例如，通过本企业最近 1 个月内发布微博的 24 小时分布情况和目标用户 24 小时的转发和评论情况做一个对比，就可以判断出企业的发布微博时间是否合理、是否是在用户最活跃的时间段发布微博等。

3. 目标设定

（1）微博营销目标

微博营销传播的目标设定是与企业的商业及整体营销传播目标保持一致的，而且应该遵循 SMART 原则，即 S（Specific，明确性）、M（Measurable，可衡量性）、A（Attainable，可实现性）、R（Relevant，相关性）、T（Time-based，时限性）。

（2）关键绩效指标

在关键绩效指标的设定中，有一个误区需要引起注意，即盲目重视粉丝数量，不重视粉丝质量，这也是造成僵尸粉横行的原因之一。

4. 战略战术

微博营销传播的具体目标和关键绩效指标确定后，相当于"目的地"已经非常明确了，下一步就是要确定"如何抵达目的地"，即战略和战术的制定。

（1）架构策略

①账号定位

微博账号定位从3个方面来考虑：服务人群、企业自身形象和微博运营目的。

服务人群定位需要根据目标用户的喜好、性别、地域等特点进行，用于指导该账号的发布内容。

企业自身形象定位需明确企业的优势，做出差异化，需要考虑希望给受众的印象、能够提供的价值、微博语言风格和运营者自己的特色等。

微博运营目的是指设定微博账号的目标是用于品牌宣传、客户管理、销售还是公关关系。

②微博矩阵

微博矩阵表面上是根据产品、品牌、功能等不同定位需求建立的各个子微博，实质上是通过不同账号精准、有效地覆盖企业的各个用户群体。在战略上通过布点、连线、成面、引爆、监测来实现营销效果的最大化，在微博的世界里让企业的用户各取所需，却又无处可逃。

③微博装修

在微博装修的时候，一定要注重细节上的完善，微博标签、昵称及简介都是直接影响微博内部搜索和是否能迅速转化为粉丝必不可少的条件。

微博装修内容包括微博昵称、微博头像、认证信息、微博简介、背景模板、微博标签、公告栏目、个性域名、友情链接和封面图片等。

（2）关注策略

它有两层含义：一层是如何吸引粉丝的关注，另一层是企业品牌微博如何通过主动地关注别人来实现自己的目标。

①吸引粉丝关注，做法大致有以下几种

a. 自有媒体推广：在企业自主拥有的媒体上进行推广。

b. 付费媒体推广：传统意义上的媒体购买和推广。

赢得免费的媒体报道推广：通过社交媒体转发推广，如通过高质量的内容吸引微博粉丝主动转发和关注。

制定巧妙的微博用户主动关注策略是增加粉丝数量的重要手段。

②作为一个企业账号和媒体账号，一般会关注以下几类账号

a. 同行业的优秀企业账号（合作或竞争关系）。关注行业动态，学习微博运营经验。

b. 行业媒体和大众传媒。获取资讯，并尝试互动。

c. 微博上的热点人物和意见领袖。微博的热点往往出现在这两类账号上，做到及时互动或者借势营销；关注大V们在谈什么话题，适当地@、评论、私信互动有时就会博得他

们的关注。

d. 热心（常常评论、转发和提建议）和幸运用户（如第 1 万个粉丝），还有经常投稿的有才用户、经常提意见和建议的问题用户。这些用户都会帮企业产生优质有趣的内容，但也会带来投诉，投诉一定要处理得当，处理好了是口碑，处理不好就成了危机。

e. 媒体账号（记者）应该关注经常提供线索的爆料用户，对品牌忠实度高的热心读者。

f. 关注企业领导、骨干员工和认证员工，媒体账号当然要关注记者、编辑，让他们有归属感，同时监测员工的言论，防止他们犯错，与他们互动，通过私信等方式引导他们的舆论。

（3）内容策略

一个优秀的内容策略对微博活动的成功具有显著推动效果，其中有三点非常重要：内容主题、内容来源和内容发布规划。

根据企业微博运营的目的，进行品牌推广、产品介绍、增加粉丝、活跃粉丝等一系列的内容规划。

①品牌推广类

利用品牌故事、企业活动、企业新闻、经营理念，以及其他形式的品牌语调来宣传公司品牌，树立形象。

②产品介绍类

产品归类、产品盘点、产品功能、产品上线等一切以产品为中心的内容，以及引导和教育市场的内容，还有店面环境、顾客反馈、良好体验等以宣传产品为主的内容。

③活动类

微博话题、转发有奖等与产品、增粉、活跃粉有关的内容。这一类一般都是规定话题规则、转发规则，用奖品刺激用户参与，不断产生内容，增加互动量，进而提高活动的影响，达到目的。

④鸡汤类

鸡汤就像八卦一样，是用户最喜欢转发的内容之一，而运营者所需要做的就是将鸡汤和产品联系起来。例如，图片配上产品信息或产品图或是产品 LOGO，潜移默化地树立产品的品牌个性，争取用户共鸣。

内容来源则主要包括三大类型：原创、转发、互动（与网友评论交流等）。发布时间取决于业务需要，可以制定年度、季度、月度、一周内容日程，并根据上面提到的内容主题提前准备好相关内容，从而指导日常的内容发布和更新。准备并保持一个发布时间规划（类似于媒体刊登计划），并且提前准备好相关内容用于指导每日发布与更新。

规划好每个类别栏目的比例，发送的时间、内容展现的形式、内容的来源和维护更新方式。

（4）互动策略

微博是社交媒体，更多的也是企业与粉丝互动的平台，相信没有一个粉丝会永远守着不会说话的报纸。所以，必要的互动，不仅可以提高品牌知名度，同时也是了解粉丝动向的法宝。

①和谁互动

要互动，首先需要找到要互动的人，即要与哪些人进行互动。微博营销的目标是扩大传播范围，增强影响力，因此互动群体可定位为名人、行业达人等在某些领域具有强影响力的一类人，他们往往拥有大量的忠实粉丝，粉丝对他们说的话也会积极转发。

②互动什么内容

互动内容直接影响到互动群体能否跟自己形成互动，并且对之后的传播也产生重要的影响，因此在设计互动内容时要特别注意。

可以通过以下几种方式寻找互动内容：①职业方向。例如，很多有影响力的人都会在微博上进行认证，可以准确了解他们的职业背景，另外通过观察他们的微博标签和所关注的人可以大致了解他们的关注点在哪里。②微博内容。观察他们在微博中经常发哪些内容，也能大概了解他们的爱好和对某些事情的观点。③相关博客或专栏。一般的名人或专家都会有自己的博客或专栏，通过阅读他们写的内容，可以从中看出他们的关注点和研究方向。

③怎么互动

确立了互动内容，就要想互动的形式应该是怎样的。一般情况下，可以通过以下几种方式进行互动：①引用原话，并@TA；②转发TA的微博并加入自己的观点以期形成互动讨论；③发布相关微博，并@TA，这对内容要求比较高，需要和TA的核心价值观保持高度一致；④转发他人微博，加入自己的观点，并@TA，同样这对内容要求也比较高，并且转发的微博最好也是出自有影响力的人群。

（5）优化策略

①选取热门关键词

做微博关键词搜索优化的时候，要尽可能地以关键字或者关键词组来开头，尽量利用热门的关键词和容易被搜索引擎搜索到的词条，以增加搜索引擎的抓取速率。

②关键词的选取要适当

微博关键词搜索优化，微博的信息是非常重要的。搜索引擎会把微博的信息纳入搜索结果中，它们的索引算法也会根据微博的内容，选取信息作为标题，这些内容的关键词被选择上也就很重要了。

③微博用户名称相关度

用户名和搜索关键词相关度越高，排名越靠前。如果搜索的关键词就是微博的用户名，排名会加分，但是不是完全排在第一，还要根据其他数据综合排名。所以在设置微博名称时应该考虑目标用户群可能搜索的关键词。

④已关注用户排名最靠前

对于已经关注的用户，会排在最前面，而在已关注用户中的再次排名，规则和总的排名是一样的。

⑤微博粉丝、关注数和微博数

粉丝关注度越多越靠前，这个指标对于排名的影响比较大。关注数越少，排名越靠前，影响较小。微博越多，说明微博用户比较活跃，排名就会靠前。在相同粉丝数量的情况下，就会通过关注数和微博数排名。所以，为了提高排名要增加粉丝数量，减少一些关注，多活跃发微博。

⑥微博简介及标签

如果微博简介和标签中也有关键词，排名会加分。如果微博质量高，即使名称中没有关键词，也可以获得较好的排名，同时也方便别人通过标签搜索。所以标签和简介的设置也很重要。

⑦认证微博

认证后的微博在同等情况下会排名靠前。

⑧微博内容质量、转发评论数等

内容质量越高排名越靠前，转发评论数越高排名越靠前。但是目前这两个因素对排名的影响不太大。

5. 运营规划

在宏观的战略和具体的战术作为方向指导下，运营规划也是非常重要的。

（1）粉丝管理规划

针对不同微博行为特点的用户，应该针对其行为和偏好等，采用不同方式进行沟通与交互，从而进行有效的粉丝管理。

（2）意见领袖管理规划

意见领袖关系管理是一个长期的、动态的过程，需要有方法和工具的支持。从相关度、影响力和合作机会3个维度对意见领袖进行综合评估。

相关度是指该意见领袖与企业传播目标和内容的相关程度大小。影响力是指该意见领袖的影响力大小。合作机会是指与该意见领袖达成合作的可能性大小。根据这3个维度，可以制定出一套意见领袖管理模型，针对不同的意见领袖，采取不同的管理措施。

（3）微博活动规划

从是否涉及其他平台的角度，微博活动可以进行以下几种规划。

微博活动：仅使用微博平台。

整合线上活动：微博+其他网络营销渠道。

整合活动：微博+其他网络营销渠道+线下渠道。

（4）整合营销规划

微博营销只是众多营销形式中的一种，是为了实现总体目标的众多手段之一。因此，微博营销不能孤立地考虑微博平台的情况，必须要与其他营销形式相结合，优势互补，共同为总体目标服务。

（5）资源规划

这里的资源包括人力、财力、物力等多个方面，如规划好需要的年度或季度预算，建立相关团队或者与外部代理商进行合作等。

（6）舆情监测与微博危机管理规划

很少有人会质疑市场营销的潜力，然而，网络舆论就像一把双刃剑。客户可能投诉，人群可能传播负面信息，而企业机构在危机发生之时，可能并无防备，难以回应与处理。所以，为了应对危机，对微博的实时监控必不可少。

国内的社交媒体平台与国际环境有很大不同，如新浪微博，很多国外工具是无法监测的。这里可以考虑针对国内网络平台和环境而量身定制的国内相关工具。

6. 运营行动

各司其职，分工协作。在制订运营计划的过程中，不同类型的工作，需要不同的团队和人员。例如，全年的微博营销战略规划，需要策划方面的人才；日常微博的内容来源搜集、内容撰写、微博日程的规划等，需要内容和文案方面的人才；而微博的图片处理和企业版微博首页的设计，需要美术设计和用户体验方面的人才等。

7. 监测控制

在采取行动的过程中，为了保证绩效的不断优化，持续的监测和控制是必不可少的。为了保证绩效的不断优化，需要工具的支持来收集必要的数据。

（1）数据监测——微博的主要数据

①关注数

当前博主关注其他微博 ID 的总量，反映博主的主动参与度，一般在开始阶段迅速增长，之后可能不增长或负增长。

②粉丝数

当前博主被多少微博 ID 关注的数量，反映博主的言论影响范围和覆盖范围，对微博信息的传播有重要意义。

③微博数

当前博主在一段时间内所发布的微博的数量，反映博主的在线率和活跃程度。总微博数是指自博主开通微博以来发布的微博的总数。

④转发量

某条微博被转发的次数总和，反映微博信息的传播力度和效率。

⑤评论数

某条微博被评论的次数总和。

⑥总话题量

针对某一感兴趣的话题，在微博搜索栏中输入关键字后，搜索出关于该话题的结果数。

（2）数据收集

企业可以通过微博管理中心收集数据。数据中心有 4 个模块：粉丝分析、内容分析、互动分析和行业趋势，其中粉丝分析是免费的，其他的是付费的。如果数据中心功能还不能满足需求，也可以使用商业数据分析及获得微博官方数据或者其他的数据功能。

（3）数据分析

①粉丝数量和活跃度

目标粉丝的数量和活跃度是第一类指标，它比单纯的粉丝数量要有意义得多。因为目标粉丝是企业的客户，是真正会消费企业产品的人。此外，活跃的目标粉丝才是最有价值的粉丝。活跃度可以由目标粉丝的日均发微博数量、企业微博平均每条微博的转发和评论人数占总的目标粉丝人数的比例等指标组成，通常在一个时间段内进行分析，以反映目标粉丝活跃度的变化趋势。

②传播力

传播力是第二类指标，它反映了企业微博的内容与用户兴趣的匹配程度。用户对企业微博的转发、评论和收藏等活动都说明用户对于微博的内容有兴趣，将这些活动进行量化可以组成传播力的基本模型。另外，企业微博被非粉丝用户转发也是传播力的重要体现，它表明企业微博借助粉丝的影响力传播给了更多的用户。

③好感度

好感度是第三类指标，它反映了用户对于企业微博内容的情绪反应。目前，成熟的数据分析工具可以通过对用户评论的分词和语义分析,大致量化用户的情绪,如计算"好""恶"类词语的比例来反映用户的态度。

④粉丝特质

粉丝特质分析包括该粉丝的粉丝数、关注数、发微博次数、转发次数等基本内容,这些特质只能分析得到最基本的粉丝信息。

(4)优化控制

当发现企业所做的营销内容未达到预期效果时,可从以下几点考虑并对内容做评估优化:①内容没有和用户的状态挂钩,引不起兴趣;②内容展现的形式平铺冰冷,无创意、无人情味;③内容附图排版和色彩太差,无美感、无贴合感;④活动内容发布后,没有进行渠道的传播,酒香在深巷人不知;⑤内容发布的时间不恰当,未根据粉丝群刷微博的习惯时间来发布内容。

(二)微博营销技巧

1. 定位(账号领域)

想要实现微博的长远商业价值,一个独立领域定位的微博肯定比一个大杂烩的微博走得更远,更易实现商业价值,而且在推广的时候更容易抓住核心的粉丝用户。例如,定位为美食、宠物、心灵鸡汤、情感、旅行、公知等,每一种定位背后都有天然的商业价值存在。目前美食微博发菜谱、宠物微博发萌宠图片的模式显然已经过时了,一定要寻找独立的边缘领域,塑造自己的特色。以@柒个先生为例,它就寻找到了一个独立的特色,以萌宠金毛狗的口吻讲情感,情感的话题都以美食特点作为特色素材,积累吃货和金毛狗的粉丝群体。

2. 话题(讲故事)

不做素材的搬运工,原创可能会累,但是粉丝忠实度高。以话题#我和柒小汪的七个约定#为例,持续讲连载故事,3个月引发超5万人转载分享,3000万人阅读,吸引3家出版社邀约出版。这就是故事的魅力,一个好的故事会成就一个微博的独立特色,让粉丝有追剧情的趣味感。

当然,最有效的微博话题一定是互动话题,让网友有参与感的话题,这样的话题才能实现网友产生内容,才能挤进话题的排行榜。例如,#免费画头像##免费送故事##免费找对象#,好的互动一旦进入前10排行榜,每天增加几千甚至过万个粉丝很轻松。

3. 热门微博(抢曝光)

一般来说,每小时的热门榜单增加几百个粉丝不成问题,一旦进入24小时热门排行榜,粉丝一天能否破万就看话题自身内容的关注度了。原创故事#我和柒小汪的七个约定#开始微博连载时,第一集当时转发6000多次上榜,维持24小时,最后触动15000多次转发,增加了8000多个粉丝。

上热门榜单有一定技巧,那就是热度。只要不是明显的商业广告,就有机会上热门榜单。那么如何来实现热度?进入24小时榜单难度系数太高,那么就玩小时榜,持续关注这个榜单你就会发现,上榜的微博一般发布时间靠近整点,发布后一定要在最短的时间实现阅读量的增加,记住是阅读量,这个数据只有自己的微博可以看到,转发、评论、点赞在上榜前贡献值会弱一些,所以有效账号的转发很重要,而且是第一时间转发很重要。这就要求转发的号必须有绝对够多的真实粉丝。如果没有足够多的真实粉丝,那么只有利用人海战术冲热门榜单。

4. 互推（会借力）

互推是一种有效的增粉丝推广方式，是微博账号之间互换粉丝的一个过程，你有 1 万个粉丝，我有 1 万个粉丝，我们之间互推内容，也许最后我们每一人都有 12000 个粉丝。参与互推的同等级账号越多，交换的粉丝就越多。组织的力量是无穷大的，而且内容的互推会实现微博内容的有效阅读，为冲热门排行榜提供了有效的途径。

寻找互推资源，首选 QQ 群，其次是联系与自己相当的账号。建立了有效的互推渠道后，增粉就有了计划。现在微博的活跃度在下降，抱团肯定有利于内容的传播。

5. 带号（会借势）

想要做一个漂亮的自媒体账号，找大号来带小号也是必经之路，这样粉丝转化率高，如维护美食类账号，找美食类的大号推自己的内容，这样精准的转化肯定最有效。当然，弊端就是要投入，私信大号谈好价格，根据效果不停地更换带号的大号就可以了。如果经济实力可以，同时一次性由五六个大号来带，只要内容足够有吸引力，粉丝增加五六千不成问题。但关键是内容的输出和大号的选择。

三、微博营销活动策划

（一）确定活动主题

微博营销活动是微博运营中很重要的一环，它能够在短时间内聚集到大量的关注和人气，而且还能够增强博主和粉丝之间的互动。活动的类型多样，不同的活动目的也不同，目前，微博上最常见的活动目的就是增加微博的活跃粉丝和推广产品，可以自己组织策划活动，也可以联合其他一些博主共同组织策划活动，且企业和个人可以根据实际情况来选择策划哪一种类型的活动。

活动的主题方向设计对整个活动的导向、最终效果发挥着至关重要的作用，所以在策划每一次微博活动前都要先确定活动的主题，之后的所有活动方案都要围绕这个主题来做。只有主题明确了，才能吸引对其感兴趣的粉丝参与其中，并快速形成话题口碑传播，无限地转发、传播、扩散下去。

可以选择节假日来做活动主题，如春节、情人节、端午节、中秋节、国庆节等，这类节日通常都是大家集中做活动的时间节点，此时人气聚集，关注度高，属于大众话题类，人人都可以参与，只要你的话题有趣、可参与度高即可。而且整个微博平台也会有很多关于节日的热门话题，此时做活动，是增加曝光的最佳时机。除了传统节日，企业和个人也有属于自己的纪念日，如企业创建周年纪念日，个人涨粉的纪念（如涨粉到 10 万，可以策划一次粉丝福利活动），以及其他时间节点的粉丝福利活动，类似这样有纪念意义的日子都可以策划微博活动，可以持续做一段时间，这样更容易培养粉丝习惯，到时间就会来你的微博参与活动。

除了节假日、各种纪念日的主题活动，还可以想出很多类型的主题。

（1）季节性的主题

春季：#我和春天有个约会#、#幸会暖春嘉年华#、#春天有梦来#、#春季美妆节#；

夏季：#约惠夏天#、#夏日话清凉#、#冰爽夏日激情回馈#、#夏天这样瘦#；

秋季：#最美秋天#、#秋天橘子熟了#、#金秋感恩伴你同行的他#、#金秋送礼#；

冬季：#那年冬天风在吹#、#冬季女神必备礼#、#冬季恋哥#、#这个冬天你恋爱了吗#。

（2）公益性的主题

#冰桶挑战#、#大手牵小手、圆梦微心愿#、#公益是一种职业#。

（3）比赛性的主题

#搞笑红人大赛#、#舞技大赛#、#萌宠睡姿大赛#、#六一卖萌大赛#、#演员仿妆大赛#、#电商帅哥大赛#、#电商美女大赛#、#清唱大赛#、#端午节秀图大赛#。

（4）各种晒图主题

#晒单有奖#、#晒大长腿挑战#、#晒萌娃福利连环送#、#晒出演员童年照#、#晒晒马甲线#、#晒晒我的男神女神#、#晒效果赢大奖#、#晒旧照#。这些主题活动都非常有趣，有的很具体，只要我们开动脑筋，集思广益，就会有无穷多的主题

任由我们来玩，但前提是一定要结合自己的实际情况，是为了推广产品，还是为了增加粉丝，不要只顾着有趣、好玩而忽略了根本。微博营销活动的策划都是一环套一环的，有引导作用，如可以将微博粉丝捎带着引导加微信、加 QQ，淘宝去拍单等都是可以结合在一起操作的。

（二）明确组织形式

确定了活动主题，还要思考如何将活动做出效果，也就是考虑活动的组织形式。组织形式可以自行组织，也可以联合组织。

1. 自行组织形式

无论是企业还是个人，如果在整个微博或圈子中有一定的影响力和知名度，并且有一定的粉丝基数，保证帖子能够快速转发、传播、扩散出去，都可以自行组织活动。优势是全部的活动策划方案由企业或者个人独立完成，活动的相关流程自己说了算，自由度更大一些。劣势是传播范围有限，面向的受众群体是自己的粉丝，影响面小，只有少部分人参与活动，效果不如联合组织活动共同发力，转发、传播、扩散面广。

2. 联合组织形式

联合组织活动可以按圈子来做，如电商草根圈子、各个培训组织等。他们围绕着一个共同的主题来策划，可以主推一家企业或个人的产品，也可以共推几家的产品，集合所有参与人的资源、人脉来共同完成转、评、赞，扩散范围更广，由某个行业领域的大咖转发，信任感更强。这种活动通常集中在某个时间段来做，爆发力强，更吸引眼球，效果非常好。

（1）微博助农活动

在微博中卖农产品的卖家越来越多，有的是企业，有的是个人，尤其以电商草根圈子最活跃，其中也不乏一些助农组织联合一些新农人共同发起活动，线上、线下联合式活动比较多。因为农产品、生鲜水果之类的产品特别适合线下展现一种纯天然、无污染的一种生长环境，走到田间地头、果园拍一些视频、照片传到网上，或者使用最新的直播形式，这样更直观、更场景化地让粉丝们看到农产品从种植到采摘的全过程。这种活动玩法越来越多的人效仿，以某个行业大咖带头，共同来推广新农人的农产品和各种水果，效果非常不错。

微博助农可以帮助很多滞销果农卖水果，通过微博的传播力量，引起社会各界广泛关

注，并且联系一些线下媒体共同报道，解决了果农的实际问题，这就是微博上草根电商新农人的爱心与力量。

（2）赞助式活动

赞助式活动通常由一个比较有影响力的博主发起活动，其他人自愿参与其中，可以赞助其所销售的产品，在活动中集体展示。如果赞助的人少，可以直接在文案中写上：本次活动由@张三、@李四提供，关注两人即有机会获得奖品等。如果赞助的人多，可以制作一个长图，在图片中将赞助商、赞助产品一一标注清楚，文案中直接写"本次活动所有奖品，由以下一些朋友提供"，当然文案怎么写，可以根据实际情况来编辑。通常这种赞助式的活动，很多人愿意参与的原因是可以借助大咖的影响力，将自己的产品扩散出去，而且可以通过大家集体转发，受众面会更广，在这个传播过程中，也会产生订单，就相当于为一些产品免费做个广告。也有一个人提供赞助产品或现金给一个圈子里比较有影响力的人，由他们发起活动，这种可以在配图中做一个长图，把企业的产品介绍一下，在传播过程中，就相当于一个广告的效果，只要产品够吸引人，就会获得高转、评、赞。但是，在策划活动的同时，也要考虑到活动奖品对粉丝的吸引力。

（3）线上、线下活动相结合

目前，微博中有很多圈子，通过线上结缘，因为有着共同的兴趣、爱好，做同样的事业，所以大家在线上沟通交流、学习。尤其是一些草根圈子非常活跃，他们会在某个时间组织一次线下聚会，如有付费形式的电商干货分享聚会，通常由一个有一定人脉、资源、影响力的人组织，也有做农产品的朋友们组织的以所销售的产品为主题的线下聚会，如"葡萄采摘节"。无论哪种形式，都会把线下聚会的一些场景再发布到线上，形成线上、线下同时互动，让没有走到线下的网友们也可以看到实况，而且积极参与话题讨论中来，通常都会先设置一个微话题，所有人都以微话题的形式发布微博，这样参与的人多了，微话题的阅读量就高，就会增加被官方推荐的可能性。另外，线下活动，也可以撬动纸媒、电视、广播等媒体的关注，形成持续的关注和报道，这为目前做农产品这块的电商朋友提供了一种可操作的方法。

（三）明确活动规则

微博每天的信息是海量的，玩微博的朋友也刷得很快，一扫而过，所以我们做活动的时候，应力求简单，尤其是活动规则一定要简单明了，操作步骤不要太烦琐，粉丝们看到活动后能够容易操作，并快速参与进来，而不是还要花太多的时间去细看活动规则。

1. 常用"关注+转发+@好友"的形式

目前，大家采用的最多的是"关注+转发+@好友"的形式，也已然形成了习惯，无论谁做活动，大家的第一反应就是需要关注博主指定的微博账号，并@几个好友，通常是@1～3个好友，这样操作，一是为了涨粉，二是撬动粉丝的粉丝转发，这样会无限传播、扩散下去。

如果"转发并评论内容"会影响转发的速度，通常大家转发的时候，只需要简单评论一句"支持博主"或者"希望中奖"或者根据转发要求评论，然后@好友即可。值得注意的是，如果必须评论一段文字内容，大家还需要思考、需要打字，会占用一定的时间，没耐心的人会选择放弃参与活动。转发重在快速形成连锁反应，快速扩散，只有这样才能达到预期的效果。

如果想通过微博活动带动自己创建的微话题一起操作的话，可以在规则上说明，需要加上某个微话题，例如"转发+微话题# *** #"。如果微话题热度够高，很容易冲上整个平台的话题榜，增加此微话题页面内容的曝光度。一般节假日做这样的活动比较好，在整个平台关于节日的微话题也比较多，即使你自己创建的微话题，只要带有像"春节、端午节、中秋节、国庆节"等关键词，就会被用户搜索到，也有机会获得系统推荐，这样会吸引一部分粉圈外的人参与其中，扩大活动受众面。

2. 活动时间、活动奖项的设置

活动规则中一定要说明活动开始和截止的时间及活动奖项的设置，目前各位博主做活动的时间3～15天的居多，活动奖项通常以实物和现金为主，现在在官方的转发抽奖新上线了现金抽奖，有资金实力的朋友可以选择这种方式，现金抽奖不一定到最后一天才抽选，可以随时抽选，随时公布某一天的获奖名单，避免了粉丝转发疲劳感。

活动规则实例如下。

①关注@ *** ，@ *** ，@ *** 。

②转发本微博。

③并@ 3 位你的真实好友。

（温馨提示：3 个条件缺一不可）

某月某日将通过@ 转发抽奖平台抽取幸运粉丝 *** 名，每人将获得现金 *** 元。中奖者会收到由@ 微博抽奖平台自动发出的私信中奖通知，本活动由微博官方唯一抽奖工具@ 微博抽奖平台监督，已备案。

这是现金抽奖实例，需要备案，当然也有博主会做转发抽奖送实物的活动，把实物的实拍图上传即可。

（四）编辑活动文案

活动文案至关重要，同样也要简单、清晰、一目了然，文案中主要把活动主题、活动规则、活动时间、活动形式、活动奖项说清楚，告知给大家即可。活动文案通常采用短微博的形式，内容要新颖、有趣、可参与度高，不要太生硬，活泼、轻松、接地气最好，可以搭配长图，图文结合，互为补充，效果更佳。

活动文案中最关键的地方就是活动主题，直接影响用户对活动的第一关注印象，一个好的主题，尤其是具有诱惑力的主题能瞬间吸引粉丝积极参与。

1. 现金抽奖文案主题，突出金额，吸引粉丝

最火爆的转发抽奖形式就是现金抽奖了，可以在奖金额度上吸引粉丝关注。如抽 1 人得现金，几个人平分现金等。

2. 物抽奖文案主题，突出情怀，引起共鸣

一般节假日、某个纪念日，以情怀式的主题做活动最容易引起粉丝共鸣。如中秋节来临前，发布中秋茶礼的抽奖活动，在即将到来的节日里，人们都希望能够获得这份抽奖礼物，所以参与的人很多。当然，这要结合自己的微博定位，如果你的微博主要做演员粉丝后援团，你的粉丝受众群体就是喜欢演员的粉丝，那么这么做的活动是很受欢迎的；如果你是作家，你可以送书，来作为粉丝福利。

3. 新品试吃、试用主题，强调免费，收集反馈

通常做微博活动不仅仅是涨粉丝，更重要的是通过活动，把自己的企业或个人产品推广出去，在开始的时候，一般都采用免费送的形式，然后让大家晒单，进行口碑宣传，尤其是对一些比较适合晒单的产品，采用这种形式效果很好。做活动，重点强调"免费试吃、试用"，意思是连邮费都由博主承担，所以大家不用花钱还能吃到、用到产品，当然愿意参与了，卖家朋友也可以通过试吃、试用活动，收集体验者的反馈，进而调整、改进自己的产品，这是一种多赢的活动形式。如新品试吃、试用活动。

（五）策划抽奖活动

1. 设置抽奖活动

打开手机版新浪微博，点击"我"打开界面；然后再点击"粉丝服务"选项打开"粉丝服务"界面；接着点击"抽奖平台"选项，进入"开始抽奖"页面；最后选择一条发布的微博，点击"抽奖"，进入抽奖设置页面。

有奖转发活动内容提交后，微博活动管理员会在 24 小时内审核活动内容，并将审核结果通过私信进行告知。审核通过后，活动将在设置的时间自动上线。

2. 活动奖品发放

活动奖品的发放代表着诚信，是否遵照活动规则完成奖品的发放工作，及时、准确地发放能够快速在粉丝间树立良好的口碑，下次再做活动就有更多人愿意参与。因为大家已经信任你了，可以把活动奖品发放情况通过微博展示出来，这不仅仅是通知获奖人领奖，也是给其他粉丝看，证明你的活动是正规的、是信守规则的，信任的建立由此而来。

3. 活动后续晒单

无论是现金奖还是实物奖，获奖人"晒一晒"是非常重要的环节，一是证明活动的真实性，让其他人看到后产生信任感，等下一次活动他们就敢于参加；二是尤其是实物晒单，拍出精美的照片晒出来，会产生从众购买效果。当发起活动方再转出这个晒单就更加真实，可以快速建立信任，几次活动做下来，粉丝的参与习惯就会养成，以后只要有活动，他们都会积极参与。

第三节　视频营销

一、视频营销概述

（一）视频营销的概念和特征

1. 视频营销的概念

视频营销有两种含义：一是指视频网站如何营销自己；二是指具有营销需求的各类企业、组织机构或个人如何在网络上进行视频形式的营销。本书所指的是后一种定义，营销的主体为具有营销需求的各类企业、组织机构或个人，营销所借助的载体是网络视频，包括在线视频网站、门户网站及社交媒体等各类网站上出现的视频，而不仅限于视频网站上的视频。视频营销的目的一般是推广产品、机构或个人，树立良好形象，加深目标对象与推广标的物之间的感情。营销手法主要为贴片广告和植入，其中，植入有直接露出（即直接在视频中将产品、品牌或其他相关符号露出）、故事演绎等不同方法。

2. 视频营销的特征

"视频"与"互联网"的结合，让这种创新营销形式具备了两者的优点：它既具有电视短片的种种特征，例如感染力强、形式内容多样、肆意创意等，又具有互联网营销的优势，例如互动性、主动传播性、传播速度快、成本低廉等。可以说，视频营销，是将电视广告与互联网营销两者优点集于一身的营销，其主要具有如下特征。

（1）成本相对低廉

网络视频营销投入的成本与传统的广告价格相比，非常便宜。一个电视广告，投入几十万、上百万是很正常的事情，而花费几千元就可以制作一个网络视频短片。网络视频营销相比直接投入电视广告拍摄或者冠名一个活动、节目等方式，成本低很多。因为网络视频营销方式多种多样，一个小小的贴片广告都可以取得一定的营销效果，因此，比起传统的营销方式，企业选择网络视频营销会大大节约成本。再者，有众多不一样的网络视频网站，选择性更多，所以企业可以根据情况选择投入成本更低的平台。哪怕是制作网络视频，成本也比制作电视广告低廉。

（2）传播快、覆盖广

视频不受时间和空间的限制，可以自由进行传播，并且传输速度是传统媒体无法比拟的。计算机网络具有广泛链接、任意连接的特点。网络视频营销可借助互联网的超链接特性快捷迅速地将信息传播开去，不仅网络发布信息快，网民分享、转发网络视频，也让网络视频传播的速度更加迅速，有效地实现了营销。

（3）互动强、效果好

网络视频营销不仅可以实现即时互动，而且具有更高的效率。与传统营销或者传统视频营销相比，网络视频营销表现出来的优势是明显的。跟直播的电视不同，网络视频的互动渠道更为便捷。几乎所有的网络视频网站都开通了评论功能，可以在观看网络视频之后及时发布自己的感想和反馈。而互联网又可以传输多种媒体信息，如文字、声音、图片、影像等，通过"多媒体"信息的交换，网络视频营销的互动性更强，因为有了互动，才能更好地达到双向沟通。反馈的及时和互动的便捷在一定程度上可以提升营销的效率。企业和组织机构可根据受众的反应进行评估营销，进而及时进行调整，让营销的效果和影响力更佳。

视频广告形式丰富多样，兼具声、光、电的表现特点，这种立体的表现效果是图文广告所不能比拟的。网络视频的观众可以播放视频，也可以利用文字对视频进行评论，其他观众也可以针对某个评论进行辩论。另外，观众的回复也为该节目造势，有较高争议率的节目点击率也往往高调飙升，造成异常火爆的曝光率，与此同时，网友可以简单表达，比如"顶"或"踩"一下，还会把他们认为有趣的节目转贴在博客论坛上，或者分享到微博上，或者复制给好友，让网络视频大范围传播出去。网络视频具有病毒传播的特质，好的视频能够不依赖媒介推广即可在受众之间横向传播，以病毒扩散方式蔓延。

（4）助力精准营销

用户持续访问宣传页面，播放喜欢的视频，并将视频分享给朋友，形成爱好兴趣相近的群体，这样的网络视频营销活动因为用户的广泛参与而精彩，用户的积极参与使得他们对于营销活动承载的品牌或产品的认知度大大增强，从而能够实现精准营销。如PPS汽车影院的成功，是建立在充分重视和了解年轻一代消费者使用网络的习惯、方式以及频率的基础上的。PPS汽车影院的创意正是效仿北美文化尊重年轻人好奇、尝鲜的性格特征，再搭配优势影视内容，打造出业内独一无二的视频营销案例。

（二）视频营销的模式

1. 贴片广告

贴片广告又叫随片广告，是指在视频的片头或者片尾以及播放的过程中以各种形式插入的广告。网民在网站上观看视频之前总会弹出 60 秒左右的广告，或者在播放的过程中会插播 30 秒左右的广告，而且这些广告是必须观看，只有播放结束后才可观看正片，或者注册开通会员后可享受取消播放广告的服务。这种视频营销中最为明显的广告，我们称为"硬广告"。这类贴片广告是广告的运营商和广告主合作的结果，尽管这种广告形式会受到广大网民的诟病，但是有调查显示，它却能给观众带来深刻的记忆度，如果人们要接着观看必须等待广告结束，而人们面对传统的电视广告则会选择调换节目，所以电视广告的到达率要低于贴片广告的到达率。

另外，贴片广告摆脱了"硬广告"的直白诉求，以更加隐蔽、积极的形态潜入人们的视野。利用视频中的人物形象、服装、道具、台词、情景等巧妙与企业（产品）相结合，将其编排成一段独立的视频或者融入其中成为内容的一部分，一起推送给网民，这种类型的贴片广告称为"植入式广告"。由于人们对广告有天生的抵触情绪，"植入式广告"以一种隐性的、人性化的方式将广告与内容相融合，能让观众在无意识中留下深刻的印象，其效果要优于"硬广告"，这种类型的贴片广告越来越受到市场的追捧。

2. 病毒视频营销

病毒视频是当今网络社会病毒的一种新形态，主要借助微博、视频博客、YouTube 等大型的视频网站、微信等网络平台在互联网上大面积传播。从内容上看，一般都十分诙谐幽默，除了一些精彩原创内容之外，还有为数众多的"改编"作品；从传播方式上看，有些是在某个契机偶然间获得了大量关注和转载，这类视频较为草根，还有一些是经过商业包装引起观众的情感共鸣，从而得到大量的传播，这种一般是广告主精心策划和创作后的结果。病毒视频营销是将企业传播信息用创意性的手段融入视频中，经过精心策划和包装后进行病毒式的传播，或者创造性地巧妙运用偶然性的病毒视频传播企业信息，从而激发市场，产生企业所希望的效果。

3. 互动视频营销

互动视频营销是企业或个人通过在同一网络视频环境下，组织多人在线以视频形式进行聊天、表演、教学等互动活动，从而达到企业或者个人的目标。这种营销模式让受众不再是被动的接受者，而是变成参与者和制造者，增强了受众与组织者之间的互动性，受众会参与拓展视频内容，甚至是内容的一部分，从而带来更为完美的用户体验。

4. UGC 视频营销

UGC 全称为 User Generated Content（用户原创内容），也就是用户创造内容，即用户将自己创造的内容上传到互联网平台进行展示或者与其他用户共享，用户既可以作为创作者，也可以是浏览者，具有演员和观众的双重身份，其核心在于给用户提供一个自由发挥的空间，从单向传播转化为双向传播，让用户带动用户，激励参与共创。这类网站以视频的上传和分享为中心，它也存在好友关系，但相对于好友网络，这种关系很弱，更多的是通过共同喜好而结合。

UGC 视频营销主要是网络用户自己创作或者加工制作视频上传，从而达到营销的目的。网络用户无论是原创 DV 爱好者还是网络视频观众，都可以生成为内容的用户。同时，UGC 视频营销是一种低成本的方式，比起请专业摄影团队或者演员拍摄短片的高昂费用，UGC 视频营销能节约很大一部分成本，并且风险还比较低。

（三）视频营销的策略

随着网络成为很多人生活中不可或缺的一部分，视频营销又上升到一个新的高度，各种手段和手法层出不穷，但成功的视频营销离不开以下几点。

1. 感官效果最大化

视频之所以受到大众如此的厚爱，与其超强的感官效果不无关系。在注意力被大大分散的时代，感官刺激必不可少。良好的感官效果既能在第一眼引起观众的注意，同时又提升了用户感官层的体验。如此，观众才有可能喜欢并分享视频。

2. 视频病毒化

病毒视频是指一段视频剪辑通过网络共享，像病毒一样传播和扩散，被快速复制，迅速传向数以万计、百万计的受众，其目的是通过"小创意"实现"大传播"。一般情况下，病毒视频是以视频分享网站为病毒源，利用电子邮件、即时通信、论坛博客等方式转载并流行起来的。在所有的网络视频广告的形式中，病毒式传播手段因拥有快速的传播速度、广阔的传播范围、低廉的传播成本，以及不容易引起用户抵触的特点，而备受广告主和广告运营商的喜爱。一个优秀的病毒视频所带来的流量，可能会比某些网站一年所带来的流量还要多，所以视频营销中的一个重要策略就是运用病毒视频实现病毒式传播。

从流程看，创意视频病毒性营销需要做好以下五个环节的工作：（1）创意视频病毒性营销方案的整体规划和设计；（2）进行独特的创意设计，病毒性营销之所以吸引人就在于其创新性；（3）对网络营销信息源和信息传播渠道进行合理的设计，以便利用有效的通信网络进行信息传播；（4）对病毒性营销的原始信息在易于传播的小范围内进行发布和推广；（5）对病毒性营销的效果进行跟踪和管理。

3. 视频搜索引擎最优化

有效利用搜索引擎所掌握的庞大的互联网网民行为数据库，对广告主定义的目标受众进行分析和锁定，根据不同受众进行定向广告投送，进行精准营销。例如，可以根据对用户平时搜索浏览行为的分析，进行精准定位，当用户通过搜索引擎打开网络视频时，即投放有针对性的视频广告。这意味着，当不同的人浏览同一个视频时，出现在网页中的视频广告可能是不一样的，它会依据各人平时搜索、浏览的方向和习惯而定。通过网络视频与搜索引擎的这种整合营销最终达到一个目的：把最合适的视频广告推送到最合适的用户面前，从而实现更好的营销效果。

总之，提升用户体验是视频搜索手段革新的主要动力，也是流量变现的基础。此外，百度和谷歌在个性化模式、移动模式、即时搜索模式和语音搜索模式上都进行了拓展。用户体验在视频网站上可以归结为一点，即让用户迅速、准确地找到自己想看的内容。

4. 视频内容原创化

在我国网络视频发展之初，曾大量使用现成的影视节目，网络视频变成了影视节目的网络版。对用户来说，看网络视频不过是更换了一个播放平台而已；对视频网站而言，影视剧版权价格水涨船高，各大视频网站陷入同质化竞争的困境，在表面热闹的景象下其实危机四伏，视频网站在核心业务领域，即视频内容提供方面缺乏竞争优势，经营上亦困难重重。在这种背景下，原创内容的价值逐渐显现，成为视频行业备受欢迎的内容资源。视频网站早期均以用户原创起家，但鉴于拍摄器材及技术不够完善，以及知识产权等问题，导致草根原创后劲发展乏力。而网络视频要实施差异化竞争策略，就必须在内容上下功夫，为此，专业化内容制作团队应运而生，草根文化也逐渐打上专业化制作的标签，原创视频的生存环境日趋成熟。

二、短视频营销

（一）短视频营销概述

1. 短视频的概念和特点

（1）短视频的概念

短视频是相对于长视频来讲的，长视频播放时间长，用户黏度强，像影视剧、综艺节目视频等均属于长视频；短视频播放时间短，但数量繁多、内容丰富，能够产生较高的浏览页面数，加之当下智能手机的普及、碎片化时间，人们更喜欢在移动端看一些短视频。短视频的播放时间短、随播随看，内容的多元化，恰好满足了用户的不同偏好，已经被用户接受并深受用户喜爱。短视频是一种视频长度以秒计数，主要依托于移动智能终端实现快速拍摄与美化编辑，可在社交媒体平台上实时分享和无缝对接的一种新型视频形式。

（2）短视频的特点

1）视频长度短

短视频一般控制在30秒以内，可以说，短视频的出现标志着视频进入"读秒时代"。

2）制作门槛低

无须传统的专业拍摄设备，依托智能终端就能实现即拍即传，拥有傻瓜式的操作，人人都会，简单可行。

3）海量的用户规模

截至2022年12月，短视频用户规模达10.12亿，同比增长7770万，增长率8.3%，在整体网民中占比94.8%。随着移动互联网用户碎片化使用趋势的延续以及对多媒体内容消费习惯的深化，未来中国短视频市场用户规模还将继续扩大。

2. 短视频营销的优势

营销的方式越来越多，包括网络营销、服务营销、体验营销、病毒营销、整合营销及社交营销等。短视频营销属于网络营销，也是具有巨大潜力的营销方式之一。与其他营销方式相比，短视频营销具有很大的优势。

（1）成本低

与传统的广告营销少则几百万元，多则几千万元的资金投入相比，短视频营销的成本算是比较低的，这也是短视频营销的优势之一。成本低主要表现在三大方面，即制作的成本低、传播的成本低及维护的成本低。

短视频是否能够迅速地传播，并不耗费太大的成本，关键在于如何打造短视频的内容，内容有没有真正击中受众的痛点和需求点。随着受众群体对短视频内容的要求的不断提高，短视频的打造也慢慢开始向专业化、团队化发展。虽然制作短视频的门槛较低，但如果想要借助短视频的力量获得良好的营销效果，就必须要以专业化团队的力量作为支撑，而且短视频营销也在逐渐向专业化的方向不断前进。

（2）互动性强

短视频营销很好地吸取了网络营销的优点——互动性很强。几乎所有的短视频都可以进行单向、双向甚至多向的互动交流。对于企业而言，短视频的这种优势能够帮助企业获得用户的反馈信息，从而更有针对性地对自身进行改进；对于用户而言，他们可以通过与企业发布的短视频进行互动，从而对企业的品牌进行传播，或者表达自己的意见和建议。这种互动性使得短视频能够快速地传播，还能使得企业的营销效果实现有效提升。

（3）效果好

短视频是一种时长较短的图文影音结合体，因此短视频营销能够带给消费者图文、音频所不能提供的感官的冲击，这是一种更为立体、直观的感受。因此，短视频只要符合相关的标准，就可以赢得消费者的青睐，使其产生购买产品的欲望。那么，利用短视频进行营销时，要符合内容丰富、价值性强、具有观赏性等特点。

短视频营销的效果比较显著，一是因为画面感更强，二是因为短视频可与电商、直播等平台结合，实现更加直接的赢利。

它的高效性就体现在消费者可以边看短视频，边对产品进行购买，这是传统的电视广告所不能拥有的优势，因为一般消费者在观看了电视广告之后，不能实现快捷购物，一般都是通过电话购买、实体店购买及网上购买等方式来满足购物欲望。但在这些方式中，消费者都不可避免地会遇到一些问题，如在电话中无法很好地描述自己想购买的商品的特征、不想出门逛街购物等。

（4）持续时间久

利用短视频进行营销的一个好处是它的"存活"时间比较久。这么说可能有点抽象，做个比较，如果想要利用电视广告持续向大众展示产品，就需要一直投入资金，一旦企业停止支付费用，就会遭到停播，而如果利用短视频进行营销的话，一时半刻不会因为费用的问题而停止传播，因此"存活"的时间久。这也和短视频打造的成本较低分不开，例如快手、美拍、抖音上的短视频大多都是用户自己制作并上传的，所以与费用的关系不大。

（5）节约用户时间成本

快节奏的生活方式下，人们的时间成本越来越高，而就短视频而言，因为其时间较短，更能满足用户的需求，节约用户的时间成本。互联网的信息时代促成了一个快速借力的时代，短、平、快已经成为这个时代的标签，天下武功唯快不破，所以短小精炼的视频更让人容易接受。

3. 短视频在营销中的运用

短视频的出现是对社交媒体现有主要内容（文字、图片）的一种有益补充。同时，优质的短视频内容亦可借助社交媒体的渠道优势实现病毒式传播。短视频营销，可以理解为企业和品牌主借助于短视频这种媒介形式用以社会化营销的一种方式。在国外，视频营销已经成为一种主流的营销方式，而国内也掀起了利用短视频进行推广企业产品以及分享各种经验的浪潮，并且取得了不错的效果。

（1）推荐产品

每个短视频应用都有自身独特的特性，营销人在制作视频和利用其进行营销活动策划时，需要考虑各自的属性特点，才能最大限度地发挥其作用。根据其拍摄时长、主要用户的群体特征来选择推荐适合的产品。例如，美拍的用户群体主要是爱美、爱自拍的女性，所以可以推荐一些时尚女装、包包、化妆品，建议以秀、指导的形式来植入产品的效果最好。假如企业是做化妆品的，就可以拍一些化妆小技巧类的短视频，例如，化妆教程之烟熏妆、化妆教程之动画妆、化妆教程之眼线如何画、新手化妆教程、双眼皮贴攻略等。类似这样针对某一个具体的方面来指导，也可以形成一个短视频系列，每天持续发布，也会聚集很多精准人群，在指导的过程中，所使用的化妆品就顺便推荐给大家了，水到渠成。

（2）分享经验

分享经验类型的短视频是最受粉丝们喜欢的，各行各业、方方面面的经验都会拥有一大批拥护者，因为大家对有价值、实用的经验都很青睐，喜欢通过学习、交流让自己进步。例如，在线下有一个健身场所，想提高其知名度和吸引一些客户过来，就可以通过注册微博账号或者微信公众号，以健身教练的身份在社交平台上发布一些健身类短视频，非常有专业性、权威性的短视频是深受粉丝们追捧的。

（3）产品演示

有些产品适合用短视频的形式进行场景化、生活化的展示，让不了解的朋友们亲眼看到其制作过程、生产过程以及种植过程等。例如，咖啡的制作过程、鞋子的生产过程、水稻的种植过程等，通过观看视频，有如身临其境之感，让大家对产品有了一定的了解，进而进行购买。

（4）视频抽奖

在大家平时组织策划营销活动环节中，最后都会有一个抽奖环节，为了体现公平、公正、公开性，有一些企业或个人也会以拍摄短视频的形式来展现抽奖的过程，让大家真实地看到抽奖的过程，这样在以后组织类似的营销活动时便会有更多的人参与。

（5）粉丝参与

积极调动粉丝们的积极性，可以让粉丝们添加统一的活动标签来发布短视频，再从中选择优秀的短视频作品制成视频合辑，这类形式比较适合企业的周年纪念日、老客户的感恩回馈、粉丝福利活动等，通过送祝福等形式来拉近与客户或者粉丝之间的距离。

（6）视频造星

当下的网红大多都会借助短视频、直播的形式来销售产品、展示才艺，塑造个人形象，进而获得广告、打赏、产品推荐佣金等收入，这是最快打造超级网红的方式之一，很多人气网红都将"视频+直播+社交"这种形式运用得淋漓尽致，更近距离地与粉丝进行互动。

（二）短视频网络平台

1. 在线视频网站

该类平台一般都是提供广告分成。如：大鱼号、UC"抱成团"的优酷、土豆网。当然，也有一些平台并不具备广告分成的功能，但允许用户打赏。如：哔哩哔哩。

2. 推荐类客户端

推荐类客户端如今日头条、百家号、一点资讯、企鹅媒体平台、网易号等。其中，今日头条在收益政策上更为全面，如广告分成、广告收益、打赏、自营广告都支持，流量也很大。

3. 社交平台

如QQ空间、微信公众号、QQ公众号、微博，都能够发小视频。对于一般的视频营销而言，我们在上传视频的时候，可以多考虑包括优酷、土豆等在内的第一类大型视频网站，或者现在发展较好的百度视频、QQ播客等第二类视频网站，还有以快手、抖音、火山小视频等为代表的新兴视频平台。当然，如果目标顾客有国外客户的话，还需将You-Tube、Hulu等全球性的大型视频网站考虑进去。

4. 短视频客户端

短视频类App有快手、美拍、暴风短视频，以及今日头条旗下的火山小视频，是一款15秒原创生活小视频社区，收益分为两种：一种是通过直播，一种就是上传原创的生活小视频。目前该平台的视频风格很"接地气"，其实就是为了满足人们的好奇心、饥渴感等。

（三）短视频营销技巧

1. 短视频营销操作模式

（1）短视频加广告

在短视频中加入文字、图片等广告内容，视频的片头片尾均是广告类型。

（2）短视频做内容营销

内容营销有别于传统的视频广告植入，内容营销把广告包装成内容，内容即是广告，这算是未来的趋势。

（3）短视频做活动营销

大量的商家企业都做过类似的活动，比如有奖视频大赛，用30秒的视频来说明××产品是怎么好的，鼓励参加的用户制作原创视频。

（4）拍摄答疑型知识短片

通过答疑型的知识短片，让用户对平台深入了解，产生信任。

（5）拍摄产品介绍视频

通过对产品的拍摄，配上相应的解说音乐，让用户对产品有更深入的了解，从而产生信任和购买的行为。

2. 短视频营销的套路

（1）重视视频质量

这里的质量主要是视频内容、清晰度和相关性的问题，主要体现在用户评分上。获得的分数越高，那么视频内容质量就可能被认为越高。除此之外，还有用户评论及留言同样也是非常重要的，留言数目也在一定程度上表明了视频的受欢迎程度。

（2）巧妙植入广告

但凡广告明显的内容很难得到大规模转发，除非你的内容价值大到可以抵消用户对广告的反感，这种价值可以是深度或娱乐的，但是每个人的价值点不一样，所以很难做到一个所谓的最高价值视频。那么最好的方式就是植入巧妙，润物细无声。

（3）合理设置视频关键词

视频关键词是影响视频优化的最为关键的因素之一，其可以让目标顾客群在搜索与你相关的产品和服务视频的时候，能够使你的视频在搜索中占据优势，同时还可以精准地让受众观看，尤其是视频标题、标签中都包含关键词，对视频优化非常重要。一般来讲，在选取关键词的时候应考虑与你的视频内容有关，确保关键词的热门度。

视频关键词的选择方法与网站优化时的关键词选择方法比较相似，先确定核心关键词，然后再根据核心关键词拓展。具体来说可以分为以下三步。

第一步，列出核心关键词。核心关键词是指视频极力推广的关键词，这些关键词主要围绕产品/服务展开，当然其必须与视频内容相关。

第二步，关键词的拓展。在确定了关键词之后，接下来就是关键词的拓展，其本质就是对关键词的进一步挖掘。

第三步，经过前两个步骤后，我们可能已经罗列出了上百甚至上千个关键词，然后我们需要对这些关键词进行筛选和整理，当然主要是从视频内容入手考虑。

（4）注意视频发布的时间

视频发布时间对视频优化有着重要的影响，视频发布时间越近，视频权重越高，对视频的优化也越有利。在发布时间上最好选择与视频内容相关的热点事件爆发的时间点、与视频内容相关的特殊节日、目标顾客群体注意力可能会关注的时间点等会起到更好的效果。比如：视频内容是有关春节的，可以选择在春节前或春节期间投放；视频内容的目标群体是上班族，可以选择在晚上发布，因为这时他们的注意力更多在网络上。

三、直播营销

（一）直播营销概述

1. 直播营销的概念和特征

（1）直播营销的概念

"直播"一词由来已久，在传统媒体平台就已经有基于电视或广播的现场直播形式，如晚会直播、访谈直播、体育比赛直播、新闻直播等。词典对直播的定义为："与广播电视节目的后期合成、播出同时进行的播出方式。"

随着互联网的发展，尤其是智能手机的普及和移动互联网的速度提升，直播的概念有了新的延展，越来越多基于互联网的直播形式开始出现。

所谓"网络直播"或"互联网直播"，指的是用户在手机上安装直播软件后，利用手机摄像头对发布会、采访、旅行等进行实时呈现，其他网民在相应的直播平台可以直接观看与互动。广义的直播营销，指的是企业以直播平台为载体进行营销活动，达到品牌提升或销量增长的目的。

现阶段谈到的"直播营销""移动直播营销"等，多数情况下默认是基于互联网的直播。

与传统媒体平台（电视、广播）的直播营销相比，互联网直播营销有以下两个显著的优势。

第一，参与门槛大大降低。网络直播不再受制于固定的电视台或广播电台，无论企业是否接受过专业的训练，都可以在网上创建账号，开始直播。

第二，直播内容多样化。除传统媒体平台的晚会、访谈等直播形式外，利用互联网可以进行户外旅行直播、网络游戏直播、发布会直播等。

基于互联网的直播营销，通常包括场景、人物、产品、创意四大要素。第一是场景，企业需要用直播搭建销售场景，让观众仿佛置身其中；第二是人物，主播或嘉宾是直播的主角，他的定位需要与目标受众相匹配，并友好地引导观众互动、转发或购买；第三是产品，企业产品需要巧妙地植入主持人名词、道具、互动等之中，从而达到将企业营销软性植入直播之中的目的；第四是创意，网民对于常规的"歌舞晚会""朗诵直播"等已经审美疲劳，新鲜的户外直播、互动提问等，都可以为直播营销加分。

（2）直播营销的特征

直播营销之所以受到越来越多企业的青睐，主要是因为其具备以下三大特点。

1）即时事件

由于直播完全与事件的发生、发展进程同步，因此可以第一时间反映现场状态。无论晚会节目的最新投票、体育比赛的最新比分，还是新闻资讯的最新进展，都可以直接呈现。

2）常用媒介

收听或观看直播通常无须专门购买昂贵的设备，使用电视机、计算机、收音机等常用设备即可了解事件的最新进展。也正是由于这一特点，受众之间的相互推荐变得更加方便，从而更有利于直播的传播。

3）直达受众

与录播节目相比，直播节目不会做过多的剪辑与后期加工，所有现场情况直接传达给观众或网民。因此，直播节目的制作方或主办方需要花更多的精力去策划直播流程并筹备软、硬件，否则一旦出现失误，将直接呈现在受众面前，从而影响制作方或主办方的品牌形象。

2. 直播营销的优势

在传统的市场营销活动中，企业呈现产品价值主要依靠户外广告、新闻报道、线下活动等形式，企业实现价值交换则是借助推销员销售、自动售货机贩卖、电话下单与发货等方式。而互联网直播的出现，给企业带来了新的营销机会。借助直播，企业可以在上述呈现产品价值环节支付更低的营销成本，收获更快捷的营销覆盖；在上述实现价值交换环节实现更直接的营销效果，收到更有效的营销反馈。

（1）更低的营销成本

传统广告营销方式的成本越来越高，楼宇广告、车体广告、电视广告的费用从几十万元到上百万元不等。网络营销刚兴起时，企业可以用较低的成本获取用户、销售产品；但随着淘宝、百度等平台用户增加，无论搜索引擎广告还是电商首页广告的营销成本都开始变高，部分自媒体"大号"的软文广告费甚至超过 50 万元。而直播营销对场地、物料等需求较少，是目前成本较低的营销形式之一。

（2）更快捷的营销覆盖

用户在网站浏览产品图文或在网店翻看产品参数时，需要在大脑中自行构建场景。而直播营销完全可以将主播试吃、试玩、试用等过程直观地展示在观众面前，更快捷地将用户带入营销所需场景。

（3）更直接的销售效果

消费者在购买商品时往往会受环境影响，由于"看到很多人都下单了""感觉主播使用这款产品效果不错"等原因而直接下单。因此在设计直播营销时，企业可以重点策划主播台词、优惠政策、促销活动，同时反复测试与优化在线下单页面，以收获更好的销售效果。

（4）更有效的营销反馈

在产品已经成型的前提条件下，企业营销的重点是呈现产品价值、实现价值交换，但为了持续优化产品及营销过程，企业需要注重营销反馈，了解顾客意见。由于直播互动是双向的，主播将直播内容呈现给观众的同时，观众也可以通过弹幕的形式，分享体验。因此，企业可以借助直播，一方面，收到已经用过产品的消费者的使用反馈，另一方面，收获现场观众的观看反馈，便于下一次直播营销时修正。

3. 直播风险防范

由于直播直接将现场情况呈现在受众面前，没有剪辑与后期加工，因此企业在进行直播营销策划之前，必须先做好风险防范。否则一旦出现失误，不但无法达到企业的营销目的，反而会伤害企业的品牌形象。

（1）环节设置

策划线下活动，主办方必须对活动各环节模拟与彩排，防止由于环节设置不公平而发生异议；避免现场观众领奖时发生拥挤与踩踏等事件。策划网络直播活动时，要对环节设置反复推演，尤其是"转发抽奖""扫码领红包"时防止被恶意领走，引发弹幕争议。

（2）软硬件测试

为了达到最佳的网络直播效果，需要熟悉直播软件的使用及各环节软硬件的配合，防止误操作；需要对网站、服务器进行反复测试，防止由于大批观众涌入而造成服务器瘫痪。

（3）主持词审核

企业必须对主持人或主播的主持词进行严格审核，防止由于"信口开河"而违反相关规定。尤其是在主持词中涉及敏感内容的词语，必须删除或替换。错误的主持词不但会影响企业口碑，更有可能触犯法律。

（4）弹幕监控

直播平台可设置"房管"，监督网友弹幕，对于利用弹幕发布低俗的、过度娱乐化的、宣扬拜金主义的、崇尚奢华等内容的，直接关闭其发言的权利。对于情节严重的可以将其发言截图保存，移送公安机关处理。

（5）侵权检查

企业直播营销通常需要物料作为支持，包括背景板、贴图、玩偶、吉祥物等，此类物料在直播前必须仔细检查，防止涉及版权保护的物料，引发官司。

（6）平台资质

未持有信息网络传播视听节目许可证的机构，不允许利用网络直播平台开办各类视听节目，不得开办视听节目直播频道。因此，企业在直播营销前必须检查平台资质。

（二）直播平台

现阶段在线直播类软件已成为软件市场最火爆的类目之一。根据平台主打内容划分，直播平台可以分为综合类、游戏类、秀场类、商务类、教育类等。需要强调的是，此分类仅表示该平台的主打内容，实际上绝大多数平台并非单一属性，会出现"既有游戏直播，又有教育直播，还有秀场直播"的多维度定位。居前十的营销直播平台有：淘宝直播/点淘、抖音电商、快手电商、京东直播、小红书、视频号、蘑菇街、多多直播、唯品会、苏宁直播等。

（三）直播营销的步骤

一场直播活动，看起来只是几个人对着镜头说说话而已，但背后都有着明确的营销设计——要么通过直播营销提升企业品牌形象，要么利用直播营销促进产品销量。

将企业营销目的巧妙地设置在直播各个环节，这就是直播营销的整体设计。直播营销的整体设计主要包括五大环节，新媒体团队需要对每个环节进行策划，一个环节一个步骤，用"五步法"设计直播营销，确保其完整性和有效性。

1. 整体思路

直播营销的第一大环节是整体思路。在做营销方案之前，企业新媒体团队必须先把整体思路理清，然后有目的、有针对性地策划与执行。刚接触直播营销的新手容易进入一个误区，认为"直播营销只不过是一场小活动而已，做好方案然后认真执行就够了"。实际上，如果没有整体思路的指导，直播营销很有可能只是好看、好玩而已，并没有达到企业的营销目的。

直播营销的整体思路设计，需要包括三部分，即目的分析、方式选择和策略组合。首先是目的分析。对企业而言，直播只是一种营销手段，因此企业直播营销不能只是简单的线上才艺表演或互联网游戏分享，而是需要综合产品特色、目标用户、营销目标，提炼出直播营销的目的。其次是方式选择。在确定直播目的后，企业新媒体团队需要在颜值营销、演员营销、稀有营销、利他营销等方式中，选择其中的一种或多种进行组合。最后是策略组合。方式选择完成后，企业需要对场景、产品、创意等模块进行组合，设计出最优的直播策略。

2. 策划筹备

直播营销的第二大环节是策划筹备。好的直播营销需要"兵马未动，粮草先行"。首先，将直播营销方案撰写完善；其次，在直播开始前将直播过程中用到的软硬件测试好，并尽可能降低失误率，防止因为筹备疏忽而引起不良的直播效果。

为了确保直播当天的人气，新媒体运营团队还需要提前进行预热宣传，鼓励粉丝提前进入直播间，静候直播开场。

3. 直播执行

直播营销的第三大环节是直播执行。前期筹备是为了现场执行更流畅，因为从观众的角度，只能看到直播现场，无法感知前期的筹备。

为了达到已经设定好的直播营销目的，主持人及现场工作人员需要尽可能按照直播营销方案，将直播开场、直播互动、直播收尾等环节顺畅地推进，并确保直播的顺利完成。

（1）直播开场形式

①直白介绍

在直播开场时，直接告诉观众直播相关信息，包括主持人自我介绍、主办公司简介、直播话题介绍、直播大约时长、本次直播流程等。一些吸引人的环节（如抽奖、彩蛋、发红包等）也可以在开场中提前介绍，促进观众留存。

②提出问题

开场提问是在一开始就制造参与感的好方法。一方面，开场提问可以引导观众思考与直播相关的问题，另一方面，开场提问也可以让主播更快地了解本次观众的基本情况，如观众所处地区、爱好等。

③抛出数据

数据是最有说服力的。直播主持人可以将本次直播要素中的关键数据提前提炼出来，在开场时直接展示给观众，用数据说话。特别是专业性较强的直播活动，可以充分利用数据开场，第一时间让观众信服。

④故事开场

相对于比较枯燥的介绍、分析，故事更容易让不同年龄段、不同教育层次的观众产生兴趣。通过一个开场故事，带着听众进入直播所需场景，能更好地开展接下来的环节。

⑤道具开场

主持人可以借助道具来辅助开场。开场道具包括企业产品、团队吉祥物、热门卡通人物、旗帜与标语、场景工具等。其中场景工具可根据直播内容而定，如：知识分享直播，可借助书籍作为场景工具；户外运动直播，可以加入足球、篮球等作为道具。

⑥借助热点

一般来说，网民对于互联网上的热门事件和热门词汇都有所了解。主持人可借助热点拉近与观众之间的心理距离。

（2）直播互动

常见的直播互动包括弹幕互动、剧情参与、直播红包、发起任务、礼物打赏。

①弹幕互动

弹幕，即大量以字幕弹出形式显示的评论，这些评论在屏幕上飘过，所有参与直播的观众都可以看到。目前，直播弹幕主要包括两类：第一类是网友相互之间的评论，如"支持刚才这个朋友说的""给刚才这条弹幕点赞"等，主播对这类弹幕无须处理；第二类是网友与主播之间的互动，如"能介绍一下台上坐着什么人吗""一会该抽奖了吧，主播"等，这类弹幕需要主播与其及时互动，幽默地回应网友提出的质疑，或详细地帮助网友解答相关问题。

②剧情参与

此类互动多见于户外直播，主播可以通过邀请网友一起参与策划直播下一步的进展方式，增强观众的参与感。邀请观众参与剧情发展，一方面，可以使观众充分发挥创意，令直播更有趣；另一方面，可以让被采纳建议者获得更多的尊荣感。

③直播红包

直播间观众可以为主播或主办方赠送"跑车""游艇"等虚拟礼物，表示对其认可与喜爱。主播也可以利用第三方平台发红包或等价礼品，与观众互动。

直播红包发放步骤分为：

第一步，约定时间。主播告诉观众"5 分钟后我们会发红包"，通知在场观众抢红包时间，也暗示观众邀请朋友加入直播等待红包，促进直播人气。

第二步，平台说明。除直播平台本身发红包外，主播可以选择支付宝、微信、微博等平台抢红包，提前告知观众。这样可以为站外平台引流，便于直播结束后的效果发酵。

第三步，红包发放。到约定时间后，主播或其他工作人员在相应平台发红包。在红包发放前，主播可以倒计时，让"抢"红包更有氛围。

④发起任务

在直播中可以发起的任务包括：

第一种，建群快闪。邀请观众共同进入一个 QQ 群，在群内喊出自己不敢说的话，直播结束后此群解散。

第二种，占领留言区。邀请观众共同在某论坛的帖子下方或微信公众号评论区留言。第三种，晒出同步动作。号召粉丝一起做出相同的动作，随后大家分别晒在社交网站等。

⑤礼物打赏

无论斗鱼直播还是花椒直播、映客直播等平台，"感谢打赏"已经成为默认的规矩。只顾着自己说话或与观众聊天，对打赏无动于衷的主播，会被观众打上"没礼貌""不懂规矩"的标签。

（3）直播收尾

直播结束后，需要解决的最核心问题即流量问题，无论现场观众是十万人还是上百万人，一旦直播结束，观众马上散去，流量随之清空。为了利用直播现场的流量，在直播结束时的核心思想就是将直播间的流量引向销售平台、自媒体平台和粉丝平台三个方向。

①销售转化

将流量引导至销售平台，从收尾表现上看即引导进入官方网址或网店，促进购买与转化。通常留在直播间直到结束的观众，对直播都比较感兴趣。对于这部分网友，主播可以充当售前顾问的角色，在结尾时引导观众购买产品。不过需要注意的是，销售转化要有利他性，能够帮观众省钱或帮观众抢到供不应求的产品；否则，在直播结尾植入太生硬的广告，只会引来观众的弹幕。

②引导关注

流量引导至自媒体平台，从收尾表现上看即引导关注自媒体账号。在直播结束时，主播可将企业的自媒体账号及关注方式告诉观众，以便直播后继续向本次观众传达企业信息。

③邀请报名

流量引导至粉丝平台，从收尾表现上看即告知粉丝平台加入方式，邀请报名。在同一场直播中积极互动的网友，通常比其他网友更"同频"，更容易与主播或主办方"玩"起来，也更容易参加后续的直播。因此，此类观众在直播收尾时邀请入群，通过运营该群，将直播观众转化成忠实粉丝。

4. 后期传播

直播营销的第四大环节是后期传播。直播结束并不意味着营销结束，新媒体运营团队需要将直播涉及的图片、文字、视频等，继续通过互联网传播，让其抵达未观看现场直播的粉丝，让直播效果最大化。

5. 效果总结

直播营销的第五大环节是效果总结。直播后期传播完成后，新媒体团队需要进行复盘，一方面，进行直播数据统计并与直播前的营销目的做比较，判断直播效果；另一方面，组织团队讨论，提炼出本场直播的经验与教训，做好团队经验备份。

每一次直播营销结束后的总结与复盘，都可以作为新媒体团队的整体经验，为下一次直播营销提供优化依据或策划参考。

需要强调的是，直播营销的第四大环节"后期传播"与第五大环节"效果总结"虽然都是在现场直播结束后进行的，但是作为直播的组织者，必须在直播开始前就做好两方面的准备。

第一，提前设计数据收集路径。如淘宝店流量来源设置、网站分销链接生成、微信公众号后台问卷设置等。第二，提前安排统计人员。不少直播网站后台的数据分析功能不够细化，因此一部分数据（如不同时间段的人气情况、不同环节下的互动情况等）需要人工统计，便于后续分析。

（四）直播营销技巧

1. 直播营销的模式

（1）直播营销模式的类型

为了吸引网友观看直播，企业新媒体团队需要设计最吸引观众的直播吸引点，并结合前期宣传覆盖更多网友。根据"直播吸引点"划分，直播营销的常见模式共七种，包括颜值营销、演员营销、稀有营销、利他营销、才艺营销、对比营销和采访营销。企业在设计直播方案前，需要根据营销目的，选择最佳的一种或几种营销模式。

1）颜值营销

直播经济中，"颜值就是生产力"的说法已经得到多次验证。颜值营销的主持人多是帅气的男主播或靓丽的女主播，高颜值的容貌吸引着大量粉丝的围观与打赏，而大量粉丝围观带来的流量正是能够为品牌方带来曝光量的重要指标。

2）演员营销

演员经常会占据娱乐新闻头版，演员的一举一动都会受到粉丝的关注，因此当演员出现在直播中与粉丝互动时，会出现极热闹的直播场面。演员营销适用于预算较为充足的项目，在演员筛选方面，尽量在预算范围内寻找最贴合产品及消费者属性的演员进行合作。

3）稀有营销

稀有营销适用于拥有独家信息渠道的企业，其包括独家冠名、知识版权、专利授权、唯一渠道方等。稀有产品往往备受消费者追捧，而在直播中稀有营销不仅仅体现在直播镜头为观众带来的独特视角，更有助于利用稀有内容直接拉升直播室人气，对于企业而言也是最佳的曝光机会。

4）利他营销

直播中常见的利他行为主要是知识的分享和传播，旨在帮助用户提升生活技能或动手能力。与此同时，企业可以借助主持人或嘉宾的分享，传授产品使用技巧，分享生活知识等。利他营销主要适用于美妆护肤类及时装搭配类产品，如某淘宝主播经常使用某品牌的化妆品向观众展示化妆美甲技巧，在让观众学习美妆知识的同时，增加产品曝光度。

5）才艺营销

直播是才艺主播的展示舞台，无论主播是否有名气，只要才艺过硬，都可以带来大量的粉丝围观，如古筝、钢琴、脱口秀等通过直播可以获取大量该才艺领域的忠实粉丝。才艺营销适用于围绕才艺所使用的工具类产品，比如古筝才艺表演需要使用古筝，制作古筝的企业则可以与有古筝使用技能的直播达人合作，如花椒主播"琵琶小仙·小蜜"经常使用某品牌琵琶进行表演。

6）对比营销

有对比就会有优劣之分，而消费者在进行购买时往往会偏向于购买更具优势的产品。当消费者无法识别产品的优势时，企业可以通过与竞品或自身上一代产品的对比，直观展示差异化，以增强产品说服力。

7）采访营销

采访营销指主持人采访名人嘉宾、路人、专家等，以互动的形式，通过他人的立场阐述对产品的看法。采访名人嘉宾，有助于增加观众对产品的好感；而采访路人，有利于拉近他人与观众之间的距离，增强信赖感。

（2）直播营销模式的选择

企业新媒体团队在选择直播营销模式时，需要从用户角度，挑选或组合出最佳的直播营销模式。从互联网消费者心理上看，从初次接触某企业或某产品直到产生购买行为，通常会经历听说、了解、判断和下单四个过程。

对应互联网消费者的以上四步，企业需要进行"埋雷"工作。在消费者可能会听说的渠道进行新品推介；在消费者了解产品的平台重点描述产品；在消费者进行判断的平台优化口碑与评价；在消费者下单的平台设计台词及促销政策、促进订单达成。因此，相对应的企业直播营销的重点工作即推新品、讲产品、提口碑、促销售。

对应以上七种不同的直播营销模式，在直播活动中的重点各有不同。颜值营销可以把推新品与讲产品作为直播重点，用颜值高的帅哥或美女进行新品展示或产品的详细讲解。

演员营销除讲产品外，其他三个重点都可以尝试。由于演员通常会引发粉丝追星热，"促销售"可以作为重中之重来设计。与颜值营销不同，演员一般不会有太多时间了解产品性能并对产品侃侃而谈，因此"讲产品"可以不作为演员营销的重点。

稀有营销常以发布会直播形式出现，现场可以展示新品、讲解现有产品，尤其是提升口碑。现场邀请粉丝谈感受、讲心得，是在侧面对产品质量与品牌进行背书。

利他营销与才艺营销的营销重点在"推新品"与"促销售"，通过现场展示或道具引申，向直播间观众展示新产品，达成直播销售。

对比营销的重点在于"讲产品"，通过对比，突出产品差异化优势，从而让消费者对购买及使用更有信心。

采访营销通常以室外采访居多，对产品本身的展示与讲解较少，更多是通过被采访者之口说出产品的使用心得及感受，从而达到"提口碑"的作用。

需要特别注意的是，以上七种直播营销模式并不是相互独立的。将直播营销模式进行组合，可以强化营销重点，达到"1+1>2"的效果。

2. 直播营销的方案

作为传达的过渡或桥梁，直播方案需要将抽象概述的思路转换成明确传达的文字，使所有参与人员，尤其是直播相关项目的负责人既了解整体思路，又明确落地方法及步骤。由于直播方案一般用于企业内部沟通，目的是用最精练的语言让直播相关的所有人员熟悉活动流程及分工，因此没必要在时代背景、营销理念、实施意义等宏观层面花过多的笔墨，正文简明扼要、直达主题即可。完整的直播方案正文，需要包括直播目的、直播简述、人员分工、时间节点、预算控制五大要素。

（1）直播目的

方案正文首先需要传达直播目的，告诉团队成员，通过这场直播需要完成的销售目标、需要提升的口碑关键词、现场期望达到的观众数量等信息。

例如：春节将至，现在这段时间是老百姓采购年货的主要时间段。为了宣传我公司的春节新品套装，并在春节放假前将我公司天猫店销量提升至 6000 万元，我们将于近期进行一场网络直播。

（2）直播简述

方案正文需要对直播的整体思路进行简要描述或以一页 PPT 形式展示，包括直播形式、直播平台、直播亮点、直播主题等。

（3）人员分工

直播需要按照执行环节对人员进行项目分组，包括道具组、渠道组、内容组、摄制组等。每个项目组的负责人姓名、成员姓名等，需要在方案正文中予以描述。

（4）时间节点

时间节点包括两部分：第一是直播的整体时间节点，包括开始时间、结束时间、前期筹备时间、发酵时间段等，便于所有参与者对直播有宏观印象；第二是项目组时间节点，方案正文清晰传达每个项目组的任务截止时间，防止由于某项目组在某环节延期而导致直播整体延误。

（5）预算控制

每一场直播活动都会涉及预算，新媒体团队整体预算情况、各环节预期需要的预算情况，都需要在方案正文中进行简要描述。当某个项目组有可能会出现预算超支的情况时，需要提前知会相关负责人，便于整体协调。

第四节　App 营销

一、App 营销概述

（一）App 营销的概念

App 营销即应用程序营销，指通过网页或智能手机、平板电脑等移动终端上的应用程序来开展的营销活动。在 App 营销中，应用程序 App 是营销的载体和渠道，这点是 App 营销

与其他营销最根本的区别。拿《极品飞车》这款游戏来说，如果汽车企业提供的车型只能在游戏的电脑客户端上使用，在手机下载的游戏 App 客户端中没有，那么对这家车企来说，这就不算是 App 营销，而是游戏营销。脱离了 App 这一载体，就不能被纳入 App 营销的范围。

如果我们换一个分类方式，那么，利用即时聊天工具所做的营销推广就全部都属于 App 营销，而电子商务平台推广、微博营销、团购类网站营销、网络视频贴片广告中也有很大一部分属于 App 营销，只要它们采取的是 App 入口，而非普通的浏览器入口。由此可见，App 营销事实上涵盖的范围是很广的，其使用率也是很高的。

（二）App 营销的特点

1. 精准度高

App 营销与其他营销途径不同，App 一般是用户根据自己的需求进行搜索并且主动下载的，这意味着，用户在下载 App 时往往就已经对这一 App 或 App 代表的企业有了一定了解或需求，而且用户对 App 的日常使用往往也与即时的需求和消费直接相关，只有当他

们准备消费或有所行动时，才会点开相应的 App，比如外卖订餐、打车、团购，或者给小孩讲故事、玩游戏、跑步健身，等等。因此，App 营销是种双向选择的营销，是营销企业和消费者双方都同时选择了特定的 App。所以，在 App 中传递的营销信息，其针对性非常强。

2. 信息全面

通过传统媒体进行营销推广，企业所传达的信息量极大地受限于媒体版面和时段，不可能对产品进行全面、立体的介绍和演示。而 App 则可以通过定期的推送，将企业产品和服务的相关信息详细、全面地展示在消费者面前，还可以通过各种个性化的、趣味性的、互动的方式增强消费者的产品体验，搜集其反馈意见。

3. 趣味性强

App 的种类、形式是多样化的，App 营销不仅可以通过文字、图片、声音等方式来传递信息，还可以通过游戏等交互的方式，与消费者进行互动，在互动中传递信息，增进消费者对品牌的好感，增加用户黏度。比如，法国航空公司推出一款全新的音乐应用软件——Music In the Sky，用户安装后用手机对着天空，搜寻空中随机散布的歌曲，捕到后就可以直接试听。法国航空公司在此之前就推出过航班上的音乐服务，可以让乘客在乘坐航班的时候享受高品质的音乐服务，而 Music In the Sky 应用的推出，则让地面上的听众也能收听到法国航空公司提供的音乐，它将用户的手机变成了一个个音乐雷达，去发现散布在天空中的音乐。这款应用中还内置了一些互动小游戏，用户可以赢取优惠机票。尽管这次 App 营销的主要目的是通过 App 里面的互动小游戏推广法国航空公司的优惠机票，但是，这种将旅行、天空以及音乐等感性元素结合起来的方式，无疑比赤裸裸的营销方式要好得多，给人留下的印象也深刻得多。

4. 互动性强

由于 App 的开发门槛并不高，App 营销的成本也比较低，市场上存在的各种 App 已经浩如烟海，而且还有新的 App 不断被开发出来。如何在多如牛毛的 App 里脱颖而出，成为消费者的生活助手，成为企业的营销利器？互动是关键。像"签到"、转发有奖以及各种互动小游戏，都已经成为很常见的 App 营销互动方式。此外，还不断有一些创造性的、个性化的互动方式涌现出来，不断刷新消费者的体验。

5. 效果可控

由于 App 一般为企业自主开发或委托第三方开发，更便于对营销效果的监控，对营销的管理和控制也更为灵活。企业可以通过 App 营销，及时收集消费者的需求数据，根据消费者需求进行改进，培养消费者的购买偏好。

随着智能终端的普及、移动互联网的快速发展，移动 App 的使用越来越广泛。越来越多的企业也更加重视 App 营销，特别是移动 App 营销。由于使用量和普及率的不同，移动 App 给企业带来的关注度远比网页 App 的要大。PC 机在移动上的不便，限制了网页 App 的发展，而智能手机、平板电脑以及谷歌眼镜、苹果手表 iWatch、小米手环等智能可穿戴设备的不断发展，给移动 App 营销开辟出广阔空间。移动 App 营销将成为 App 营销中的主流。

二、 App 营销模式

（一）广告植入模式

广告植入模式也叫 App 内置广告，企业以植入的形式，借助第三方 App 进行营销。通常是企业将自身品牌、广告或其他营销信息植入第三方 App 中，当用户点击广告栏便自动连接到企业网站。这种模式是一种最基本、最常见的 App 营销模式。企业借助第三方平台植入自己的品牌，最常见的形式是动态广告栏，App 用户通过点击进入网站链接，最后在企业网站获取相关信息，参与活动，注册邮箱或者订阅 RSS（简易信息聚合），一步步地将 App 用户从广告的"过客"转化为消费者甚至是忠实顾客。在转化用户的过程中，广告主还可以通过 App 后台实时监测、收集数据，掌握转化率。这种营销模式的优势是，在吸引更多的人注册、为企业带来更多实际收益的同时，简单方便地扩大了品牌和企业的知名度。以大众点

评为例，商家不仅可以利用大众点评宣传产品和品牌，开展打折等优惠活动，还能够借助大众点评的"点评"功能获得口碑，促进销售。

除了动态广告栏，App 内置广告的具体形式还有页内轮播广告、封底广告、封面广告、loading（下载）广告等。

App 内置广告的计费方式通常为 CPC（Cost Per Click），即按点击量付费，也有部分 App 采用 CPA（Cost Per Action），即按行动付费。不管采取哪种方式，吸引足够多的用户关注和参与是营销成功的关键。因此，企业选择热门的、与自身产品和顾客高度关联的 App 营销平台，是非常重要的。只要找到了适合自身的第三方 App，那么，这种营销模式对企业来说就会成本较低、操作简单、受众面广，是一个很不错的选择。

（二）企业自有 App 模式

除了借助第三方 App 平台进行广告植入外，企业开发出自己的 App，通过自己专属的 App 进行营销也是一种很有效的方式。而且，这种方式无须拘泥于第三方 App 的特定内容、形式和要求，完全可以根据企业自身需求做出富有个性的 App。因此，这种方式对企业来说可能是非常有吸引力的一种方式，可以给企业的 App 营销带来无尽的创意空间。

互联网时代的飞速发展，让拥有一款 App 不再是一件困难的事情。不需要复杂的编程技术，许多网站提供平台，免费地让任何人都可以立即做出可交互、可管理、可以在 Android 或 iOS 系统上运行的 App。企业把适合自己定位的 App 发布至 App 商店供用户下载，用户可以全方位了解产品和企业的信息，强化对品牌的认知、认同甚至是归属感。

1. 企业自有 App 的类型

企业自有 App 可以是单一功能型 App，最常见的形式就是企业研发出来的一些互动小游戏，例如飞利浦 SHQ5200 运动耳机的《夜跑侠》小游戏；也可以是包含多种功能的 App，除了推广品牌之外还有其他功能，例如星巴克闹钟 App。在内容上，App 可以以企业产品为核心，也可以以品牌为核心，或两者兼顾。但不论研发哪种类型的 App，自有 App 的核心都是以用户需求为主的，需符合用户的喜好、兴趣和习惯。

互动小游戏功能虽简单，但如果与广告及其他营销手段配合得当，便可充分发挥游戏的情境代入及娱乐性优势，将品牌理念演绎得更充分，让消费者对品牌的体验更完整、逼真。美国 Chipotle Mexican Grill（墨西哥风味连锁快餐）在其广告营销策略上一直强调自然健康的饮食理念，贯彻这一理念的稻草人系列广告片之 Back to the Start（《从头开始》），一经推出便夺得第 59 届戛纳国际创意节影视类金狮奖及全场大奖。除了广告片，

Chipotle Mexican Grill 还推出了配套的免费游戏 Chipotle Scarecrow（《稻草人》），讲述的是小稻草人因为无法接受工业流水线食品的不健康理念，离开自己所供职的食品加工厂后，利用自己小院中的健康蔬菜为人们烹制纯天然食物的故事。在游戏中，玩家将游历 4 个不同的世界，首先要逃离食品工厂，然后要拯救被圈养的可怜动物，最后经营自己的绿色农场，制作出健康食品，让大家享受真正的美食。

除了简单的互动游戏，企业还可以根据自己的用户特征和需求开发出有各种实用功能的 App。比如，星巴克针对很多年轻人喜欢赖床的问题，就推出了一款别具匠心的闹钟形态的 App——Early Bird（早起鸟），用户在设定的起床时间闹铃响起后，只需按提示点击起床按钮，就可得到一颗星，如果能在一小时内走进任何一家星巴克门店，就可在正价购买任意

手工调制饮料的同时，享受半价购买本周精选早餐食品的优惠。这款 App 的设计巧妙之处在于，它不仅给用户提供了闹钟服务、消费打折的实用功能，而且更高明的是，它让消费者从睁开眼睛的那刻便与这个品牌联系在一起。

2. 企业自有 App 营销的优势

首先，根据 App 功能的不同，企业自有 App 营销可以实现不同的营销需求。有一些 App 能帮助开发它们的企业提升效率、降低成本以及收集信息，改善消费者的产品和服务体验，例如美团外卖 App、肯德基 App 等营销类 App。还有一些 App 则是多样化的功能拓展，能够帮助消费者更好地了解产品和服务、传播相关知识和资讯，从而提高产品的用户体验。

而与借力于第三方 App 平台进行营销相比，自有 App 营销的优势在于，消费者不再被动地接受营销信息，而变成主动了解信息的参与者。通过下载使用 App，消费者更能直观、全面地了解企业和产品的信息。

其次，营销的个性化和精准化可以在企业自有 App 营销上得到极致化的体现。如前文所述，由于是企业自己推出、自主设计的 App，所以完全可以根据企业和产品的独特价值与个性来设计 App，可以完全根据目标人群的需要来设计，可以借助自有 App 收集目标人群的信息，帮助企业建立消费者数据库，从而深入了解他们的喜好、习惯和心理，有助于企业根据市场和消费者的变化制定新的市场营销传播策略。毕竟，如何帮助品牌建立起这种遍布全网的动态网络，快速地感知用户的需求、取向、去向等非常重要，是判定 App 营销价值是否实现的一个至关重要的因素。

家居品牌宜家（IKEA）曾推出一款手机 App，让用户定制自己的家。用户可以创建并分享自己中意的家居布局，还可参与投票选出自己喜欢的布局，宜家会对优秀创作者进行奖励。这款 App 充分体现了个性化定制营销的特点，而且通过用户参与，直接有效地获取了用户的需求信息。

最后，企业自有 App 为企业的低成本快速增长提供了一种可能。由于最终的营销效果并非取决于企业投入创建 App 时的成本，而在很大程度上取决于 App 内容的策划，因此，只要内容足够出色，企业完全可以以相对较低的成本创造出可观的营销传播效果。通过 App 促进线下销售固然是一方面，而通过企业自有 App 来加强品牌与消费者的互动、建立用户口碑、维系客户关系、增进用户体验，则是企业自有 App 的另一大功能。对于大多数企业来说，实现互动和口碑层面的功能是一个更现实的营销传播目标。企业通过 App 这个

平台与消费者保持密切互动，形成更稳定持久的关系；而从顾客的角度，则可以通过App，根据自己的意愿，自主地选择与自己喜爱、信任的品牌建立联系。

（三）"企业自有App+线下互动"模式

App作为营销工具，其价值不仅在于帮助企业获取直接的经济收益，还在于能成为企业加强消费者互动、提高企业服务质量的一种创新方式。加强互动的方式可以是线上互动，也可以是"线上+线下"的互动。企业在自有App的基础上，利用LBS（基于位置的服务）、AR技术（增强现实技术）或QR（二维码）等技术，实现线上互动和线下互动的整合。这种线上线下相结合的方式能大大拓展App营销的形式设计和创意空间，让消费者的体验更立体多元，更容易产生意想不到的传播效果。

妮维雅儿童防晒霜延伸了"Protection"（保护）的概念，设计了一款帮助家长防止小孩走丢、守护孩子安全的App，让妮维雅在防护肌肤之余，还能守护孩子、守护家庭。这个大胆创想能实现的关键正是手机App与定位技术的结合，通过平面印刷媒体和手机的无线联动，来随时掌握孩子们的位置信息。妮维雅注意到两类目标人群（父母和孩子）的行为习惯，父母们高频率使用智能手机，而在里约热内卢他们更有在沙滩上和家人一起看杂志的习惯。因此，妮维雅在杂志内页印有手环形式的妮维雅广告，内嵌一枚"雷达"按钮，家长只需将这只"手环"剪下来绑在孩子们的手臂上，同时下载手机定位App，就可以时刻关注孩子们的动向。一旦孩子们超出了安全范围或者距离自己过远，App就会发出警报，家长可以通过定位App迅速查找到孩子的方位。这一创意加深了妮维雅守护家庭的品牌温情形象和创新形象，并且第一次在巴西跃上防晒霜销量榜冠军。

"企业自有App+线下互动"模式具有更强的精准性和互动性，而且已经在一定程度上体现了整合营销传播的理念。技术与创意的巧妙融合，为企业和消费者带来了更多互动、体验和分享的机会，带来更多新奇的创意空间，让App营销成为一种酷炫又实用的营销方式。

三、 App营销策略

（一）App营销入口设计

无论是哪种类型的App，成功的App的设计要点是基本一致的，从长期发展和更好进行营销的角度来说，企业App在设计中必须考虑以下几个要点。

1. 初始界面

初始界面是App用户对于软件第一印象的主要来源。在目前的设计中，初始界面主要分为启动界面、宣传界面和登录界面三个方面。

（1）启动界面

启动界面一般是用户启动App后看到的界面。这种界面往往信息形式简单，界面简洁，以App的名称为主要设计内容。需要注意的是，大部分启动界面都采用纯色调为背景色，除此之外还有模糊色调背景和暗色调背景，其特色和表现各有不同。

使用纯色调背景的目的是突出启动界面的文字信息，故一般只用一种颜色；模糊色调背景的目的是通过背景的模糊来突出明亮的画面主体，吸引用户的注意力；暗色调背景则主要是为了丰富整体的感官效果，可以采用多种颜色。

（2）宣传界面

宣传界面属于启动界面的一种，但是与常见的启动界面存在较大的区别。首先是宣传界面一般分为多个界面；其次是宣传界面中的内容比较丰富，以表现 App 主要功能为主。

宣传界面一般出现在用户下载 App 后第一次启动时，主要作用是向用户介绍 App 的特色及功能，吸引用户的同时给用户营造良好的使用氛围。

宣传界面一般以 4 张图片为主，同时这 4 张图片保持一定的连贯性，在风格和表现形式上基本一致。除了采用动画人物形式之外，还可以通过风景、功能截图等方式来表现。

（3）登录界面

App 的登录界面以帮助用户进行高效登录或注册为主，界面上的信息分为 3 个方面，分别是登录框、忘记密码和注册账号。用户可以根据个人需求选择不同的服务功能。随着QQ、微信和微博的影响力持续提升，部分企业 App 也支持用户通过 QQ、微信和微博的账号直接登录，节省用户的注册和登录时间。

2. 实用功能

App 要得到用户的认可，功能的实用性非常重要，需要从快速反应、用户需求、实用性、软件升级等方面出发考虑 App 入口的设计。

（1）从快速反应出发

快速反应是指用户进行操作之后，App 进行相应反馈的过程。常见的反应类型有：软件的启动时间、信息的显示时间、支付的过程时间和界面的转换时间。在设计 App 时，要想提高 App 的反应时间、提升用户的使用效率，需要对软件的设计代码进行优化，包括对设计的内存优化、对操作的界面优化、对图片的加载优化。

（2）从用户需求出发

满足用户需求是设计 App 功能的中心点。要想获得用户对 App 的支持，打造满足用户体验需求的功能不可少。以支付宝为例，用户在支付宝上可以进行生活缴费、看电影、点餐、买机票和火车票等。

（3）从实用性出发

微信是使用量巨大的一款 App，其即时通信、朋友圈交流、微信支付、微信公众号等功能实用性非常强，这些功能几乎是每个人都需要的。

（4）从软件升级出发

对 App 进行升级，就是在逐步改善和弥补 App 的不足，主要的升级方向有：提高完善程度、进行细节修改、增加新功能等，这对于培养企业的长期用户是非常有必要的。在常见的 App 更新中，一般以更新提示框的方式来告诉用户可以进行产品更新。

需要注意的是，为了更好地引导用户使用软件，当用户对软件进行更新并进入软件时，App 可以通过提示语来告诉用户关于内容更新的信息。

3. 优质细节

App 在设计完成时，需要从颜色字体的合适程度、页面转换的流畅程度、设计的更新维护以及功能多个角度对细节进行分析。在 App 的设计过程中，内容创新是比较难的事情，而做好细节，却是每一个 App 在设计上都能够做到的。对用户而言，细节的完美甚至比内容创新更容易得到认可。在设计细节中，有 3 个最为关键的部分。

（1）借鉴别人的优势

在细节上借鉴别人的优势，从而转化为自身的优势，这种行为在设计 App 时十分常见，比如微信借鉴支付宝推出的微信支付，不仅进一步提升了微信的影响力，更拓展了用户群体。

（2）界面的细节布局

没有特色的界面是无法给用户留下深刻印象的，很多手机游戏能够持续吸引大量用户，最根本的原因在于其界面非常有特色。

（3）运作效果一致性

软件的运作效果是指在同一款 App 中，用户进行操作的运作结果是基本一致的。以用户操作为例，如果用户点击 App 中的某项内容，使得某些事件发生，那么用户点击其他同类型内容，都应该有同样的结果。打造这种操作的一致性对于 App 的长期发展是有利的，尤其是在培养用户的使用习惯方面。

4. 恰当模式

不同行业的企业 App 在具体设计时，需要根据行业特色选择恰当的模式，因为不同行业的特色是不同的。以电商销售行业中的企业 App 和 O2O 结合为例，O2O 模式就是将线下产品销售与互联网结合，使互联网成为线下商务交易的基础平台。这种模式非常符合电商企业，用户通过 App 查看产品信息并进行购买，再由相关人员送货上门。

5. 用户模块

在 App 中，用户群体因 App 内容定位不同而有所不同，一般分为企业人员用户、个人用户和商家用户，用户群体的不同决定了用户模块的不同。企业人员用户的 App 在 App 中占据的数量比例比较低，比较常见的是个人用户。除此之外，部分企业还为商家用户提供专属 App，以便商家用户更好地管理订单、配送商品及联系用户等。

6. 真实场景

将真实的场景带入虚拟的 App 中是设计的潮流，更容易吸引用户，也更容易通过产品的虚拟试用打动用户。目前采用真实场景与虚拟场景相结合的 App 很多，涉及智能家居行业、服装饰品行业、医疗健康行业、地图相关行业等。比如：名为千妆魔镜的 App 能够将用户的真实脸庞轮廓录入软件，从而通过添加虚拟用户的方式为用户打造逼真的化妆效果。

这种场景结合不是 App 的最终目的，卖出去产品才是根本目的。通过虚拟化妆的方式，用户可以理解化妆的效果，从而直接在 App 上购买相关产品。

7. 资源共享

借助其他渠道的优势条件，通过资源共享打造更优质的 App，也是设计时需要注意的重要内容，这种方式能够为用户提供更便捷的服务或者与相关品牌企业合作的机会。

（1）便捷的服务

在为用户提供便捷的服务方面，目前常见的可利用的其他渠道资源类型有：支付平台、SNS 平台、电商平台。

以支付平台为例，企业 App 在设计时就可以增加便捷的支付方式，比如支付宝、微信支付、网银支付等。目前提供微信支付的 App 较多，其中典型的有大众点评、美团外卖、QQ 音乐等，企业可以在微信开放平台上申请将微信支付方式添加到 App 中，整个申请过程是免费的。

（2）与相关企业合作的机会

通过与其他企业合作的形式将组员共享，双方可以创造出更大的用户流量和产品利润。从企业长期发展角度看，App 互换合作资源需要注意双方都有影响力、有应用推荐空间、确定合作的时间、对下载链接互推、调整推荐的内容、软件外进行合作、关注互推的效果和用户类型较接近等。

（二）App 营销场景构建

1. App 营销场景的内容

App 是根据现实生活中的场景需要而出现的，特别是 O2O 领域，更是互联网进一步场景化的体现。它们以解决生活中某种实际需求为切入点，也就是为具体的场景而生。没有场景的 App，起不到移动营销的效果。场景一般包括有特色的内容、有趣味的游戏、有跨界合作、有社交连接、有分享互动、有用户反馈等内容。

（1）有特色的内容

任何一个精心设计的"场景"，必然是有内容的。塑造场景，就像讲好一个故事。因此，场景设计必须有内容、故事穿插在内，才能吸引用户。比如：在健身 App keep 上，用户不仅可以根据健身教练的指导进行健身，还可以看到其他人的健身结果，以及感受到健身的意义。

（2）有趣味的游戏

用游戏来丰富 App 场景内容，让用户参与有趣的游戏中，就可以进行后续的营销设计。比如，天猫 App 在春节前开展的扫"福"、集福卡、分红包的游戏活动，充分地将线上和线下结合起来，为全球买家带来快乐的消费体验。

（3）有跨界合作

App 场景内容的设计中，需要有不同品牌、不同企业、不同产品之间的跨界合作。例如：大胃王密子君在手机直播 App 斗鱼上，直播自己吃各种美食，吸引了大批粉丝的关注。接着她直接跟很多餐厅跨界合作，向每个邀请她去直播吃饭的餐厅收取赞助。总之，你的产品、店面甚至是个人，都可以变成一个"场景"，以引入更多的跨界合作。

（4）有社交连接

社交属性是场景中不可缺少的部分，可以在 App、线下场景中完善设计功能，增加社交连接环节，以增强移动营销的效果。尤其是在小程序出现以后，App 的社交属性需要进一步增强，比如：拼多多 App 正开展的邀好友分红包活动，其目的就是深挖 App 的社交属性，增强互动。

（5）有分享互动

一个丰富的场景当中，不能缺少用户表达自己想法的环节。游戏类、购物类 App 特别注重用户的分享和互动。例如：手游天天爱消除 App，玩家每进步一关，都会提醒玩家分享到微信朋友圈、QQ 空间等社交平台上；当玩家红心不够的时候，还可以互赠红心获得生命值；当玩家有段时间没有玩这款游戏的时候，其他玩家可以在微信、QQ 上邀请其回归，这都是分享互动的体现。

（6）有用户反馈

要丰富场景，让产品、店面更加互联网化，可以考虑将用户的反馈信息构建在场景中。例如：App 托管平台蒲公英 SDK，支持包含摇一摇、手势、截图、标注、文字、语音、自动邮件提醒、跟踪管理的全方位反馈服务体系，帮助开发者与用户建立沟通桥梁。

2. App 营销场景设计技巧

（1）选好场景营销时间节点

做营销活动总要有一个理由，而节日就是做活动的一个契机。比如，过年这么喜庆的节日，得买年货、购置新衣，天猫 App、京东 App 等电商 App 每到过年的时候就会推出年货节营销活动，为顾客营造浓浓的过年气氛。

当当网 App 时常会有图书打折的活动，但是"世界读书日"前后的图书打折活动总是特别火爆，经常出现图书缺货现象。世界读书日会吸引一些平时不怎么爱看书的人也趁打折购入几本图书。

选取好的时间节点做营销的魔力在于，能够将非本商品的刚需人群吸引过来，这些人对营销活动有感知甚至也会跟着购买。

（2）根据用户分类进行场景营销

在对用户进行营销的时候，需要对用户进行分类，对于潜在用户，可以通过发放优惠券、低价购买等方法，将潜在用户变成自己的新用户。对于还在观望中的用户，可以用日常打折活动的形式，吸引用户下单。对于已经下单的用户，可以设置一些小游戏，发放优惠券，促进用户的复购；也可以推荐垂直类商品，促进用户复购。

（3）根据地点进行场景营销

在场景营销中，地点的精确性也是非常重要的。比如，一款美食电商 App ENJOY，根据客户所在城市地点为客户及时推荐当地的特色美食，以方便客户的选购。电商 App 开展营销活动发放优惠券给用户时，如果使用地点不精准，出现为北京的用户推荐广州的优惠活动，自然就无法实现场景营销的效果。因此，一切的场景营销都必须建立在地点精确这个条件上。

（三）App 软件推广策略

不是每个应用软件都会被下载到用户的手机上，企业要想开发的 App 被下载使用，首先要采取一系列的措施确保用户能够知晓这个软件，而不是让用户自己去发现它。App 软件营销可以通过以下几种手段来实现。

1. 应用商店

应用商店作为应用的"栖息地"，在 App 营销中扮演着最基础的角色，同时也是应用推广的第一步。作为应用信息的第一来源，在应用描述方面要保证真实又具有创意，能够吸引使用者的眼球。另外，把握好应用的更新及分类也是至关重要的。

2. 社交网络推广

社交网络已经是现代人生活必不可少的内容，通过社交网络的形式推广能够增加应用的可信度，以一种推荐的态度，降低用户的抵抗心理，使用户乐于下载。

3. 专业的 BBS 论坛推广

在中国，大多数的智能手机用户的应用程序都是免费的汉化程序，这种程序一般通过论坛的形式进行传播，如果能得到论坛版主的推荐，将大大提高应用的下载量。企业可以将新推出的应用拿给知名手机论坛版主使用，获得这些版主的推荐。

4. 公关软文和适当的广告推广

公关软文已经是 App 网络推广的重要手段，能达到润物细无声的效果，一个应用评测，一种使用感受，都会吸引用户的注意。企业可以在手机网站上发布新应用评测，增强用户对于该应用的了解。如果是一个拥有足够经济实力的大公司，那么投放适当的广告也是一个不错的选择。

第九章 电子商务的其他应用

第一节 网络金融

网络金融，又称电子金融（E-finance），从狭义上讲是指在国际互联网上开展的金融业务，包括网络银行、网上证券、网上保险等金融服务及相关内容。从广义上讲，网络金融就是以网络技术为支撑，在全球范围内的所有金融活动的总称，它不仅包括狭义的内容，还包括网络金融安全、网络金融监管等诸多方面。它不同于传统的以物理形态存在的金融活动，是存在于电子空间中的金融活动，其存在形态是虚拟化的，运行方式是网络化的。它是信息技术特别是互联网技术飞速发展的产物，是适应电子商务（E-commerce）发展需要而产生的网络时代的金融运行模式。

一、网上证券

（一）网上证券的概念

网上证券也称网络证券，是证券行业以互联网为媒介向客户提供的全新的商业服务。它是一种大规模、全方位、体系化、新型的证券经营模式。证券公司利用互联网等网络技术可以为投资者提供证券交易所的及时报价、查找各类金融信息、分析市场行情等服务，并帮助投资者完成网上开户、委托、支付、交割和清算等证券交易的全过程，实现实时交易。它是传统证券交易的电子化、网络化，是电子商务在证券业中的重要应用。

（二）网上证券交易的特点

网上证券交易作为一种全新的交易方式能够在极短的时间内迅速地发展，主要是由于两个方面的原因：一是近年来国际互联网的飞速发展以及网络与证券业的有机结合；二是网上证券交易相对于传统的交易方式具有较多优势。网上证券交易的特点主要体现在以下几个方面：

1. 虚拟性

网上证券交易借助无所不在的国际互联网为载体，通过高速、有效的信息流动，从根本上突破了时空的限制，极大地缓解了券商地域分布不均的矛盾，将身处各地的投资者有机地聚集在无形的交易市场中，使得投资者能在全国甚至全球有网络的地方进行证券交易，从而使有投资欲望却无暇或不便前往证券营业部进行交易的人士进行投资成为可能。

2. 便捷性

网上证券交易通过国际互联网，克服了传统市场上信息不充分的缺点，有助于提高证券市场的资源配置效率。它使投资者可以在网上主动、及时、有效地获取和筛选相关投资咨询信息，使客户对信息的获取从单向被动式向双向主动交互式转化。这是其他证券交易方式不可比拟的，它使网上证券投资者全面获取证券投资信息成为可能。

3. 低成本性

网上证券交易可以降低证券交易的交易成本。网上交易的全面引入，使得客户彻底突破传统远程交易的制约，无须投入附加的远程信息接收硬件设备，在普通的计算机上就可以全面把握市场行情和交易最新动态。另外，网上交易包容了证券活动的方方面面，使投资者足不出户就可以办理信息传递、交易、清算、交割等事务，节约了大量的时间和金钱。对券商而言，网上交易的大规模开展，可以大幅度降低营业部的设备投入和日常的运营费用。

相对于传统的证券交易方式，网上证券交易综合了网络的优势，券商为投资者提供的信息增值服务就显得更为重要。同时网上证券交易过程中，技术始终是服务和业务的基础，拥有创新意识和先进的技术也是券商核心竞争力的体现。

（三）网上证券交易的流程

网上证券交易必须借助互联网来实现，同时还要安装相关的软件，其流程与传统的证券交易没有什么区别，只是实现交易的手段不同而已。网上证券交易要在计算机和互联网上来完成。

1. 开户

委托开户可以到各证券营业部办理开户手续，并申请开通网上交易功能，随着移动互联网及信息技术的发展，当今也出现了多种更便捷的开户方式。证券营业部具体开户流程为：携带身份证、股东账户卡到指定的营业点填写"××证券公司网上证券交易开户申请表"，然后由该营业部工作人员出示"网上交易用户须知""网上证券买卖委托协议书"和"网上交易风险揭示书"，提醒开户人正确、全面地了解网上交易的风险并明确双方的权利和义务；开户人签字以后，工作人员为开户人开设资金账户并发给开户人个人数字证书。以上手续办完以后投资者就可以开始使用网上证券交易系统。

2. 下单委托

依现行法规，每个投资人买卖证券均须委托具有会员资格的证券公司进行。投资人（委托人）的交易指令先报送于证券公司（或交易系统）；证券公司通过其场内交易员或交易系统将委托人的交易指令输入计算机终端；各证券公司计算机终端发出的交易指令将统一输入证交所的计算机主机，由其撮合成交；成交后由各证券公司代理委托人办理清算、交割、过户手续。投资人通过网络进行证券委托，每一交易指令或报单均应包含以下内容：①股东账户及密码；②委托序号和时间；③买卖区分；④证券代码；⑤委托数量；⑥委托价格（市价或限价）；⑦委托有效期（推定当日有效）。

3. 清算交割

证券交易清算是指证券买卖双方通过证券经纪商在证交所进行的证券买卖成交后，通过交易清算系统进行交易资金支付与收讫的过程。根据我国目前实行的交易清算制度，证券商在代理投资人进行证券交易的当日，应于收市后首先与交易所办理清算业务，依差额交收规则由各证券商对买卖证券的金额差价予以清偿；然后证券商对其代理的每位投资人买卖证券的价款金额进行清抵。但是由于当日信用结算惯例的存在，每位投资人在其买卖证券得到成交回报的当时，其账户内的资金则已即时结算；其中，卖出证券者已得到资金，并可用该资金另报买入其他证券，而买入证券者则已减去其账户内资金，不得再透支购买证券。证券交易过户是指证券买卖双方通过证券经纪商在证交所进行的证券买卖成后，再通过证券登记机构进行证券权利的移转与过户登记的过程。根据中国目前实行的登记过户制度，投资人在所买卖证券成交后的下一个营业日，证券登记公司方为其办理完毕过户手续，并应提供交割单，如该日逢法定假日，则过户日应顺延至下一工作日。这就是证券过户上的"T+1"规则。依此规则，在某一营业日买入的证券只能在下一营业日卖出。

（四）网上证券交易的风险

相对于传统的证券交易，网上证券交易能在数秒内让投资者足不出户完成一笔交易，既省时又省力。但是现实中部分人依然对网上证券交易望而却步，究其原因，即网上证券交易还存在一定的风险。

1. 网上证券交易的风险

（1）技术风险

通信线路繁忙或服务器负载过重，网上传输的行情信息及其他证券信息会出现中断、停顿、延迟、数据错误等异常情况。黑客的入侵和攻击使网上证券委托系统出现故障，或接收到已被篡改的错误信息。计算机系统因病毒造成的故障，使网上交易无法顺利进行。

（2）泄密风险

如果投资者将股东账号、交易密码遗失或泄漏，在使用网上证券委托系统进行交易时，投资者的身份可能会被仿冒，投资者的托管证券有可能被他人盗卖。

（3）信息风险

证券公司通过网站发布的信息均会说明信息来源，信息的可靠性、真实性和正确性由信息提供者负责。而网上总有一些别有用心的人或机构受利益驱使，发布虚假信息，误导投资者，进行操纵市场的违法活动。

（4）财务风险

投资者在采用网上委托交易后，资金转移的过程中可能会出现故障及错误。应在交易当日同营业部进行账务核对，确认本人资金账户和证券账户的余额及当日发生额准确无误。

（5）自然灾害造成的风险

重大的自然灾害也会给网上证券交易带来无法抗拒的风险。

2. 网上证券交易风险的防范

投资者是证券市场的基石，为调动投资者的积极性，促进我国网上证券交易快速、健康发展，我们应当准确识别网上证券交易风险，并采用积极的手段防范和应对网上证券交易的风险，应注意下列几个方面：（1）遇到技术风险，投资者应及时对比其他相关信息，使用其他交易手段（如电话委托），及时查证成交情况，规避网络故障带来的技术风险。（2）投资者必须确保在安全状态下设置各类密码，并妥善保管自己的开户资料、交易密码。尽量避免采用委托他人的方式或在证券营业部营业场所之外开户，尽量避免投资者开立的证券交易账户交由他人保管使用。（3）投资者在网上委托的过程中，使用商业银行提供的银证转账业务，必须按照银行的相关规定办理。（4）某些上市公司或咨询机构在网上发布的信息不够准确，缺乏法律的规范和有效的监管，误导广大股民借以操纵市场，投资者应辨别信息真伪，谨防网上欺诈带来的信息风险。（5）如果投资者对自己的账户有异议或感觉数据异常，应立即与营业部联系，以免造成资金损失。

在注意以上问题的同时，我国还应从立法上完善科学合理的证券交易风险承担制度，因为目前我国还没有很规范的网上交易基本法，有关网上证券交易的规定都分散在一些法律、行政法规、部门规章和司法解释中。所以在实践的基础上逐步完善相关的法律体系，出台操作性更强、更具体的网上证券风险承担的法律条文，对网上证券风险作出明确的规定，对参与方的行为进行规范显得非常重要。当风险事故发生时，当事人就能够按照法律的规定来公平地分配损害，维护投资者的合法权益。

二、网上保险

网上保险也称网络保险或保险电子商务。它是指保险公司或者保险中介机构以信息技术为基础，通过互联网和电子商务技术来支持保险经营管理活动及保险业务的经济行为，可以从狭义和广义两个方面来划分。狭义的网上保险是指保险公司或者保险中介机构利用互联网给客户提供有关保险产品和服务的信息，并实现网上投保、承保等保险业务，直接完成保险产品的销售和服务，并由银行将保费划入保险公司的经营过程。广义的网上保险除了包括保险产品的网上销售，还有保险公司通过互联网进行内部的经营管理以及与保险公司之间、股东之间和工商、税务等机构之间的事务交流。

保险公司通过开展网上保险来扩大公司的知名度，发掘更多的潜在保险客户来增加客户数量，拓展市场业务，同时凭借网络信息技术为客户提供更多、更好、更全面的服务。这种方式很好地弥补了保险业传统的销售方式，为保险公司提供了更大的利润空间。

（一）网上保险的优势

网上保险基于互联网和信息技术，它的最终目标是电子交易，即实现保险的电子商务化。因此，网上保险除了具有一般的电子商务特点，如直接性、虚拟性和电子化等特点之外，与传统保险的经营方式相比，还有很多优势。

1. 对于保险公司来讲，网上保险的优势

（1）经营成本低

首先，网上保险降低了营业费用支出。网络建设的前期投入一定的费用以后，后期的维护费用比较低，节约了传统营业网点的房屋租赁、装修等支出。其次，降低了各种销售费用支出。在销售和客户领域，保险公司通过网络进行保险计划设计、向客户出售保单以及提供其他服务，将比通过电话或代理人节省58%～71%的费用。再次，减少了员工工资支出。通过网络开展业务咨询、销售保单，可大量减少员工工资支出，降低公司经营成本。最后，降低了宣传成本。通过网络，可以将自己的公司概况、业务品种等信息向客户进行宣传，而不必要再通过电视、广播、报纸等新闻媒体进行宣传，节约了不必要的广告费用。

（2）业务开展灵活

通过网络开展保险业务，既不受时空的限制，又方便快捷。保险公司可以利用网络覆盖面广的优势，充分拓展业务范围，较好地对潜在市场需求作出及时分析和深层把握，及早创新业务品种，适应公众需求。

（3）降低经营风险

由于网上投保公正透明，在很大程度上可以减少中间环节和由于利益驱动给保险机构带来的不可避免的承保风险，减少不同机构之间的不正当竞争，有效促进保险业整体经营

的稳定。另外，由于保险业务代理人的业务素质、道德水准的不确定性，通过网络业务可以有效降低这方面的道德风险。

（4）提高工作效率

网上保险可以简化传统方式的烦琐手续以及人为不确定的其他消极因素，形成高效的工作理念，提高公司在客户中的形象。保险公司还可以在网上了解更多的保险技术、保险资本和保险人才等信息，形成完善的保险要素的结合，使保险产品具有更强的竞争力。

（5）整合保险资源

一方面，中小保险企业在业务发展中，无论是资金规模，或者是企业规模、客户群体，都很难与大型保险企业相抗衡，不利于保险企业的整体发展，通过网络保险，各企业可以充分发挥自身的优势，缩小中小企业与大企业的抗衡空间。另一方面，通过透明的网络业务，相互监督，可以避免不同企业之间的恶意竞争，规范企业间的经营行为，共同维护保险业的整体利益。

2. 对于社会公众来说，网上保险的优势

（1）方便快捷

通过网络客户可以随时随地进行保险消费，既不受时间限制，又不受空间制约，业务流程方便快捷。

（2）信息广泛，选择自由

客户可以通过网络获得大量多样化的保险信息，减少消费的盲目性和局限性，也可以通过多家保险公司产品的比较，进行自主选择。

（3）保护隐私，安全性高

客户可以通过网络排除中间环节不可避免的知悉或有意无意的隐私侵犯，同时也可避免保险代理人的道德风险。

正因为网上保险相对于传统保险的这些优势，企业和客户都逐渐把注意力转向互联网，也促使了网上保险的飞速发展。

（二）网上保险的业务流程传统的保险业务流程

保险公司宣传产品和服务；收取保险费，形成保险；当约定的保险事故发生后，对被保险人进行保险金的赔偿与给付；由于保险事故发生和损失程度的不确定性，保险基金的形成和保险金的赔偿与给付之间必然存在一定的时间和数量差，使保险资金的运用成为可能。另外，承保之前，为防止逆向选择行为，保险公司必须对保险标的实施核保。在承保之后，为防止道德风险，尽可能减少保险赔偿和给付的可能性，保险公司一般要对保险标的采取积极的防灾防损工作。

网上保险借助了互联网和信息技术，它不仅融入了新的技术，而且融入了新的经营理念，使网上保险的业务流程有了新的变化。主要包括：客户通过网站了解产品和服务的详细信息，选择满足自身需求的保险产品；在网上输入投保需要的相关信息并提交；保险公司进行核保，并通过电子方式向用户确认，在用户正式签名后，合同生效。通过网络银行转账系统进行保费的支付，保单正式生效。客户在签订合同期间，还可以利用网上售后服务系统，对整个合同签订、保费划交等过程进行监督，确保自己的利益不受损害。

（三）网上保险的风险

网上保险尽管有种种优势，但作为一种新事物，由于其在国内的发展尚处于不完善阶段，仍然存在一些风险和不足。主要表现在以下5个方面：（1）法律制度不够健全，容易形成法律风险。由于我国还没有建立起相应的规范网络商务的正式法律，对于网络交易的法律效力还无法确定，使得保险公司在网上开展业务无法可依、无章可循。（2）存在安全技术隐患。由于网络黑客的不断出现，使得目前的计算机网络系统的自身安全缺乏保障，一旦网站被攻击，不仅公司受损，客户利益也会受到极大侵害。（3）业务环节之间不够协调。由于保险业务涉及银行、电信等多个行业，有些行业的网络建设比较滞后，使网上保险业务的某些环节之间存在不协调的现象。（4）网上投诉、理赔容易出现欺诈行为。（5）保险公司网络设备不完备，网络人才缺乏，业务品种单一，容易影响公众的消费心理。

要应对以上的风险，就必须在宏观上和微观上共同努力，并不断完善和创新，使网上保险业务能够健康地发展，应着重从以下几方面努力：

1. 加强法制建设，增强对保险企业和社会公众行为的约束

要尽快制定相关法律，明确网络使用者的权利和义务，制定破坏网络安全以及利用网络进行犯罪活动的惩治措施。由于网络是无国界的，所以要不断加强与国际间的合作，促进世界各国建立全球性的有关网络的法律框架和体系，尽快通过法律形式确定货币结算、网络签名、网络合同的法律效力，明确违约责任。另外，还要加强行业自律，制定行业规范管理办法，加强对企业自身的管理和约束。

2. 加强计算机安全管理，惩治网络犯罪行为

首先，要在技术上加强管理，加快对网络人才的培养，提高业务运行的技术标准，引进、改进和开发利用各种先进技术，提高高新技术的运用效果，并不断加强网络技术改造、升级，提高网络安全系数。其次，要加强安全管理，建立一套切实可行的风险评估和监测体系，加强对网络运行、系统安全、业务发展的监测，出现问题要及时处理。最后，还要加强对员工的安全教育，提高员工的安全防范意识，社会有关方面也要严厉打击各种网络犯罪行为，提升社会公众对网络商务的认可度和信任度。

3. 不断进行业务创新，适应社会公众需要

保险公司要不断加强业务发展状况调查，加快投资型年金产品、企业保险产品以及正在快速增长的综合风险管理产品等适应公众需要的业务品种的开发。要不断推进业务管理、营销方式、投资管理、人力开发等的改革，适应网络化发展的需要。同时，要重视公众的消费心理，对于一些不适应于网上销售的保险产品，要积极开展网下服务，注重新产品和增值服务的多层次开发和利用。保险公司要通过自身的网络产品优势、服务质量来提升社会公众的网络消费欲望，进而加快相关行业网络商务活动的开展，促进整体网络资源的协调发展。

4. 提高员工的业务素质，努力防范道德风险

广大员工是开展各项业务的关键因素，在人员管理上既要注重引进高素质人才，又要不断加强对现有人员的思想政治教育和业务知识培训。要强化内部管理制度建设，制订各项业务工作流程，明确各员工的职责和权限，认真执行内部管理制度，设立专门的内部控制部门，加大对员工业务行为的监督检查力度，防止内部人员利用职务之便在网上非法操作，造成公司损失。另外，还要不断加强内部操作管理，在业务咨询、保单销售投诉建议、核保理赔等方面做到快速、准确，赢得公众的信任。

5. 加大网络硬件建设，适应当前发展需要

保险公司要不断加大网络硬件资金投入力度，保持设备的安全、良好运转，加强对网络的日常维护管理，提高社会公众对公司网络的关注度，扩大公司的影响面。

第二节　网络教育

一、网络教育的概念

网络教育（E-learning）又称"现代远程教育"，网络教育是一种受教育的方式，包括新的沟通机制和人与人之间的交互作用。这种新的沟通机制是指计算机网络、多媒体、专业内容网站、信息搜索、电子图书馆、远程学习和网上课堂等。

从网络教育服务的市场定位来看，一种是学历教育服务体系；另一种是非学历教育体系。因此，目前网络远程教育主要有两种方式：一种是高校自己成立的网络学院，将学校的教学资源与网络结合起来，充分发挥网络教育的优势，满足部分受教育者的需求；另一种是专业的网络教育经营公司，比如北大青鸟的网络教育，其中后者有更多的资金和技术上的优势，在经营管理上显得更加市场化和商业化。

二、网络教育系统

要开展网络教育，硬件和软件方面的建设是必不可少的。在硬件方面，网络教育系统的建设是建立在网络建设高度发展的基础上的，没有宽广畅通的信息高速公路，无法跑起满载教育信息的快车。网络教育最典型的例子是多媒体课件的传输、视频点播的实时性，这些应用对网络速度有非常高的要求，所以良好的网络硬件基础建设至关重要。网络发展前期，快速以太网无法提供足够的带宽，而 ATM 网络技术则实现了音频、视频、数据的统一传输，成为以多媒体应用为主要业务的网络建设的唯一选择。然而选择使用 ATM 技术的网络存在一些无法克服的缺点，使得它无法为大多数的高校所接受。最主要的一点就是硬件建设的投资问题，支持 ATM 网络技术的设备比较昂贵，而这种费用不是普通高校能承受的。在软件方面，网络教育系统作为一个完整的服务应用系统包括以下几个方面的内容：

资源库：包括多媒体素材库（格式、组成）、课件库、案例库以及试题库。

支持平台：提供教师上载、下载素材，上载课件的界面，同时提供学生下载界面。

应用系统：提供学生与教师用于教学用的交互式界面，包括保证安全的身份验证、课件点播、各种实时的交互方式等。

三、网络教育的主要方式

网络教育依托网络，营造数字化的教育环境，综合利用各种教学方式，充分发挥它的优势，达到最好的教学效果。目前主要有以下几种方式：

视频广播：由网络管理中心播放视频（实时视频或录像）。这种形式与电视或播放录像没有太大的区别，学生无法控制，实际上是一种直播课堂式的教学。它的好处是学习者不受地域和人数的限制，且占用带宽小，多用于名师授课、学术报告、重要会议的直播等。

视频点播：学习者可以根据需要对服务器中的视频进行点播。其内容可以是电视教学片，也可以是课堂实况录像。由于是非实时的点播，所以我们可以对其进行精心设计（如插入图文、视频、动画等）。

视频会议：视音频多向实时传输的形式。由于设备昂贵，应用不是很普遍，多用于教师答疑。

Web 教材：即把教学内容做成网页的形式。其好处是编制难度不大，运行方便，因而使用普遍。

多媒体课件：运用多媒体语言或课件开发工具开发的教材，一般通过下载到本机运行。

BBS 论坛：师生间、学习者间以电子公告板的形式相互交流和协作。

聊天室（教学讨论区）：师生间、学习者间通过文字、语音等形式异地实时交流。

E-mail：师生间、学习者间以电子邮件的形式相互交流。

四、网络教育的优势

随着信息技术和网络的发展，网络技术日益融入人们的日常生活，同时，知识经济浪潮的到来，促使教育也通过大众传媒和远程系统给人们提供更多的机会与方便。相对于传统的教育方式，网络教育有很大的变化，它让人们通过网络来共享网络资源，选择更适合自己的教学方式和内容，向传统的教育提出了挑战。

当今教育要求以因材施教和培养创造力为核心目标，突出个性化教育模式。同时，人类已经进入可以无限制地进行信息低成本复制的新阶段，纯记忆型的智力必然会普遍贬值，而想象力、创造力将会越来越重要。网络教育正是提供了一个个性化教育的平台。

相对于传统教育来说，网络教育的优势主要体现在以下几个方面：

1. 能提供时空上的方便

传统教育要求受教育者按时去上课，这个对接受高等教育的全日制学生来讲不难实现，但是对于上班族而言，根本没有专门的时间去课堂，而远程网络教育则可以让受教育者通过网络在任何时间、任何地方进行学习。

2. 能缓和教师资源不平衡的矛盾

远程网络教育是通过先把讲课的过程录制下来并上传到网上，再让受教育者在网上在线上课的过程，由于讲课的时间比较灵活，讲课老师多数是名牌大学的优秀教师，有更丰富的教学经验，能取得更好的教学效果。

3. 利用远程网络教育可以更好地把握学习的度，有利于重复利用学习资源

由于网络教育的课程有视频，而且不受访问次数的限制，受教育者对于复杂难懂的内容可以反复"上课"，直至消化理解。

4. 有利于节约成本

网络教育不用学校配置教学的硬件设备，只要每个学生有一个计算机终端就可以方便地进行学习，同时也减少了学生的支出成本。

远程网络教育也存在着一些弊端，它的教育方式决定了学校和教师不能很好地对受教育者进行学习上的管理和考查，学习的过程对网络过于依赖，特别是受教育者的教学实践

环节相对于传统教育来讲比较难得开展，网络教育的专业在一定程度上会受到限制，因此，将网络教育与传统教育结合起来，取长补短，能达到更好的教学效果。我国的教育水平和人民的素质在不断提高，但是部分地区的教育还是存在比较大的问题，目前国家也在出台一些政策，支持网络教育的发展，使远程网络教育能解决我国贫困山区的教育问题。

第三节　网络旅游

一、网络旅游的概念

网络旅游是一个兴起于 20 世纪末、时髦于 21 世纪的一个旅游新概念，也称旅游电子商务，有广义和狭义之分。广义的网络旅游泛指以网络为主体，以旅游信息库、网络银行为基础，利用先进的信息化手段实现旅游业及其分销环节数字化运作的所有商务活动。狭义的网络旅游是指在旅游业中利用互联网、内联网和外联网来实现旅游产品与服务交易活动的总称，它涉及旅游业的方方面面，不仅是通过网络进行旅游市场的交易活动，还包括旅游企业通过网络与供应商、各种服务机构以及政府相关部门建立业务联系的过程。

网络旅游的基本定位是满足旅游市场的发展要求，顺应旅游企业经营战略创新的趋势，探索新的旅游业务模式，建设有特色的、个性化的旅游电子商务，以降低成本，提高效率，寻求新的利润增长点。

网络旅游的基本目标是突破传统的经营模式与手段，建立以互联网为基础的现代旅游管理信息系统，形成规模化、产业化、标准化的旅游发展新格局，使旅游业整体利益最大化和运作效率最优化成为可能。

当一个旅游者通过访问旅游网站，收集全国各地的旅游信息，制订自己出游的旅游线路，预订各种交通票证、住宿房位、娱乐项目，并在网站的帮助下完成吃、住、行、游、购、娱的旅游活动时，一次真正意义上的网络旅游便宣告诞生了。它与传统的旅游相比，有着多方面的优势，是旅游服务商与旅游消费者之间交流沟通的渠道和中介。

二、网络旅游的服务功能

网络旅游并不是凭借网络的方式让旅游者在网络上看风景、享受美好风光，而是通过网络来辅助旅游者出游。目前，国内网络旅游服务商的服务功能主要可以分为 3 类：

1. 信息的汇集、传播、检索和导航

这些信息内容一般都涉及景点、饭店、交通旅游线路等方面的介绍，旅游常识，旅游注意事项，旅游新闻，货币兑换，旅游目的地天气、环境、人文等信息以及旅游观感等。

2. 旅游产品（服务）的在线销售

网站提供旅游及其相关的产品（服务）的各种优惠、折扣，航空、饭店、游船、汽车租赁服务的检索和预订等。

3. 个性化定制服务

从网上订车票、预订酒店、查阅电子地图到完全依靠网站的指导在陌生的环境中观光、购物。这种以自定行程、自助价格为主要特征的网络旅游在不久将会成为人们旅游的主导方式。那么能否提供个性化定制服务已成为旅游网站，特别是在线预订服务网站必备的功能。

三、网络旅游的特点

网络旅游是以面对面的服务形式，免去了旅游者不必要的时间浪费和金钱负担。它不但减少了旅游经营者为旅游者提供旅游产品服务时的销售环节，而且还降低了产品成本，提高了经营效益，为旅游者提供了物美、价廉、质优的服务。网络旅游相对于传统旅游来说，有以下4个特点：

1. 信息量大

互联网的最大优势之一是提供了极为丰富的信息。网络旅游信息更是丰富多彩，应有尽有，给旅游者较大的选择余地。以中青旅遨游网为例，网站将旅游产品进行了分类，分为出境自由行、跟团游、邮轮游、户外旅行、亲子旅行、海岛度假、高端旅行等类别，每个旅游产品又进行了具体细分，比如"海岛度假"这个旅游产品中又将海岛分为关注最多、蜜月首选和极度奢华。当用户选好相关的海岛之后，网站上就会出现针对去这个海岛旅游的相关信息，如选择马尔代夫的话，网页中会出现马尔代夫的地图、天气，有哪些岛屿，每个岛屿适合哪些旅游目的，推荐的岛屿以及推荐的产品等信息。由此足见网上信息的丰富，远非旅行社提供的小册子所能比，它几乎包含了旅游的方方面面，给旅游者提供了详细的咨询。

2. 方便快捷

网络缩短了空间的距离。旅游者坐在家中或在旅途中，只要能上网就可实现信息查询和网上预订。它摆脱了以往手续烦琐的亲自上门预订和电话预订、传真预订等方式耗时长、额外经费浪费严重、反应迟缓的弊端，顾客只需用鼠标轻轻一点，一个充满新奇的假日之旅随即展开。这种旅游方式将节省大量时间、精力和金钱，对于那些工作繁忙而经常使用网络的商务旅游者尤其适用。

3. 灵活互动

网络的一大特点是具有交互性。旅游者不仅能浏览信息，还可与网站进行交流。如可通过 E-mail 向专业人士请教各种旅游方面的问题，或者在旅游论坛或 BBS 上发表文章畅谈自己的旅途感受，邀约志趣相投的朋友一起出游。还可以在聊天室与天南海北的朋友交流经验，互通信息。而且网络旅游很灵活，不必像旅行社组团那样非得凑够一定人数才能出发。行程安排也可以方便地改变，只需与有关上网的旅游企业保持 E-mail 联系，及时通知对方你的新计划。

4. 个性化

目前，国际旅游散客潮已经到来，散客旅游的目的不仅是观光，而且对舒适、自由、回归有着极高的要求。旅游市场需求已经从传统简单的满足观光游览需要的"到达型"，转变为"个性化旅游"型，网络旅游通过网络的双向交流作用，在便捷和实惠以外，还能提供"个性化"的旅游定制服务，来满足整个大众旅游消费口味的改变。

四、网络旅游的注意事项

作为电子商务的一种，网络旅游有其自身的操作特点和规范，而不同的旅游网站为旅游者提供的服务也不尽相同，在选择网络旅游的时候应该注意以下几个问题：（1）在准备实行网络旅游时，对各个网站的服务特点、经营项目、信息含金量先进行一番比较，并及时跟对方联系，取得有关吃、住、行、游、购、娱的第一手资料。（2）把自己的线路安排、旅行时间表及所需的住宿、交通有关事项提交给网络旅游服务商，双方商议达成共识。（3）选择一家无论是安全性、交互性、实时性、丰富性都强过别人的网站，在它的帮助下启程。（4）只有在确信自己选择了信誉好、服务质量和付费都有安全保证的旅游网站后，网络旅游的参与者才可支付有关费用并动身启程。

五、网络旅游的发展趋势

1. 旅游电子商务合作胜过竞争

目前，我国旅游电子商务网站多数为网络企业创办，传统旅行社在网上并没有占据主导地位。而面对网络旅游巨大的市场空间，传统旅行社以及航空公司、饭店旅游组织都不会轻易放弃该市场。同时，我国传统旅游业尽管并不发达，但相对于网络旅游来说却成熟得多，而且建设旅游网站并不单纯是技术问题，网络旅游信息资源也并不是纯粹的网络企业能够解决的，因此同传统旅游组织进行战略联合和合作，取其之长、补己之短是促进旅游业更快发展的最佳途径。

2. 自助式和家庭型旅游将会成为网络旅游的主流方式

目前，旅游业已经从简单规范化的旅游产品发展为复杂的组合产品，从商务旅游发展到休闲旅游产品，从散客发展到团体旅游产品等，以往千篇一律的"旅游套餐"已经不能满足消费者的个性需求，消费者更加渴求更具时尚化的"旅游自助餐"。传统旅行社由于成本条件的限制，一般不会接受散客的旅游服务，因而个性化旅游在传统方式下面临巨大障碍。而网络旅游具有覆盖面广、销售成本低等特征，弥补了网下旅游无法解决大量散客旅游服务要求的不足。旅游网站一般汇集了大量的旅游信息，并配以精美的图片和生动的文字说明，对消费者的吸引力很大，而且消费者完全可以根据自己的喜好和经济承受能力自由选择旅游路线，而不受第三方的干扰。另外，越来越多的人开始对跟团旅游产生反感，而更加偏爱同家庭成员一同出游的方式，这种方式不仅可以增进家庭成员之间的感情交流，而且旅游过程会更加轻松、气氛更加和谐，因此预计家庭型旅游同自助式旅游将会成为旅游的主流方式。

3. 网络旅游与网下旅游并驾齐驱

网络旅游将会对传统旅游业产生冲击，但近期内不会威胁到传统旅游业的发展。我国的旅游业与发达国家相比，存在很大差距；我国旅行社90%是中小型企业，本身没有太多的客流量，连基本的生存都存在问题。更多的旅行社还在延续着传统的小作坊式的手工操作，效率低下，成本高昂。网下旅游业环境的不成熟为网上旅游业的生存和发展创造了很广阔的空间。相对于传统的旅游业来说，旅游产品本身个性化、信息化、时令化等特性也非常适合网上销售。但网络旅游业的兴起并不能取代传统旅游的地位。受计算机普及率、网上宣传的被动性、网上交易的技术性问题及人们的消费习惯等因素的影响，在未来5年内应该是网上、网下旅游共同发展、共同进步的时期，网络旅游销售将和旅行社同时存在，并各有分工和侧重。

第四节 网络招聘

一、网络招聘的概念

网络招聘，也被称为电子招聘，是指通过技术手段的运用，帮助企业人事经理完成招聘的过程。即企业通过公司自己的网站、第三方招聘网站等机构，使用简历数据库或搜索引擎等工具来完成招聘过程。

企业用信息科技来协助整合资源的概念已经逐渐落实在中国各企业，用计算机辅助生产、营销、财务、研发等方面的管理运作已行之多年，只有人力资源管理的电子化（eHR），是近几年才开始的热门话题。根据国内外企业的实践，eHR 的主要形式有电子化招聘、电子化培训、电子化学习、电子化沟通和电子化考评等，其中尤以电子化招聘（e-Recruiting）发展最为迅速。如何透过 e-Recruiting 的建立，让 HR 人员能更专注于企业的竞争核心——人才，以增加企业整体竞争力，同时也提升 HR 人员在企业内部的竞争力是所有 HR 人员所关注的新课题。

网络招聘有两种主要方式：一种是注册成为人才网站的会员，在人才网站上发布招聘信息，收集求职者资料，查询合适人才；另一种是在企业的网站上发布招聘信息，吸引人才。

二、网络招聘的主要服务

目前招聘网站提供的服务大同小异，主要是面向企业提供简历查询、职位发布、简历订阅、人才猎寻、校园招聘、人才测评、招聘外包、企业培训、网络广告等服务；面向求职者提供简历存储、职位搜索、职位订阅、人才测评、求职指导、职业技能培训服务等服务。此外，网站还提供包括人事新闻、就业指数、薪资调查、薪资指数及培训与就业发展在内的各种综合人事信息，同时网站一般还建有求职者和人事经理之间的网上社区，便于他们做进一步的沟通和交流。

三、网络招聘的优势

1. 覆盖面广

互联网的覆盖率是以往任何媒介都无法比拟的，它的触角可以轻易地延伸到世界的每一个角落。网络招聘依托于互联网的这个特点，实现了传统招聘方式无法获得的效果。

2. 时效性强

网络招聘的双方通过交互式的网上登录和查询完成信息的交流。这种方式与传统招聘方式不同，它不强求时间和空间上的绝对一致，方便了双方时间的选择。互联网本身不受时间、地域限制，也不受服务周期和发行渠道限制。它不仅可以迅速、快捷地传递信息，而且还可以瞬间更新信息。这种基于招聘双方主动性的网上交流，于无声无息之间，完成了及时、迅捷的互动。

3. 成本低

网络招聘在节约费用上有很大的优势。对于毕业生来说，通过轻点鼠标即可完成个人简历的传递，原本 1 个月才能完成的信息整理、发布工作，现在可能只要半天就能够完成。这既节约了复印、打印费用，还省却了一番鞍马劳顿。对用人单位来讲，网络招聘的成本更低。

4. 针对性强

网络招聘是一个跨时空的互动过程，对供求双方而言都是主动行为，无论是用人单位还是个人都能根据自己的条件在网上进行选择。这种积极的互动，减少了招聘和应聘过程中的盲目行为。目前，一些大型的人才招聘网站都提供了个性化服务，如快捷搜索方式、条件搜索引擎等，这进一步加强了网络招聘的针对性。

5. 筛选功能

目前，构成"网民"主体的是一个年轻、高学历、向往未来的群体。通过上网，招聘者就已经对应聘者的基本素质有了初步的了解，相当于已经对他们进行了一次小型的计算机和英文的测试，对应聘者作了一次初步筛选。

四、大数据时代下网络招聘管理的变革与创新

（一）拓宽数据收集的渠道，保证信息真实性

单位要积极构建社交网络平台，仅靠官网接收求职者的简历，缺乏与求职者之间的互动交流，会降低招聘双方双向选择的有效性。单位应增加求职者应聘的渠道，一方面在微博、微信、人人网等社交网络搭建平台，定期发布和更新招聘信息，借助社交网络平台扩大宣传；另一方面，单位要加强改进官方网络招聘渠道，吸引更多求职者从官网招聘渠道投递简历。这样不仅有利于节约招聘成本，同时有利于塑造自身品牌的形象，而且对单位数据保密、避免人才流失等方面也发挥着巨大的作用。在网络招聘具体运用过程中可以要求求职者采用实名制注册账户，以有效避免网络求职招聘虚假信息的问题。并将招聘系统与求职者的社交网络平台数据联合，对求职者简历和社交网络数据进行深度挖掘和分析。同时，鼓励单位员工推荐人才。当推荐的人才被录用后可以给予一定的物质奖励。不仅帮助现有员工建立职业的关系网，还可以增强单位人才管理的活跃度。另外，在招聘模式上可差异化发布招聘信息。根据招聘岗位的不同层级与人才需求特点，分门别类选择不同的信息发布渠道，提高信息的浏览效率，方便在渠道数据获取时参考。

（二）设置数据筛选标准，提高数据整合效率

数据的整合是指在已收集数据基础上剔除无用的数据，将有用的数据进行储存、整合。在简历筛选方面，人事工作人员获取到求职者简历后，可采用人机结合的方式进行数据的初步筛选。另外，可根据岗位需求增设性格，社会实践经验等多重匹配参数作为次筛选标准。赋予每个参数一定的分值，然后按照累计分值的高低给予匹配优先权。在筛选标准与参数设置上由人事部门牵头各个用人部门根据单位战略和实际需求共同制定，确保参数设置的合理性和科学性。在甄别信息方面，网络招聘严格实施实名制方式，应聘过程中提交的材料能证明求职者信息的真实性，避免因信息虚假造成无效招聘。

（三）量化应聘数据，提高人岗匹配度

人事工作人员和内部员工初步筛选候选人，需要进一步识别其与岗位的匹配度，可通过人才雷达技术的定向分析和挖掘功能寻找适合的人才。单位可以从求职者的教育背景、

行业影响力、性格匹配、职业倾向、行为模式等五个维度建立职位胜任能力评价矩阵图。在大数据与网络招聘联系愈发紧密的当下，为推动人才管理变革，亟须培养解决业务领域问题和处理数据自身问题的人才。一方面通过强化培训对单位现有人事管理者进行大数据技能培训，掌握数据挖掘的工具，熟悉大数据在行业领域的具体应用案例；另一方面从外部引入能够针对单位战略发展来开发人才网络招聘软件工具，数据工程师或是具备人力资源学科大数据交叉背景的人才，从而加强单位在大数据环境下的人力资源管理团队。

（四）优化网络招聘平台，强化监管

单位要分析求职者在官网各个版面停留时间和浏览的次数来判断其兴趣点，有针对性地重点建设网站，如合理分配文字、图片及视频的所占比例。同时，对获取优质人才招聘渠道重点维护，适当发布招聘信息，增加曝光度。

优先选择以营利为目的的第三方招聘网站，相较于非营利性招聘网站，营利性招聘网站项目多，更专业化。在网络监管方面，设置网络监管组织机构。监督网络招聘整个过程，包括招聘人员、资金的使用情况，并对监管过程中遇到的问题及时总结和反馈。同时，积极落实国家有关部门在网络招聘监管方面的要求，利用第三方平台加强监管，并对招聘的情况进行考核，以考核结果为导向进一步优化网络招聘机制。

第五节　移动电子商务

一、移动电子商务概述

（一）无线网络的概念及分类

在计算机网络的发展过程中，光纤高速网络、多媒体网络、智能网络和无线网络均处于高速网络的发展阶段，它可应用在移动电子商务、移动银行、移动办公、交互娱乐、远程教育、远程医疗、视频监控、军事活动和智能交通等多个领域。基于计算机网络的定义和无线网络的形成阶段，无线网络是将地理位置不同的、具有独立功能的多终端，通过无线通信链路进行链接，并在网络操作系统、管理软件与通信协议的协调下，实现资源共享与信息传递的完整系统。

按照由小到大的网络覆盖范围，无线网络可划分为无线个域网（Wireless Personal Area Network，WPAN）、无线局域网（Wireless Local Area Network，WLAN）、无线城域网（Wireless Metropolitan Area Network，WMAN）、无线广域网（Wireless Wide Area Network，WWAN）和卫星通信网。

1. 无线个域网

个域网（Personal Area Network，PAN）是一种通信范围仅覆盖几米的小型计算机网络，既可用于计算机设备之间的通信，也可用于连接多个网络，以实现网络活动半径小、网络业务类型丰富、面向特定群体连接和个人信息终端互联为目标，无线个域网是一种采用无线传输介质连接的新型信息网络。在网络构成上，无线个域网必须运行在许可无线频段内，位于整个网络链末端，用于实现同一地点终端与终端间的连接。

2. 无线局域网

局域网（Local Area Network，LAN）是一种在较小地域范围内能够连接各种网络设备

的计算机网络，它为学校、企业和商场等区域能够应用网络技术和共享网络资源提供了良好的服务平台。作为计算机网络与无线通信技术相结合的产物，无线局域网是一种采用无线传输介质连接的局域网，可在距离有限的区域内实现无线通信。

无线局域网应用的区域包括难以采用传统方式布线的风景名胜区和古文化建筑群落，如北京的皇家园林颐和园和文化创意产业集聚区南锣鼓巷；包括应用无线网络成本较低的区域，如相距较远的建筑物、存在强电设备的地区和公共通信网不畅通的地区等；包括需要临时性搭建网络的展会现场、体育场馆、救灾现场等区域，如历年来北京国际展览中心举行的大型人才招聘会、北京金隅男篮季后赛主场五棵松体育馆、四川汶川抗震救灾现场等；包括人员流动性较大的场所，如中国首都机场、北京家乐福超市双井店和北京老字号烤肉季饭庄等区域。

无线局域网具有搭建便捷、易于规划和调整、可移动性、灵活性、故障易于定位、易于扩展等优点。无线局域网的搭建过程可最大限度地减少网络布线的工作量，只需安装一个或多个接入点设备，就可搭建起覆盖一定区域的无线局域网络。无线局域网可避免或减少由于网络拓扑结构的改变而重建网络的过程，在无线信号覆盖区域内的任何位置，无线局域网可使多用户以可移动的方式同时接入网络。无线局域网易于定位在由于线路连接不畅而造成的网络物理故障点，并且只需更换故障设备即可恢复网络的正常连接。无线局域网具有多种配置方式，可较快地从仅有几个用户的小型局域网扩展到拥有上千用户的大型网络，并且能够提供节点间漫游等功用。

在为网络用户带来便捷和实用的同时，无线局域网也存在着性能易受干扰、速率相对较低、安全性相对较低等方面的不足之处。无线局域网需要依靠无线装置发射的无线电波才能进行信息传输，而以建筑物为典型代表的障碍物将会对电磁波起到阻碍作用，无线局域网性能也将因此受到影响。与有线信道相比，无线信道的传输率相对较低，无线局域网的最大传输速率仅适合个人终端和小规模网络的应用，无线电波不需要建立物理的连接通道，因此，其传播范围内的任何发散信号都很容易被监听到，这将造成通信信息的泄露。

3. 无线城域网

与局域网相比，城域网（Metropolitan Area Network，MAN）延展的距离更长，连接的计算机数量更多，在一个现代都市中，一个城域网通常连接着多个局域网。

以提供面向互联网的高速连接为目标，无线城域网是一种采用无线传输介质连接的城域网。无线城域网的形成能够满足日益增长的宽带无线接入的市场需求，并可依据移动电子商务的业务需求，提供具有较完备安全机制的实时或非实时数据传输服务。

无线城域网允许在用户终端和基站之间构建非视距的宽带连接，一个基站可最多支持上千个用户，在可靠性和服务质量方面可提供电信级的性能。而对全世界通信公司和服务提供商，无线城域网能够满足一个可扩展、长距离、大容量无线通信平台的构建需求，并可支持一整套全方位的服务，从而使服务提供商能够在降低设备成本和投资风险的前提下，力争提高系统的性能和可靠性，从而加速无线宽带设备向市场的投放和无线宽带技术在世界各地的部署。

4. 无线广域网

广域网（Wide Area Network，WWAN）也被称为远程网，它所覆盖的范围比城域网更大，可从几百千米到几千千米。无线广域网是一种采用无线传输介质连接的广域网，与其他类型的无线网络相比，无线广域网更加凸显快速移动的特性。典型的无线广域网包括全球移动通信系统（Global System for Mobile Communication，GSM）、卫星通信、5G 等无线网络系统，可使用户能够利用笔记本电脑、智能手机或其他无线移动设备在网络覆盖范围内便捷地接入互联网，进行移动电子商务活动。

无线广域网移动宽带无线接入技术采用了具有低时延架构、性能好、效率高、部署灵活、成本较低等特点的 IEEE 802.20 技术标准，基于将模拟声音信号数字化（Voice over Internet Protocol，VOIP）技术可提供高质量的语音业务，并可支持移动网络所能提供的全部业务。基于分组数据的纯 IP 架构，无线广域网能够处理突发性数据业务，并在业务实现、部署成本、性能优化上均具有较大的优势。无线广域网具有高可移动性，面向高吞吐量数据应用，提供对称数据服务、对数据服务时延敏感度较高、支持全球移动和漫游业务等特点。

5. 卫星通信网

卫星通信网是利用人造地球卫星作为中继站，在两个或多个地球站之间进行通信的无线网络，它是在空间和微波通信等技术基础上发展起来的宇宙无线通信系统。卫星通信网广泛应用于地面通信系统不易覆盖或网络建设成本过高的区域，典型的卫星通信网系统包括依星移动通信系统、全球星移动通信系统、Teledesi 卫星移动通信系统、全球定位系统（Global Positioning System，GPS）、伽利略定位系统和北斗星卫星导航系统等。

卫星通信网具有通信距离远、覆盖范围广、通信费用与通信距离无关、易于实现多址连接通信、通信频带宽，信息传输容量大、机动灵活、通信线路稳定可靠、信息传输质量高、构建成本与通信距离无关等优势。但是，卫星通信网具有高可靠性和长寿命的要求，发射与控制技术复杂、较大的信号传输时延和回声干扰、存在通信中断 2 现象等局限性。此外，静止卫星通信系统之间还存在着相互的同频干扰。

（二）移动电子商务概述

如何帮助客户在任何时候（Anytime）、任何地点（Anywhere）、使用任何可用的方式（Anyway）（即所谓的 3A 服务）得到相应的商务服务呢？要解决这个问题就必须考虑将商务与移动技术结合，于是便出现了移动电子商务。

作为一种新型的电子商务方式，移动电子商务（M-Commerce）充分利用了无线网络移动技术。与传统的电子商务方式相比，尽管移动电子商务仍存在着急需解决的问题，但其所体现出的诸多优势仍得到了全世界的重视，以期共同推动其快速发展。

1. 移动电子商务的概念

移动电子商务也可以称为移动商务，是近年来一种新兴的商务模式，它是伴随着手机、PDA、笔记本电脑等智能移动设备成为人们的生活和工作中的必备之物而出现的，由电子商务的概念衍生而来，是指用户在支持互联网应用的现代无线通信网络平台上，借助移动的智能终端设备，完成商品或服务交易的社会经济活动，它是建立在移动通信技术、互联网技术和电子商务技术的基础之上的。

传统的电子商务必须凭借有线网络来实现，这在一定程度上限制了电子商务的应用。当各种移动通信手段出现并在人们的日常生活中占有重要地位的时候，互联网、移动通信技术和其他技术的完善组合就创造了移动电子商务，它是电子商务发展的新分支，是对有线电子商务的整合和发展，是电子商务发展的新形式。

2. 移动电子商务的发展历程

随着无线网络技术、移动通信技术和计算机应用技术的不断发展，移动电子商务经历了第一代、第二代和新一代的三阶段发展过程。

（1）第一代移动电子商务

第一代移动电子商务发展的特点是应用了以短信为基础的访问技术，该技术存在的问题是实时性较差，用户提出的查询需求不会立即获得答复，并且由于短信信息长度受限，使用户提出的查询请求有时无法获得完整的答复。

（2）第二代移动电子商务

第二代移动电子商务发展的特点是采用了无线应用协议，用户可利用无线终端的浏览器访问无线应用协议所支持的网页，以实现移动信息的检索功能，初步解决了第一代移动电子商务的访问技术难题，但第二代移动电子商务访问技术也存在一定的缺陷。在访问无线应用协议所支持的网页的过程中，用户与移动服务间的交互能力较弱，因此，在很大程度上限制了移动电子商务应具有的灵活性和便捷性。

（3）新一代移动电子商务

无线网络技术和移动网络的应用与发展为新一代移动电子商务的发展奠定了坚实的基础。新一代移动电子商务融合了无线应用协议、移动 IP 技术、蓝牙技术、通用分组无线业务、第三代移动通信技术、数据库同步技术、基于智能移动终端和虚拟专用网络技术相结合的第三代移动访问与处理技术、移动定位系统、身份认证技术、基于 SOA 架构的 Web Service 等多种移动通信、信息处理和计算机网络的最新发展方向，使其安全性和交互能力都有了极大的提高，并能够为用户提供一种安全、快捷的现代化移动商务机制。

面对日益严重的网络安全威胁，如何保证政府和企业的网络信息安全，如何提高新一代移动电子商务的安全性将是一个不容忽视的重要课题。若要为新一代移动电子商务设计一个能够保障其安全性的解决方案，则需在数据完整性、信息保密性、网络安全性以及信息处理的每一个环节下功夫，既保证移动电子商务应用的接入安全，又保证移动电子商务本身的信息安全性和设备安全性。

3. 移动电子商务的主要特点

移动电子商务给用户提供了更方便、更个性化的服务，能更好地满足现代人们生活和工作的需要，正逐渐被人们接受。移动电子商务在获取信息的方便性、基础设施的成本、市场开发等方面都有突出的特点。

（1）时空优势

由于它借助了无线的技术，能够帮助用户真正实现随时随地传递信息、处理业务，而完全不受时间与空间的限制。

（2）后发优势

无线的优势正逐渐激发用户对新应用的需求，随着新技术的使用与普及，移动电子商务的市场具有后发优势，为许多企业提供了新的机遇。

（3）规模优势

目前，手机用户已经远远超过上网人数、PDA 的用户也越来越多等现状和趋势使移动电子商务在客户规模上具有明显的优势。

（4）渠道优势

移动电子商务与传统的商务并不对立，是可以进行合作、互相支持、共同发展的。

（5）体验优势

移动电子商务正日益渗透人们的生活和工作中，由于其界面友好、操作简单、使用方便，易于被接受，让用户能轻松体验其魅力。

（6）个性化优势

结合移动通信网随时随地应用的特点，移动电子商务可以有针对性地开展网络营销。

当然，目前的移动电子商务还存在一些不足，主要是无线网络技术的应用规范还有待进一步完善，在稳定性、抗干扰性、速度等方面还逊色于有线电子商务，且应用成本仍较高。

4. 移动电子商务提供的主要服务

技术的应用是移动电子商务的前提，但是最终推动它不断发展的是移动电子商务提供的各项服务。

（1）银行业务

移动电子商务使用户能随时随地在网上安全地进行个人财务管理，进一步完善互联网银行体系。用户可以使用其移动终端核查其账户、支付账单、进转账以及接收付款通知等。

（2）交易

移动电子商务具有即时性，因此非常适用于股票等交易应用。移动设备可用于接收实时财务新闻和信息，也可确认订单并安全地在线管理股票交易。

（3）订票

通过互联网预订机票、车票或入场券已经发展成为一项主要业务，其规模还在继续扩大。从互联网上可方便核查票证的有无，并进行购票和确认。移动电子商务使用户能在票价优惠或航班取消时立即得到通知，也可支付票费或在旅行途中临时更改航班或车次。借助移动设备，用户可以浏览电影剪辑、阅读评论，然后订购邻近电影院的电影票。

（4）购物

借助移动电子商务技术，用户能够通过其移动通信设备进行网上购物。即兴购物会是一大增长点，如订购鲜花、礼物、食品或快餐等。传统购物也可通过移动电子商务得到改进。例如，用户可以使用"无线电子钱包"等具有安全支付功能的移动设备，在商店或自动售货机上购物。

（5）娱乐

移动电子商务将带来一系列娱乐服务。用户不仅可以从他们的移动设备上收听音乐，还可以订购、下载特定曲目，支付其费用，并且可以在网上与朋友们玩交互式游戏，还可以为游戏付费。

（6）无线医疗

医疗产业的显著特点是每一秒对病人都非常关键，这一行业十分适合移动电子商务的应用。在紧急情况下，救护车可以作为进行治疗的场所，而借助无线技术，救护车可以在移动的情况下同医疗中心和病人家属建立快速、动态、实时的数据交换，这对每一秒都很宝贵的紧急情况来说至关重要。在无线医疗的商业模式中，病人、医生、保险公司都可以获益，也愿意为这项服务付费。这种服务是在时间紧迫的情形下，向专业医疗人员提供关键的医疗信息。由于医疗市场的空间非常巨大，并且提供这种服务的公司为社会创造了价值，同时，这项服务又非常容易扩展到全国乃至世界，所以整个流程中，存在着巨大的商机。

移动电子商务提供的以上服务，体现了方便、个性化的生活方式，让人们脱离了传统的工具——计算机，让生活更随心所欲，正逐渐被人们接受。

5. 移动电子商务的优势

在当今互联网高速发展的时代，用户已开始进行了众多的网络活动。但随着生活节奏的加快，基于有线环境的网络活动即将被无线环境的即兴网络活动所替代，在此过程中，体现出了移动电子商务所具有的优势。近几年，随着中国手机支付市场的迅速拓展，已充分显示出拥有更为广泛用户基础的移动电子商务市场所具有的潜在价值，与传统电子商务相比，移动电子商务具有如下主要优势。

（1）开放性与包容性

由于移动电子商务具有接入方式无线化的特点，因此，这使得任何用户都能容易地进入网络世界，从而使网络范围延伸得更为广阔和开放，同时，这也使网络所具有的虚拟功能更加体现出现实性和包容性。

（2）方便性与快捷性

传统电子商务已使人们享受到了网络带来的便利，但其局限于必须以有线的方式接入，而移动电子商务则可让用户以无限的方式随时随地享受独特的商务体验，体现了移动电子商务所具有的方便性与快捷性。

（3）潜在用户规模较大

随着互联网技术的发展，各种各样的网络消费平台正在改变着用户的购物习惯，而随着移动终端的发展，部分消费者又在进一步改变着自己的购物习惯，以移动终端为载体的电子商务开始呈现。但由于移动终端屏幕的大小所限和基于移动终端的消费平台构建进程所限，无论是用户规模，还是用户消费能力，都优于传统电子商务的移动电子商务仍具有较大的潜在用户规模。

（4）用户身份安全性

在传统的电子商务中，一直存在着用户消费信用的问题，而在移动电子商务中，手机号码具有唯一性，手机的客户识别模块（SIM）芯片中所存储的用户信息可唯一确定用户身份，这就具备了信用认证的基础，并可进一步为定制服务、技术推广与创新等其他优势提供应用保障。

6. 实现移动电子商务的技术

（1）无线应用协议

无线应用协议（WAP）是开展移动电子商务的核心技术之一。通过 WAP，手机可以随时随地、方便快捷地接入互联网，真正实现不受时间和地域约束的移动电子商务。WAP是一种通信协议，它的提出和发展是基于在移动时接入互联网的需要。WAP 提供了一套开放、统一的技术平台，用户使用移动设备很容易访问和获取以统一的内容格式表示的互联网或企业内部网信息和各种服务。它定义了一套软硬件的接口，可以使人们像使用 PC机一样使用移动电话收发电子邮件以及浏览互联网上的信息。同时，WAP 提供了一种应用开发和运行环境，能够支持当前最流行的嵌入式操作系统。WAP 可以支持目前使用的绝大多数无线设备，包括移动电话、FLEX 寻呼机、双向无线电通信设备等。在传输网络上，WAP 也可以支持目前的各种移动网络，如 GSM、CDMA、PHS 等，它也可以支持未来的第三代移动通信系统。目前，许多电信公司已经推出了多种 WAP 产品，包括 WAP 网关、应用开发工具和 WAP 手机，向用户提供网上资讯、机票订购、流动银行、游戏、购物等服务。WAP 最主要的局限在于应用产品所依赖的无线通信线路带宽。

（2）移动 IP

移动 IP 通过在网络层改变 IP 协议，从而实现移动计算机在互联网中的无缝漫游。移动 IP 技术使得节点在从一条链路切换到另一条链路上时无须改变它的 IP 地址，也不必中断正在进行的通信。移动 IP 技术在一定程度上能够很好地支持移动电子商务的应用，但是目前也面临一些问题，比如移动 IP 协议运行时的三角形路径问题、移动主机的安全性和功耗问题等。

（3）蓝牙

蓝牙（Bluetooth）是由爱立信、IBM、诺基亚、英特尔和东芝共同推出的一项短程无线连接标准，旨在取代有线连接，实现数字设备间的无线互联，以便确保大多数常见的计算机和通信设备之间可方便地进行通信。蓝牙作为一种低成本、低功率、小范围的无线通信技术，可以使移动电话、个人计算机、个人数字助理（PDA）、便携式计算机、打印机及其他计算机设备在短距离内无须线缆即可进行通信。例如，使用移动电话在自动售货机处进行支付，这是实现无线电子钱包的一项关键技术。

（4）通用分组无线业务（GPRS）

传统的 GSM 网中，用户除通话以外最高只能以 9.6 kb/s 的传输速率进行数据通信，如 Fax、E-mail、FTP 等，这种速率只能用于传送文本和静态图像，但无法满足传送活动视频的需求。通用无线分组业务（GPRS）突破了 GSM 网只能提供电路交换的思维定式，将分组交换模式引入 GSM 网络中。它通过仅仅增加相应的功能实体和对现有的基站系统进行部分改造来实现分组交换，从而提高资源的利用率。GPRS 能快速建立连接，适用于频繁传送小数据量业务或非频繁传送大数据量业务。GPRS 是 2.5 代移动通信系统。由于 GPRS 是基于分组交换的，用户可以保持永远在线。

（5）移动定位系统

移动电子商务的主要应用领域之一就是基于位置的业务，如它能够向旅游者和外出办公的公司员工提供当地新闻、天气及旅馆等信息。这项技术将会为本地旅游业、零售业和餐馆业的发展带来巨大商机。

移动电子商务作为一种新型的电子商务模式，利用了移动无线网络的诸多优点，相对于传统的有线电子商务有着明显的优势，是对传统电子商务的有益补充。尽管目前移动电子商务的开展还存在很多问题，但随着它的发展和飞快的普及，很可能成为未来电子商务的主战场。

二、移动电子商务的应用

（一）基于信息推拉和云计算的移动商务模式的应用

信息推送是指有目的性地将用户感兴趣的信息发送到其接收端，减少了用户在网络上搜索信息的时间，有助于用户高效率地发掘有价值的信息。信息拉取是指用户有目的地在网络上查询信息，通过从浏览器向 Web 服务器发出请求，从而获得所需信息的过程。信息推拉结合了信息推送与拉取两种模式，并根据推与拉的结合顺序以及结合方式的差异，形成了 4 种不同的推拉模式，即先推后拉、先拉后推、推中有拉、拉中有推。智能信息推拉技术是在信息推送与拉取两项技术相结合的基础上，融入人工智能、机器学习、知识发现、知识推理等方法，将智能信息推送与智能信息拉取相结合，提供个性化的信息推送服务，同时有助于用户快速、准确地从信息源拉取信息。

在移动电子商务的整体建设过程中，移动终端平台的建设重点在于用户界面的设计，其目的是要让复杂的功能在移动终端界面上得到较好的展示。系统服务平台的建设应以智能信息推拉技术模型为基础，使信息管理者能够通过系统服务平台完成对各类信息的管理，利用信息推拉中的机器学习和知识发现等技术，通过对用户历史信息和及时信息进行记录，可对数据库中的数据进行筛选，形成以用户为单位的个性化数据库，将信息及时有效地推送给用户。

为了从根本上改变目前我国商业存在的信息系统分散、数据量庞大、难以管理的现状，商业系统可创建自己的私有云。从技术层面分析，云计算基本功能的实现主要取决于两个关键因素：一个是数据的存储能力；另一个是分布式的计算能力，云计算中的"云"可再细分为"存储云"和"计算云"，这正是商业网络环境建设中所需要的，而且云计算的一个重要特征就是能够利用现有设备，通过多点协作模式提高闲置设备利用率，并为大型计算提供良好的解决方案。

基于信息推拉技术和云计算的移动电子商务可将大规模的网络资源进行整合，并以个性化服务的形式提供给信息需求者，使用更具个性化，信息传递更具时效性，用户忠诚度将会更高。

（二）以移动支付与数据为内核的 3.0 时代

3.0 时代与 1.0 时代的商户信息聚合、2.0 时代的团购交易相比有着很大的提升。它真正利用了互联网最大化触达用户的特性和数据资产，帮助商户最大化触达其潜在用户，同时节省了成本，提高了运营效率，为用户提供了更加智慧和便捷的服务。

（三）打造垂直服饰 App，布局时尚社交电子商务

目前，在中国的网购用户中，热爱时尚的年轻潮流群体是最活跃的人群之一，服装、鞋包、运动、配饰、彩妆等也已成为最热门商品品类。而随着移动互联网和社交网络的高速普及，社交需求与购物需求的逐渐融合也为中国电子商务发展指明了全新的发展方向和趋势。

（四）从展示到发现，移动电子商务广告迈入新时代

近两年来，移动电子商务呈现爆发式增长，成就了移动电子商务广告平台。移动电子商务不仅拥有庞大的体量，它的出现与发展也深刻改变着用户的购物习惯。移动设备的特性使用户不断缩短决策路径，希望能在日常使用 App 时迅速完成一站式购物而不需要反复切换多个电子商务 App；超乎想象的商品种类使得更多人希望获得精准的推荐而非自己搜索。对于广告主来说，移动广告投放再也不是单纯的商品展示，用户购买也不再是碰运气，广告全程充满着互动、匹配、再互动、再匹配，高用户需求匹配度让用户产生"看了

就想买"的消费冲动，点击率提升、消费决策时间更短，好的购物体验又能提高重复购买率，从而形成消费的良性循环。

另一方面，对于 App 开发者来说，让人耳目一新的广告形式和超强的互动体验，使用户逐渐改变了对广告的成见，形成与广告间高活跃度的互动，以完美解决广告展示与用户体验的矛盾，同时也让 App 的商业变现更有效率，为开发者带来更多收益。

参考文献

[1] 范春风,林晓伟,余来文.电子商务[M].厦门大学出版社,2017.05.

[2] 游静,邱开剑,阎巍.电子商务[M].长春:吉林大学出版社,2017.05.

[3] 董德民.电子商务[M].北京:中国水利水电出版社,2017.01.

[4] 陆兰华.网络营销[M].南京:东南大学出版社,2017.07.

[5] 张琪.网络营销[M].济南:济南出版社,2017.04.

[6] 舒建武,苗森.网络营销[M].杭州:浙江工商大学出版社,2017.01.

[7] 韩琳琳,张剑.跨境电子商务实务[M].上海:上海交通大学出版社,2017.08.

[8] 黄海滨.电子商务概论[M].杭州:浙江大学出版社,2017.06.

[9] 王志文,于泳.电子商务理论与实务[M].北京:北京理工大学出版社,2017.05.

[10] 刘德华.电子商务基础与应用[M].北京:北京工业大学出版社,2017.09.

[11] 陈平.电子商务[M].北京:中国传媒大学出版社,2018.11.

[12] 陈雨.网络营销[M].重庆:重庆大学出版社,2018.02.

[13] 金莉萍.网络营销[M].上海:华东师范大学出版社,2018.10.

[14] 侯滢,王印成.网络营销[M].北京:经济日报出版社,2018.05.

[15] 吴浪.电子商务基础与实务[M].重庆:重庆大学出版社,2018.04.

[16] 兰宜生.国际电子商务教[M].北京:首都经济贸易大学出版社,2018.07.

[17] 杨兴凯.跨境电子商务[M].沈阳:东北财经大学出版社,2018.08.

[18] 翁文娟,龚丽.电子商务概论[M].重庆:重庆大学出版社,2018.09.

[19] 黄仕靖,顾建强.电子商务概论[M].北京:北京理工大学出版社,2018.09.

[20] 李再跃,孙浩.电子商务概论[M].北京:教育科学出版社,2018.11.

[21] 陆军毅.电子商务与网络营销[M].吉林出版集团股份有限公司,2019.09.

[22] 禤圆华.网络营销[M].中国财富出版社,2019.11.

[23] 赵红.网络营销[M].成都:电子科技大学出版社,2019.06.

[24] 张润.网络营销[M].重庆:重庆大学出版社,2019.11.

[25] 冉启全,章继刚,陈维波.农村电子商务[M].成都:西南交通大学出版社,2019.10.

[26] 宋磊.移动电子商务[M].北京:北京理工大学出版社,2019.08.

[27] 骆泽顺,许国柱.电子商务教程[M].广州:华南理工大学出版社,2019.08.

[28] 周曙东.电子商务概论[M].南京:东南大学出版社,2019.01.

[29] 王健.跨境电子商务[M].北京:机械工业出版社,2019.10.

[30] 罗立升.电子商务实训教程[M].北京:中国铁道出版社,2020.01.

[31] 胡桃,陈德人主编.电子商务案例及分析[M].北京:北京邮电大学出版社,2020.06.

［32］沈易娟,杨凯,王艳艳.电子商务与现代物流［M］.上海:上海交通大学出版社,2020.

［33］訾豪杰.电子商务概论［M］.北京理工大学出版社有限责任公司,2020.11.

［34］李娟,陈应纯.电子商务基础［M］.重庆:重庆大学出版社,2020.09.

［35］王震.网络营销与网上创业［M］.北京:首都经济贸易大学出版社,2020.01.

［36］李洪心,刘继山.电子商务案例分析［M］.沈阳:东北财经大学出版社,2020.12.

［37］赵乃真,杨尊琦.电子商务技术与应用［M］.北京:中国铁道出版社,2021.05.

［38］兰岚,卜卓,张连馥.现代电子商务与市场营销研究［M］.长春:吉林人民出版社,2021.06.

［39］曲慧梅,徐小红,古春杰.网络营销［M］.长春:吉林出版集团股份有限公司,2022.06.